A MONTANHA É ALGO
MAIS QUE UMA
IMENSA ESTEPE VERDE

OMAR CABEZAS

A MONTANHA É ALGO MAIS QUE UMA IMENSA ESTEPE VERDE

2ª edição

**EDITORA
EXPRESSÃO POPULAR**

SÃO PAULO - 2012

Copyright © 2008, by Expressão Popular

Revisão: *Ana Cristina Teixeira, Geraldo Martins de Azevedo Filho, Juliano Carlos Bilda e Miguel Cavalcanti Yoshida*
Tradução: *Ana Corbisier*
Projeto gráfico e diagramação: *ZAP Design*
Capa: *Marcos Cartum*
Impressão: *Cromosete*

Dados Internacionais de Catalogação-na-Publicação (CIP)

C111m   Cabezas, Omar, 1950-
      A montanha é algo mais que uma imensa estepe verde /
Omar Cabezas Lacayo ; tradução [de] Ana Corbisier --2.ed.—
São Paulo : Expressão Popular, 2012.
    216 p. – (Assim lutam os povos)

    Indexado em GeoDados - http://www.geodados.uem.br.
    ISBN 978-85-7743-089-5

    1. Nicarágua – História. 2 Nicarágua – política e governo.
3. Guerrilhas – Nicarágua – Biografia. 4. Literatura
nicaraguense – Testemunhos históricos. I Corbisier, Ana,
trad. II. Título. III. Série.

                          CDD 972.85
Bibliotecária: Eliane M. S. Jovanovich CRB 9/1250

Todos os direitos reservados.
Nenhuma parte deste livro pode ser utilizada
ou reproduzida sem a autorização da editora.

1ª edição: outubro de 2008
2ª edição: dezembro de 2012
1ª reimpressão: junho de 2017

EDITORA EXPRESSÃO POPULAR
Rua Abolição, 201 – Bela Vista
CEP 01319-010 – São Paulo – SP
Tel: (11) 3522-7516 / 3105-9500
livraria@expressaopopular.com.br
www.facebook.com/ed.expressaopopular
www.expressaopopular.com.br

NICARÁGUA:
POEMAS, FUZIS E ESPERANÇAS

El espectro es Sandino
con Bolívar y el Che
por el mismo camino
caminaron los tres
Silvio Rodriguez

Em sua apresentação de retorno ao Uruguai, Daniel Viglietti, ao oferecer uma canção à Nicarágua, afirma que gostaria de homenagear a um povo que soube ser solidário por meio de sua própria luta, a um povo de "dirigentes poetas, ou poetas dirigentes, como preferirem, pois na Nicarágua a poesia tomou o poder".

Em 19 de julho de 1979, os sandinistas entravam em Manágua vitoriosos e a longa noite das ditaduras latino-americanas cedia lugar aos primeiros raios de sol de uma nova manhã que despertava nosso sofrido continente. Aqui no Brasil, os operários retomavam as ruas em grandes greves, os estudantes exerciam seu sagrado direito de rebelião enquanto Santo Dias era assassinado na porta de uma fábrica em São Paulo para nos lembrar que o monstro ainda cobraria muito sangue antes de agonizar.

Para nós que militávamos nesses anos, os ventos que sopravam da América Central traziam a boa nova que anunciava que nenhum poder conseguiria deter a aurora, que os crimes seriam julgados e nossos mortos vingados. A linha tênue e forte que nos unia representava muito mais que a simples solidariedade entre os que lutam, representava algo mais profundo e significativo. Na Nicarágua se encontravam, como uma espécie de síntese, várias das vertentes que marcaram as lutas de nossos povos, não apenas quanto às formulações políticas que naquele país orientavam as três principais correntes que formavam a Frente Sandinista (a Proletária, de orientação leninista; a Guerra Popular Prolongada, de orientação maoista; e a Tendência Insurrecional ou "terceirista", liderada por Daniel Ortega), mas os elementos que buscavam vincular a histórica resistência contra o imperialismo, corporificada na figura de Augusto César Sandino, a unidade com os cristãos revolucionários, a combinação do trabalho político de massas com as ações político-militares desde atentados até o desenvolvimento da luta guerrilheira.

A luta sandinista nos provava, além da consciência da possibilidade da vitória, como falava Che Guevara, da necessária e urgente unidade entre as forças revolucionárias que querem enfrentar o mais poderoso inimigo do planeta. Nas palavras do hino sandinista: "luchamos contra el imperialismo, enemigo de la humanidad"!

Era possível vencer. Não apenas a prepotência de ditadores que se julgavam eternos. Dos aliados estadunidenses com suas armas, assessores, recursos infindáveis (naquela época eles acreditavam que eram infindáveis) e violência inigualável para garantir seus interesses e lucros. Era possível, principalmente, vencer nossas divisões, nossos sectarismos, construir a unidade da esquerda como unidade do povo trabalhador e dos explorados.

Desde meados do século XIX a luta na Nicarágua foi longa e tortuosa. Os EUA tinham interesse em construir o canal que ligaria os oceanos Pacífico e Atlântico naquele país devido a um sistema de lagos que favoreceria a empreitada, mas que acabou sendo feito no Panamá. Apesar do projeto do canal não vingar (o projeto nunca foi de fato abandonado), os estadunidenses compraram terras e acabaram por desenvolver uma verdadeira ocupação econômica nas terras nicaraguenses. Sandino, que havia passado um período trabalhando no México e teve contatos com o pensamento revolucionário e anti-imperialista, voltou à Nicarágua em 1926 para trabalhar em uma mina de proprietários estadunidenses e lá iniciou sua saga política.

Levantando em armas contra os EUA e suas pretensões, Sandino declarou que era preferível morrer lutando do que viver de joelhos. Com ele levantaram-se os camponeses pobres, os operários das minas e do petróleo e em pouco tempo todo o povo. Mesmo mal armados e sem recursos (suas granadas eram feitas de latas de sardinha e pedras), os guerrilheiros de Sandino impediram os planos imperialistas e forçaram a uma mudança de tática, armando uma Guarda Nacional e fazendo alianças com as oligarquias locais para manter indiretamente o poder e seus interesses.

Foi nesse contexto que Somoza, um dos chefes da famigerada Guarda Nacional, manda matar Sandino em 1934 e dá um golpe, assumindo o poder em 1936, dando início a uma ditadura que duraria 46 anos.

O poeta nicaraguense Rigoberto Lopez Peres, em 1956, em um de seus mais belos e efetivos poemas, mata Somoza, literalmente, não literariamente, marcando a retomada das lutas contra a ditadura, interrompida com a morte de Sandino. O fato de o ditador morrer pela mão de um poeta é mais que uma casualidade, mais que uma mero ato de "justiça poética"; é a afirmação peremptória que a poesia não aceitaria o arbítrio, que a vida venceria a morte.

Em 1960, por inspiração direta da Revolução Cubana (outra poesia escrita com fuzis), é formada na Nicarágua a Frente Sandinista de Libertação Nacional. Carlos Fonseca Amador, um dos mais destacados fundadores da Frente Sandinista, imprimiu ao trabalho político e militar uma direção que seria decisiva para o perfil dessa organização revolucionária. Dizia Carlos Fonseca que se você deseja transformar um homem em um revolucionário, deve, antes de mais nada, fazer dele um amigo, do amigo um companheiro de luta, do companheiro um combatente e, quem sabe, você terá um quadro revolucionário.

Em seu juramento, Carlos Fonseca Amador diria:

> Ante a imagem de Augusto César Sandino e Ernesto Che Guevara, ante a recordação dos heróis e mártires da Nicarágua, da América Latina e de toda a humanidade, ante a história, coloco minha mão sobre a bandeira vermelha e preta que significa "Pátria Livre ou Morrer!" e juro defender com as armas na mão o decoro nacional e combater pela redenção dos

8 | COLEÇÃO ASSIM LUTAM OS POVOS

oprimidos e explorados da Nicarágua e do mundo. Se cumpro este juramento, a libertação da Nicarágua e de todos os povos será um prêmio. Se o traio, a morte vergonhosa e a ignomínia serão meu castigo.

A década de 1960 passou com a intensificação das lutas sociais, populares e sindicais, acompanhada da resistência armada que fustigava o herdeiro do ditador, seu filho – Anastácio Somoza –, que, como disse um presidente dos EUA, "um filho da puta, mas um filho da puta nosso". Em 1975, a Frente se dividiu em um profundo debate sobre sua estratégia, que tinha por pano de fundo a visão distinta sobre as diferentes vias para a revolução e a realidade nicaraguense. Essa polêmica confrontava duas visões clássicas: de um lado a visão leninista sobre a centralidade da classe operária e a forma da revolução como uma insurreição partindo das principais cidades e do acúmulo da luta de massas urbanas; e, de outro, o maoismo e a tese de uma guerra prolongada de base camponesa, que acumula por meio da luta guerrilheira no campo até formar um exército popular que cercaria as cidades e tomaria o poder. Se, por um lado, a luta e resistência desde o tempo de Sandino reforçava a tese da Guerra Popular Prolongada, o desenvolvimento urbano e industrial, o crescimento das cidades e das lutas populares urbanas marcavam a moderna Nicarágua reforçando a tese leninista.

Uma terceira corrente, por isso chamada de "terceristas", defendiam a combinação dessas formas de luta numa estratégia insurrecional. Nessa corrente temos, ainda, a participação de parte da Igreja Católica, que adere à luta contra a ditadura de maneira sincera e decidida. Perseguidos, os bispos, entre eles Ernesto Cardenal, são expulsos de suas paróquias e mandados a locais distantes, numa tentativa de barrar seu poder sobre as massas. Cardenal, por exemplo, será enviado a distante ilha de Solentiname, na qual pregava em homilia um chamado "novíssimo testamento" e depois do termo "palavras da salvação", lia Ernesto Che Guevara aos seus fiéis. Cardenal disse certa vez: "no dia em que cristãos e comunistas se unirem, a revolução será inevitável na América Latina".

Em 1978, essas correntes se unificam em um compromisso político denominado de "Movimento Povo Unido" e criam as condições para o desfecho da ofensiva final, que ocorreria em 1979. Um ano antes, um terremoto devasta o centro da capital Manágua (talvez Deus se posicionando). Somoza desvia as doações de sangue para seus bancos de sangue privado (talvez o Diabo dizendo que ainda não estava vencido). O assassinato do dono do principal jornal de oposição aos somozismo, Pedro Chamorro, o *La Prensa*, isolou o ditador e obrigou os EUA a, formalmente, retirar seu apoio. Foi a senha para a insurreição que derrubou Somoza em julho de 1979.

Assume o poder uma junta provisória que, além dos sandinistas, inclui representantes da burguesia antissomozista, entre eles a família Chamorro, e representantes do Conselho Superior da Economia Privada. Em 1984, são realizadas eleições livres, pela primeira vez na história da Nicarágua, nas quais vence Daniel Ortega, da Frente Sandinista.

A resposta dos EUA foi incentivar a divisão das forças antissomozistas, atraindo a burguesia para um plano de desestabilização que levaria em 1981, já no governo Reagan, à criação dos chamados "contra": na verdade, mercenários treinados e financiados pela CIA e pelo Pentágono para desestabilizar o regime sandinista. Os "contra" foram liderados pelo conhecido comandante Zero, que havia participado do ataque ao palácio presidencial na década de 1970, tornando-se uma espécie de celebridade sem caráter, que, como ironizou Marx certa vez ao tentar explicar um elemento da economia política, lembra certas pessoas que se vendem e demonstram que têm um preço, mas nenhum valor.

Os "contra" cobraram um preço pelo esforço de guerra de mais de 17 bilhões, quase o valor de 50 anos das exportações nicaraguenses, enfraqueceram os governos e seu apoio popular, não apenas pela crise econômica forjada, mas pela obrigatoriedade do serviço militar entre os jovens. Rompe-se a aliança com o empresariado e com a Igreja Católica, que passa a atacar o regime sandinista mostrando que a Revolução Nicaraguense provou duas coisas em relação aos cristãos: que os cristãos podem ser revolucionários, mas a Igreja Católica como instituição dificilmente será.

Os sandinistas se dividem sobre o rumo a ser tomado; nas palavras de Thomas Borges, os sandinistas estavam "marcados pela arrogância do poder e pela inexperiência". Nas eleições de 1990, os sandinistas são derrotados por Violeta Chamorro que obtêm 70% dos votos para a Presidência. O plano estadunidense de desestabilização alcança seu objetivo. Os "contra" cessam as hostilidades e a economia recebe milhares de dólares para se reconstruir. Borges afirma: "Fomos derrotados por um poder imenso, o dos Estados Unidos, e por nossos próprios erros".

Em 1979, quando ecoavam os gritos de vitória vindos da terra de Sandino, quando nós marchávamos de mãos dadas pela ruas que nos recebiam como amigos que não se viam há muito tempo, me sentia como um ser coletivo, composto estranhamento por todos aqueles que agora se levantavam contra as ditaduras, por todos aqueles que tombaram nessa luta... me sentia forte, me sentia vivo.

Quando li pela primeira vez o livro de Omar Cabezas, comecei a compreender um pouco mais esse sentimento que nascia em mim. Omar conta, em certa parte do livro, que depois de uma ofensiva do aparato repressivo do somozismo, ele se viu subtamente só. Todos que ele conhecia estavam mortos ou presos e a imprensa noticiava o fim da Frente Sandinista. Diz ele que pensou seriamente em desistir, salvar sua vida, esconder-se, mas aí pensou: assim como eu, haverá outros que, neste momento, estão pensando o mesmo, pensam em desistir; mas eles, assim como eu, resistirão, retomarão os contatos, seguirão seu trabalho, até que nos encontremos, restabeleçamos os laços; enquanto não desistirmos, a Frente Sandinista não estará morta.

Depois de Omar Cabezas, eu nunca mais me senti sozinho. Mesmo nos momentos mais difíceis, mesmo nos períodos de mais franca deserção, procuro me lembrar de seu exemplo e pensar em nossos companheiros que seguem resistindo, na imensa capacidade de nossa classe em vencer suas derrotas, e encontro forças para seguir.

Fidel Castro disse a respeito dos sandinistas o seguinte: Houve homens que enxergaram muito longe e prepararam o caminho.

Durante quase cinquenta anos, a dinastia somozista tiranizou este país; mas houve homens que, quando parecia mais distante a hora da libertação, pensaram, se organizaram e elaboraram uma estratégia de luta. Esses homens são os sandinistas e a Frente Sandinista de Libertação Nacional. Elaboraram a estratégia, elaboraram as táticas de luta e as foram aperfeiçoando, lograram arrastar deles todo o povo; eles não são a vanguarda porque querem chamar-se assim; eles são a vanguarda porque souberam ganhar o posto de vanguarda na história e na luta de seu povo.

Olhando o atual caminho de parte daquilo que um dia foi esquerda em nossos países, lembro-me do juramento de Carlos Fonseca Amador, lembro-me das dúvidas de Omar Cabezas, tento beber do desespero poético de Rigoberto Lopez, absorver a ousadia e firmeza que inspirou Sandino e tento não me sentir só. Sei que do outro lado destas páginas há um livro que, segurando-o, estão novas mãos de novos companheiros, que transformaremos em amigos e combatentes, que em suas solidões estão pensando em nossas dores e como enfrentá-las, e este livro se transforma, de repente, em um convite ao encontro, e quem sabe discutiremos nossas estratégias, nossas táticas e nosso plano de luta, quem sabe germinará em cada um de nós as partes que irão compor nossa vanguarda e ali adiante, ao alcance de nossas mãos, aguarda nossa libertação.

São Bernardo do Campo, outubro de 2008
Mauro Luis Iasi
Coordenador da Coleção Assim Lutam os Povos

A MONTANHA É ALGO MAIS QUE UMA IMENSA ESTEPE VERDE

1

Lembro-me de que entrei para a Frente depois de umas férias, logo que me formei. Foi em um verão, março ou abril de 1968, depois da matança de janeiro de 1967. Lembro-me de que íamos pela rua, eu e alguns companheiros, para estudar; era de madrugada, cedinho pela manhã, quando, de repente, uns soldados filhos da puta nos pararam na rua: puseram-nos contra a parede e tudo. Naquele momento tinha acontecido o massacre de Manágua, de tarde ou de noite. Não sabíamos nada, porque as rádios estavam caladas, assim como os jornais.

Quando garoto, em meu bairro havia uma cantina que era de uma senhora gorda – que batia no marido – chamada por todos a cantina dos Dimas. Então, como naquela cantina havia briga de bêbados, a Guarda chegava e batia nos bêbados. Essa é a primeira lembrança que tenho da Guarda. Batiam, eram uns selvagens, batendo na cara com o coldre de suas armas. Via-se o sangue... A impressão que aquilo me causava era de medo. Eu tinha medo do sangue, porque o sangue é feio quando se é criança, não é mesmo? É que eu tinha horror de bêbados e de brigas, ainda que gostasse das brigas, mas desde que não chegasse a Guarda, porque os bêbados são engraçados quando brigam.

Meu primeiro conflito com a Guarda foi quando eu ainda era estudante na universidade, mas nunca os enfrentei diretamente naquela época; eu teria morrido de susto. Meu pai era maior que eu, e eu sabia que a Guarda ganharia de meu pai. Mas não foi isso que me fez entrar para a Frente. Muitas coisas me motivaram: primeiro, meu pai era de família de oposição, militava no Partido Conservador.

Lembro-me de que uma vez Agüero chegou ao nosso bairro e, em cima de uma mesa, fez um comício; Agüero era um velho careca que tinha um grande pomo de Adão. Meu pai estava em cima da mesa onde estivera Agüero, segurando um fio elétrico com uma lâmpada na mão, porque era de noite; e, nisso, a luz foi cortada e ficou tudo escuro; assim, meu pai gritou bem alto: "acendam essa luz" e todo o mundo no bairro começou a gritar "acendam essa luz, acendam essa luz...". Então tive a sensação de ser filho de uma pessoa muito importante, porque as pessoas repetiam o que ele dissera e, depois, a luz voltou.

Depois, houve a aproximação com Juan José Quezada. Conhecíamo-nos desde o colegial, mas ficamos amigos íntimos quando estudamos juntos, no primeiro ano da universidade, o básico. Posteriormente, nós dois fomos estudar Direito.

Juan José era uma dessas personalidades raras. Era alto, mas não desengonçado; era um magro musculoso, de aparência estrangeira, tipo alemão. Era filho de um médico que jamais ganhou dinheiro.

Conheci a clínica desse senhor: ficava na avenida Debayle, em León, e era bem feia, porque não tinha poltronas nem camas bonitas como as do doutor Alcides Delgadillo, onde havia uma tabuleta que dizia: "Dr. Alcides Delgadillo, médico-cirurgião, formado na Sorbonne, de Paris". Meu pai me contou que esse senhor tinha ido estudar na França em um navio, passara um mês no mar e sabia muito...

Mas eu estava dizendo que Juan José era alto, mas não desengonçado, um magro musculoso, de aparência estrangeira, tipo alemão, filho desse doutor e de uma mulher pobre. O doutor que brigou com minha mãe, que era bem pobre. Mas ele era alto, pálido, de traços bem finos, um pouco assim como as estátuas gregas, clássicas. Cabelo crespo... Não louro, mas também não era negro; decididamente era um tipo de boa aparência. Mas antiquado em sua maneira de vestir. Tinha um cheirinho muito especial, acho que era da brilhantina (que era vendida em um tubinho de papel, vermelha, verde ou azul; a vendedora tirava-a com uma pazinha, colocando-a no tubinho de papel).

Também me lembro de que, naquele tempo, ele era o único que usava calça e paletó, que já estavam fora de moda (agora é a moda de John Travolta). Além disso, suas calças eram de linho e usava camisa bem larga; apenas colocava para dentro quando íamos para as festas, porque dizíamos a ele que pusesse para dentro; então... punha a única calça social, que era preta, de *dacron*, e, essa sim, ele usava bem cortada. Claro, como sempre andava com as camisas e as calças largas, sua musculatura ficava escondida. Apenas aparecia quando a gente o via nu, ou de cueca.

Eu admirava Juan José Quezada por diferentes razões: uma, porque era carateca e judoca; era uma fera no caratê. Por isso, claro, eu admirava sua capacidade física, sua resistência. Quando Juan José foi para o sequestro do avião da Lanica, foi até minha casa para despedir-se, mas não me disse que estava indo. Chegou me pedindo emprestada uma máquina fotográfica e a levou; eu desconfiei um pouquinho, ou melhor, eu sabia que ele era da Frente e que alguma coisa ele ia fazer porque, quando foi embora, disse-me: "Ok, magrela, Pátria Livre ou Morrer". Foi isso o que ele disse... Achei inclusive que queria a máquina, porque ele era meio estranho ou meio louco, ou seja, queria a máquina para algo estranho, ligado à Frente, explico-me? E, claro, foi a última vez que eu os vi, a ele e a máquina. Porque, para se disfarçar de turista, pendurou a máquina no pescoço para subir no avião. Percebi isso porque depois Frederico me contou, e Frederico estava com ele no avião. Juan José levava a máquina. Foi Juan José quem me recrutou para a Frente.

Quando jovem, na universidade, eu começara a ouvir e a ouvir e, claro, comecei a gostar da coisa e a participar de umas manifestações e das assembleias, sem estar ligado a nenhuma organização política estudantil. Por um lado, eu gostava daquilo e aquilo me atraía porque era contra a ditadura, contra Somoza, contra a Guarda, e, por outro lado, havia a questão de classe. Eu tinha muita consciência de que era de família proletária e, então, quando se falava, na universidade, da injustiça, da pobreza, me lembrava de meu bairro, que era um bairro pobre. Na quadra em que morava, havia apenas umas seis casas; umas eram de madeira, outras de barro, pintadas com cal, como a casa em que vivia dona Lupe que, como era velhinha, a gente chamava de Lupita, casada com dom Cândido; assim, quando as crianças pintavam a casa, a gente passava a mão na tinta para pintar nossa cara de branco; mas como gritávamos muito, quando estávamos nos esfregando por ali, pintando-nos, dona Lupita saía e queria nos bater com uma vara; mas, como era velhinha, não conseguia nos alcançar. Ela ia queixar-se para minha mãe, que nos dizia que não tínhamos juízo nem comportamento, que parecíamos cachorros sem dono, que fôssemos para casa, que fôssemos molhar o pátio para baixar a poeira, pois a rua não era pavimentada, nem tinha paralelepídedos e, no verão, levantava tanta poeira que quando a gente estava comendo ficava no prato uma película marrom de pó; nós tapávamos o prato com as mãos, mas o pó se esgueirava e quando continuávamos comendo os dentes rilhavam. Minha mãe dizia: "Comam, comam rápido ou vai continuar caindo canela em cima".

Claro que a origem marca o que somos. E a Frente Estudantil Revolucionária (FER) tinha uma linha classista. Eu gostava dessa pureza. O paradoxo é que Juan José chegou e me recrutou para a Frente e, depois, Edgard Munguía me recrutou para a FER, sem saber que Juan José já tinha me recrutado para a Frente.

Um dia chegou Juan José e me disse: "Magrelo", olha... veja... você estaria disposto a assumir um compromisso maior com o povo e com a organização?" Sangue de Cristo!, pensei, já sei que merda é essa, já sei o que esse homem quer. Eu já sabia que um dia isso iria me acontecer, porque já ouvira falar nisso uma infinidade de vezes, ouvira principalmente dos social-cristãos, dos professores, dos pais que o diziam a seus filhos e a suas filhas que chegavam a León para estudar, que viviam em grandes mansões em León e que almoçavam em casa da mãe Concha; diziam a seus filhos que não se metessem em política, porque a política só causa prisões e cemitérios, a política é para os adultos, não para garotos imaturos que não têm profissão nem renda; que não se metessem com o pessoal da FER, nem com os do CUUN,* porque eram simpatizantes dos russos e de Fidel Castro e que, além do mais, os comunistas eram ateus... Que não se metessem com o pessoal do CUUN nem com os da FER porque eram manipulados pelos da Frente, que eram comunistas e vinham da Rússia e de Cuba e que só enviavam as pessoas para morrer como idiotas na montanha. Que o jovem que se metia no CUUN depois passava para a FER e dali para a Frente, para depois ser mandado para a montanha. Tudo isso passou pela minha cabeça. Ocorreu-me que, sendo Juan José tão bom, como poderia estar metido nisso? Mas, depois, disse a mim mesmo: esperto, se Juan José está nisso, quer dizer que os que estão por trás não são maus... Mas, fossem eles bons ou maus, eu tinha medo de perder a vida. E tinha uma leve esperança de que a pergunta que estava me fazendo não se relacionasse precisamente com o que eu estava pensando. Assim, disse-lhe: o que está me dizendo? Com o CUUN ou com a FER? "Não", disse-me ele, "com a Frente..." E depois acrescentou uma palavra que me deixou ainda mais nervoso: "não, homem, com a Igreja...", que era um nome de guerra da Frente. Essa foi minha primeira grande decisão. Eu sabia o que podia me acontecer, mas como ainda não estava acontecendo... a gente fica meio entorpecido... como se não quisesse pensar nisso, como se fosse melhor não pensar nisso. Quando a gente pensa demais nisso, parece que o coração bate como um tambor, ainda que ninguém perceba; se o pensamento é interrompido volta-se à tranquilidade. Assim vai se desenvolvendo uma contradição interna. Mas, quando o tempo vai passando, a ideia volta até mesmo quando se está transando.

Imaginei que, se dizia sim, iam me mandar pôr bombas... e fazia pouco tempo que René Carrión tinha posto uma bomba na casa da mãe de Pancho Papi e fora morto na prisão... E depois a montanha... Lembre que acabava de ocorrer o massacre de Pancasán... imaginei tantas coisas... e quanto mais coisas imaginava maior era o medo, mas, lógico, ficava totalmente sério e tranquilo diante de Juan José, porque diante dele não podia parecer um fraco. No entanto, pensava todas essas coisas, mas também pensava em meu bairro; lembre que eu não tinha uma convicção sólida, eu não era um teórico, nem sequer um teórico; além disso, tinha minhas sérias dúvidas sobre se o marxismo era bom ou mau. Então, mais por confiança nele do que por convicção, disse-lhe: "Sim, cara, perfeitamente..." porque ali tratava-se de uma questão quase que de macheza, isto é, eu estava consciente do que queria; de que queria lutar contra a ditadura, mas não estava muito certo – e mais do que certo, tinha algum temor ou dúvida, ou sei lá o que sentia – quanto a assumir um compromisso até as últimas consequências.

A firmeza política vai se definindo pouco a pouco. Claro, há companheiros que passam por processos diferentes; no meu caso particular, foi assim.

Juan José bateu-me nas costas e sorriu para mim. "Bem" – disse-me "então vou te pôr em contato com alguém, a tal dia e tal hora. Na esquina oposta à igreja de Zaragoza vai passar um rapaz baixinho, com uns 20 anos, que talvez você conheça: cabelo crespo, curto, penteado para trás, com uns óculos que parecem de soldador, com um dente de ouro... ele vai te dizer: 'Você é Omar Cabezas'. E você vai lhe responder: 'Sim, sim, sim, o mesmo de San Ramón'".

Fui ao ponto. O tipo passou e me disse: "E aí, Omar?", como se fôssemos velhos conhecidos. Era a primeira vez que eu o via e me deixou sem resposta.

Tinha mudado muito, por isso não o reconheci. Era um companheiro, do curso primário do colégio San Ramón, que estivera no seminário, tornando-se padre, em Manágua, depois em Honduras; saiu do seminário e se meteu na guerrilha: Leonel Rugama. Foi o primeiro responsável por mim na Frente.

2

Minha cidade, na Semana Santa, é uma cidade fantasma, com alguns vestígios medievais. Os dias da Semana Santa em León são quentes, extremamente quentes. O chão é quente, a poeira é quente, quentes são os assentos dos carros, quentes os bancos dos parques, até a água da torneira é quente. Tudo nessa cidade é quente na Semana Santa. Até o cabelo na cabeça da gente é quente, as ideias são quentes..., ou seja, quero dizer que León, na Semana Santa, é quente. Imagine que é tão quente que os carros quase não circulam pela rua. Na zona urbana, nem há gente, porque as pessoas, todo mundo, vai para a praia, isto é, a burguesia que vive no centro urbano pavimentado, onde vivem os ricos, no centro da cidade. A medida do calor é dada pelos cachorros que vão andando pela beira das calçadas, onde caminham também as pessoas, porque é lá onde resta um pouco de sombra, ainda que a própria sombra seja quente. Vê-se também uma grande quantidade de cachorros que vão caminhando apressadamente, quase correndo, pela rua, com os olhos embaciados e lançando espuma pela boca... cachorros com raiva, que vão pelo meio da rua porque as pessoas os enxotam, se forem pelas calçadas. Esses cachorros vão correndo, galopando sem rumo, não se voltam para olhar, nem sequer para os lados; imagino que é porque se se voltarem para olhar para os lados vão sentir que está mais quente. Vai saber até onde eles irão depois que atravessarem o povoado, esses cachorros com raiva. León é quente assim.

Tudo estava fechado... o comércio, as casas. A única loja que abria era Prío, que ficava na esquina do parque, em uma casa colonial com uma porta de esquina, de folha dupla, que estava sempre aberta de par em par. Quando soprava um pouco de vento, as árvores do parque refrescavam a temperatura e o ar ficava menos quente. (Quero convencer a quem leia esta merda de que León é quente. Que não é invenção minha... que é quente...)

Dizia que o estabelecimento de Prío era uma casa colonial de dois pisos, com varandas até a calçada, que davam para o parque. Havia ali umas dez mesas com cadeiras antigas; lembro-me de que havia um aparelho de som antiquado, mas que era potente porque podia ser ouvido em todo o parque, onde geralmente não havia ninguém, a não ser um ou outro freguês, sentado em algum banco debaixo da sombra de uma árvore. Em geral, era gente que se dedicava a ver passar os poucos carros dispersos; quando se ou-

COLEÇÃO ASSIM LUTAM OS POVOS

via o barulho, antes que aparecesse na esquina, já queriam saber que carro era; e quando o viam aparecer, olhavam-no até que ele dobrasse a esquina e se perdesse, restando apenas o barulho; e ficavam esperando que passasse outro carro, para ver quem vinha nele. Na minha cidade essa foi, na Semana Santa, durante muito tempo, uma diversão sadia.

Prío era muito famoso porque tinha música clássica, além de fazer uns sorvetes de fruta muito bons e umas *lecheburras** deliciosas, que eram pequenininhas, e davam água na boca quando estavam acabando.

Aos 60 anos, Prío era bem dinâmico, um homem baixo e branco, acusado de anticlerical porque punha a todo volume as canções de "Jesus Cristo, superstar", um filme que haviam passado no teatro González, que fica na outra esquina do parque; as freirinhas do colégio Assunção, que vivem na terceira esquina do parque, foram ver o filme e saíram no meio da sessão porque disseram que era heresia e falta de respeito. E, por isso, ficavam bravas com Prío; porque se podia ouvir a música até no colégio, onde estudavam todas as meninas internas da cidade.

Chamavam Prío de "Capi" Prío. Ele se vangloriava que Rubén Darío ia tomar cerveja em seu estabelecimento e que uma vez, em que estava sem dinheiro, escreveu-lhe um poema em pagamento. Cada vez que chegava alguém importante, puxava o poema para mostrá-lo. É que Prío, em León, era algo mais que um ponto de referência.

O outro lugar a que se podia ir, nas tórridas semanas santas de León, era o bilhar de Lezama, a meia quadra do estabelecimento de Prío, no sentido do edifício da universidade, da qual permaneciam apenas os muros, com as palavras de ordem contra a ditadura pintadas pelos estudantes, pois, quanto às pessoas, não ficava nem uma alma ali. E, claro, o barzinho de dona Pastora também estava fechado.

---

* Confeitos feitos com açúcar mascavo (N.T.).

Todo o povo dos bairros, operários, o povo do campo, que chegava para passar a Semana Santa com seus parentes dos bairros, todos hospedavam-se com eles para pagar promessas na procissão de San Benito, assim como no Santo Enterro da Sexta-Feira Santa. Às vezes, penso que os ricos iam para o mar ou fechavam suas portas para não se confundirem com aquela massa de pobres que, nas procissões, estreava camisas, calças, anáguas de todas as cores. É que os ricos sempre foram pessoas distintas.

Depois, uma ou outra dessas pessoas pobres dos bairros dirigia-se caminhando para o centro da cidade, buscando a calçada onde havia sombra, até chegar ao bilhar, fugindo da poeira que o vento levantava nos bairros. Quando a gente chegava ao bilhar de Lezama, já estava suado, os sapatos cheios de pó e, se esfregasse as mãos, caiam grãozinhos de terra preta. Ainda que alguns buscassem um pouco de diversão em outro lugar, com certeza, como pela lei da gravidade, acabavam em Lezama.

Nos bilhares de Lezama havia seis ou sete mesas das quais uma era de carambola, que ficava logo na entrada e era para os melhores jogadores. O local tinha uns 15 m², dos quais três eram ocupados pelo balcão, atrás do qual estava Lezama, um senhor gordo que eu jamais vi rir, e duas mulheres malcriadas que serviam como autômatas; havia também dois refrigeradores repletos de cerveja e refrigerantes, e algumas coisas próprias do negócio, além da máquina registradora.

Na época da Semana Santa, o local abrigava não menos de 150 pessoas, que ali entravam vindos da rua quente, tornando o ambiente bem denso, a atmosfera pesada. Entrava-se da rua empurrando uma porta, como as que se veem nos bares dos filmes de faroeste; sentia-se na cara e no corpo um golpe quente sobre a temperatura que já se sentia, como o vapor de uma sauna, mas não havia outro remédio ou alternativa: ou a gente ficava no bairro poeirento e quente, contemplando a própria miséria e se enchendo de ócio, ou, então, pagando o preço de uma temperatura ainda mais alta, jogava bilhar, tomava cerveja bem gelada e, o que era melhor, sem nem um grão de poeira.

Assim que a gente entrava no lugar, era completamente envolvido por aquele ar pesado; começava simultaneamente a ouvir, em diferentes tons e variações, o *clã-pra-pra-pom-bum-bum* dos bilhares e, claro, o *clique* quando se errava a tacada. Na primeira mesa, infalivelmente, o Curro, o melhor de todos eles, mestre da carambola, de uma, de duas, de três e de quatro tabelas. Concentrado, imperturbável no meio do barulho, suando nos braços, na cara, nas costas, dando um gole de cerveja depois de cada tacada, desafiando qualquer apostador ou ganhando de algum pixote, o certo era que contínhamos a respiração quando o Curro se preparava solenemente para bater na bola, porque as apostas eram de 50 córdobas e, na dureza em que vivíamos, isso era uma emoção: perder ou ganhar em uma jogada 50 ou 100 córdobas. Lezama, atrás do balcão, disfarçadamente, mas sem rir, vigiava com o canto dos olhos cada vez que chegava a vez do Curro. Nas outras mesas, o ruído não parava e as vozes dos jogadores erguiam-se sobre o ruído dos choques de dezenas de bolas, exclamando: "olha que bola mais linda eu te mando aí! Esse quinze está difícil! Não, papai, essa jogada é para os mais velhos! E por que não joga com uma mão melhor? Você gostaria, não é, meu rei? Acha que isso é para soprar e fazer garrafas... Está acostumado a pegar garotos... Tenha cuidado, tenha cuidado... Gostou, meu caro? Acabou o tempo, terminou a partida..." E de novo armavam as mesas. E quatro ventiladores, que se percebiam pelo barulho, porque por mais que girassem e fizessem esforços heróicos não se sentia o menor ar fresco e o barulho só servia para acompanhar os múltiplos sons que ali se reuniam, juntavam-se, grudavam nas paredes, repercutiam na mesa, terminando por esquentar ainda mais a gente. Lezama era uma torre de Babel, uma Berlim, um hospício; de alta temperatura, de muito barulho, com um pestilento cheiro de urina. Você chegava em busca de diversão e, por fim, ia embora, irremediavelmente, ia embora. Percebe? Em León não havia

A MONTANHA É ALGO MAIS QUE UMA IMENSA ESTEPE VERDE | 23

aonde ir. Porque, além do mais, os bordéis estavam fechados, as putas da minha cidade sempre foram muito religiosas, em geral mulheres muito devotas. As putas não trabalhavam em León nos dias santificados, posso lhe garantir... Ora! Imagine se você ia conseguir uma puta na Sexta-Feira Santa. As putas começavam a trabalhar de novo no Sábado de Aleluia. Desse modo, durante toda a semana, as putas não trabalhavam, os bares não abriam, os restaurantes dos chineses fechavam. Porque o cúmulo era não poder nem jogar bola, porque ofendia-se o Senhor, ofendia-se o Senhor e então... o que restava? Ir ao bilhar de Lezama. Não havia outro remédio.

Eu conhecia Leonel Rugama, mas não me lembrava dele e soube definitivamente quem era depois que um companheiro, um grande fisionomista meu amigo, que se chama Manuel Noguera, passou por onde estávamos sentados, na grama do Parque Central de León, comendo uma raspadinha, num desses dias da Semana Santa.

O que Leonel e eu queríamos era conversar, e não em um local público, o Prío, porque lembre-se de que eu já ia às manifestações e que meu pai era um dirigente da oposição. Também não podíamos conversar com calma em Lezama e não queríamos ficar caminhando naquele sol pelas ruas, de modo que não tínhamos outro remédio senão conversar no Parque Central, sob uma árvore que desse sombra, sentados na grama que, para um pobre, era o que havia de mais fresco em toda a cidade, porque em León há muito poucas árvores e em minha casa, claro, não dispúnhamos de ar-condicionado, apenas na universidade, que estava fechada. Ali nem dom Vítor, o zelador, permanecia na Semana Santa.

Percebe? Estávamos conversando no parque porque em León era Semana Santa.

E estando ali, passou Manuel; chegou-se a nós e, depois de cumprimentar, dirigiu-se ao meu acompanhante e lhe disse: "Bom dia, Leonel..." sendo que o outro me dissera que se chamava Marcial Ocampo. "Como, Leonel?" respondeu-lhe. "Chamo-me Marcial". "Ah, não brinque, você é Leonel Rugama, não lembra que estudamos juntos no San Ramón?" "Ah, danado", disse eu, "este é Leonel Rugama, é verdade, lembro-me de que me deve 20 pesos de pão".

Ele era interno no colégio San Ramón e, como eu era externo, pedia-me que lhe trouxesse dois pesos de pão, daquele que passavam vendendo pela minha casa todas as manhãs, pagando-me no final da semana. Era uma questão de amizade. Então, de repente, ele desaparecera do San Ramón, sem me pagar 20 pesos de pão.

Leonel sempre apontava para a mesma coisa e, à medida que foi amadurecendo, isso chegou a ser um traço fundamental de sua personalidade. Leonel nos propunha o problema de ser homem, mas não no aspecto do macho, e sim do homem que adquire responsabilidade histórica, um compromisso para com os demais, daquele que dá tudo pela felicidade dos outros. A estrela de Leonel era, naquela época, o comandante Ernesto Che Guevara, morto havia apenas alguns meses. Baseava toda sua politização em relação a mim, naquele momento, no compromisso que tem o homem de tirar o homem da pobreza, da exploração, de ascender na hierarquia revolucionária. Óbvio que também me falava do materialismo histórico que eu conhecia um pouco por algumas cartilhas que lera na universidade e coisas desse tipo, tais como manifestos, jornais estudantis... Então, fundamentalmente, Leonel centrou-se nisso. Lembro-me até de que um dia houve um debate ideológico na universidade: aproximei-me do grupo de companheiros que estavam ali discutindo com ele, a testa franzida: "É preciso ser como o Che... ser como o Che... ser como o Che...". Saí da universidade repetindo a frase internamente como se fosse uma fita gravada; ainda me lembro com nitidez dos gestos e da expressão do rosto, da firmeza com que Leonel pronunciou: "ser como o Che... ser como o Che...". Obviamente jamais imaginei a influência que isso viria a ter em mim porque, na verdade, depois dessa época, comecei a estudar o Che. E aqui há uma questão bem simpática e que não tenho nenhuma vergonha de admitir: conheci e cheguei a Sandino por meio do Che, porque percebi que, na Nicarágua, para ser como o Che é preciso ser sandinista. Na Nicarágua, esse é o único caminho para a revolução.

3

Pois bem, comecei a trabalhar e, desde então, não parei. Sabe como me senti? Como quando levam um garoto pela primeira vez à escola: naquele dia é como se acabasse a felicidade do garoto, porque começa a ter responsabilidade. Quando a gente entra na Frente, ocorre algo semelhante, em outros níveis, não quanto à felicidade, mas, se você for consequente e se, como dizia o Che, a organização a que pertence é revolucionária e se a revolução é verdadeira, você vai até a vitória ou até a morte. Uma vez que entrou, como o trabalho e as responsabilidades vão crescendo, é como se entrasse num redemoinho. Ou em uma espiral, entende? Que só tenha voltas no sentido evolutivo. E você entra, felizmente, até o fundo... conseguir casas para companheiros clandestinos, para reuniões, para depósito, para caixas de correspondência; conseguir carros, oficinas mecânicas, levantar informações, espionar casas das amantes dos policiais. Enfim, comecei a trabalhar, fazendo tudo o que mandavam e que achava que devia fazer. Naquele momento, não havia grandes estruturas clandestinas, mas o trabalho que cada pessoa fazia, com indivíduo, era muito significativo. Criar as bases para o avanço posterior do trabalho. Em León, a Frente era apenas Leonel, Juan José, Edgard Munguía e Camilo; é preciso lembrar que isso foi depois do recuo de Pancasán; eram, na realidade, momentos muito difíceis. Tomar a decisão, para qualquer um naquele tempo, de entrar na Frente, vendo agora em retrospectiva, penso que tem um mérito extraordinário, acho mesmo isso. Na decisão de ter entrado na Frente naquele tempo – essa expressão "naquele tempo" tem para mim um tom de evangelho – acho que a organização influiu um pouco. Como nenhum dos companheiros dispunha de informação sobre toda a organização, e a Frente agia... havia papéis nas ruas, nas paredes; e havia assaltos e todas as rádios anunciavam os assaltos e colocavam todo o país a par da confusão dos famosos *flashes*, e a difusão da informação. Nos fazia pensarmos em nós mesmos, pela influência da publicidade, na dimensão da realidade. Aquilo era lindo. Eu ia à missa na catedral de León apenas para ouvir os comentários das pessoas após o término da missa, no pátio da igreja, os mesmos comentários que se ouviam no estádio, antes de começar a partida, ou na escadaria do prédio das Ciências e Letras da universidade, ou nas oficinas mecânicas; ou, quando ia à barbearia, ouvia na cadeira ao lado o barbeiro comentando com outro cliente a questão. E a gente, por dentro e no fundo, pensava: "Se soubessem que eu sou da Frente!". Aqui há um aspecto interessante. É que as ações armadas de toda vanguarda revolucionária não apenas fortalecem moral e politicamente as massas, isto é, não apenas repercutem fora, como também fortalecem moral e politicamente dentro, elevam a predisposição combativa da militância... É um fenômeno extremamente rico e que é preciso ter vivido para compreender a fundo. A gente se sente em segredo, calado: vanguarda.

O retorno da propaganda, depois que atingia as massas, chegava até nós e, em determinado momento, nós mesmos – também em função, repito, da segurança – pensávamos que a Frente era uma organização poderosa. Comigo acontecia uma coisa que não sei se acontecia com outros companheiros. Às vezes, por suspeita, especulação, consciência ou pragmatismo realista, sabia racionalmente que éramos poucos, um grupúsculo, como dizia a Guarda naquele tempo. E a organização transformava-se em uma espécie de válvula de escape para dar rédeas aos sonhos, aos desejos... é que a organização permitia guardar um resquício de esperança, de forma que a aventura, ou o desafio, tornava-se mais leve, menos perigoso, entende? A organização permitia sonhar acordado, tendo uma justificativa permitida. E eu me atreveria a dizer que este era um sentimento generalizado na maioria, que dia a dia foi crescendo. Somoza, com 45 anos de ditadura, era também um fator que influía para que o povo se apegasse a essa esperança. Definitivamente, o povo e a Frente sempre pensaram da mesma maneira. No entanto, não deixa de dar um certo desânimo quando, no trabalho cotidiano, a prática e a realidade reafirmam com seriedade que você está sonhando, que evidentemente se trata de um grupúsculo; mas imediatamente funciona, como recurso ou como fé, ou como quer que seja, que por trás da organização há um mar de coisas, de gente, de planos, de recursos, que existem, mas que você desconhece. E esses estados de ânimo – ou como quer que se chamem – eram o pão nosso daqueles tempos. Até que o tempo passa e pouco a pouco a coisa vai se desenvolvendo. Já em meados ou bem adiantado todo o processo da guerra revolucionária, quando a gente já é bem forte, dá uma satisfação muito grande, pessoal e íntima, ser um trabalhador da revolução, como dizia Modesto.

Quero mostrar que é muito triste ou que aflige, quando a pessoa, à medida que vai se introduzindo na organização e no trabalho, chega a perceber que... caramba! a Frente não é um grande poder. Que a Frente são uns quantos e que talvez apenas em León, Manágua e Estelí há alguns heróicos, audazes, que aceitaram o desafio. Valentes que aceitaram o desafio da história e começaram a trabalhar. Que, como diz Tomás de Carlos Fonseca, também fomos formigas, martelo, teimosos, caprichosos por natureza... E faziam-se assaltos, justiçamentos, que a imprensa noticiava porque eram ações diretas contra a ditadura; aquilo era uma ousadia sem limites, uma heresia política, no quadro dos partidos políticos burgueses, o conservador e o liberal e, claro, também o social-cristão e o socialista. Esses últimos chamavam-nos aventureiros, pequeno-burgueses e, nas assembleias universitárias, recitavam para nós parágrafos daquele livro de Lenin, *O esquerdismo, doença infantil do comunismo*. Mas, o que eu quero ressaltar agora é que, quando os jornais, rádios, televisão noticiavam os feitos da Frente, nós também sofríamos a influência dessa propaganda; pelo menos comigo acontecia isso. A organização e esse fenômeno que estou relatando eram como um doce delicioso. Mas, como todo doce, dura apenas um momento. E logo a maldita realidade... A gente se dá conta de que não existe nada e não deixa de dar um certo medo olhar para frente. Eu só pensava que haveria muitos mortos pela frente. Como não suspeitaria, ou não perceberia que, enquanto essa luta não alcançasse níveis de massa ou não conseguíssemos transformá--la em guerra de massas armadas, entre nós, que estávamos vivos, militando, tínhamos que repartir os mortos do futuro imediato. Naquele tempo, a gente tinha muito medo da morte, porque, por muito que se arrisque a vida estando na legalidade, arrisca-se menos do que estando clandestino. Eu diria que quanto menos você joga com a morte mais medo tem dela, e vice-versa.

Assim, a pessoa entra na Frente porque acredita em sua linha política. Contudo, com nossos medos, ou se enfrenta ou não se enfrenta. Mas não deixa de influir o fato de que a gente acredita que a Frente é capaz de derrubar Somoza, que a gente entra para ser mais um daqueles que vão derrubar Somoza. Mas, esse fenômeno ocorre não apenas quando a gente vai entrar na Frente; depois de estar já há seis anos no trabalho legal, quando fui para a montanha, subi com a ideia de que a montanha era um poder, pois havia o mito dos companheiros da montanha, o misterioso, o desconhecido. Modesto, lá, em cima... E na cidade, nós, os clandestinos e os legais, falávamos da montanha como de algo mítico, onde estava a força e mesmo as armas, os melhores homens, o indestrutível, a garantia do futuro, a balsa para não se afogar no mais profundo da dominação da ditadura, a determinação de não se resignar... a certeza de que não podia ser assim, que Somoza não podia continuar mandando a vida toda; não aceitar a invencibilidade da Guarda. E, claro, a realidade impactante, quase a desmoralização, quando você chega à montanha e vê que são apenas Modesto e 15 homens mais, divididos em grupinhos pequenos. Quinze homens ou sei lá eu quantos. O certo é que havia 20 guerrilheiros naquele tempo na montanha. Dá vontade de descer. Puta merda! A gente diz, esta merda, quando...? Você é capaz de dizer interiormente: Deus meu, tomei a pior decisão da minha vida! A gente tem a sensação de ter entrado em um empreendimento sem futuro...

Já disse que em León a Frente era Leonel, Juan José, Edgard Munguía e Camilo; depois, eu. Em León, não havia um clandestino sequer. Pelo menos um que com certeza existia em Manágua era Julio Buitrago. Depois me dei conta de que em Manágua existiam um ou dois núcleos de guerrilha urbana; dava-me conta de que existiam quando a Guarda os matava, porque a Guarda divulgava pela rádio os nomes com os currículos. Somoza chamava os currículos revolucionários dos companheiros de "histórico-delituosos". Julio Buitrago era o chefe de todos os sandinistas da Nicarágua naquele tempo. Dizem que era bom, mas não cheguei a conhecê--lo. Leonel o adorava. Na Frente, naquele tempo, estabeleciam-se laços de afeto muito fortes. O Gato e eu, por exemplo, e Leonel, chegamos a ser amigos fraternos. Lembro de que, nos fins de semana, todos os estudantes que não eram de León iam para suas casas; como nunca tínhamos dinheiro, íamos para a praia pedindo carona e as pessoas olhavam para nós porque estávamos bronzeados. Lembro-me de que gostávamos de pedir carona para moças burguesas e, como éramos metidos, quando subíamos, a burguesinha ficava nos olhando pelo espelho retrovisor e nós lhe sorríamos e lhe mostrávamos a língua; ela ficava vermelha, afastava na hora o olhar do retrovisor e já não olhava mais para nós. Mas, um pouco depois, olhava de novo, e sempre que nos olhava nós já a estávamos vendo de novo pelo retrovisor. Era como um jogo de olhares, uma mescla de olhares; gostávamos de ver sua pele, a forma de mover os lábios, olhávamos suas unhas quando mudava a marcha, as mãos eram bem bonitas, dá vontade de acariciar umas mãos assim; e quando as janelas estavam abertas e o vento soprava, seu cabelo se agitava e sua cabeleira ficava diante de nós, no encosto do banco. Adorávamos ir vendo seus cabelos. Lembro que, uma vez, Leonel escreveu um poema que dizia algo sobre a "raiva de seu cabelo".

Já na praia, descíamos em qualquer lugar; em geral nunca tínhamos calções de banho. Juntávamos uns 20 pesos os três e íamos ao hotel Lacayo ou ao "Parente" Salinas, pedir uma Pepsi cada um, para ver entrar o montão de jovens burguesas, que eram muito lindas. Entravam de shorts: brancos, vermelhos, azuis; de jeans, curtos até a virilha; isso me deixava louco, e mais ainda quando as via de costas. Eram cabelos longos, cabelos curtos, eram morenas ou eram brancas; entravam aos punhados, a gente não sabia para quem olhar. E todas eram lindas... Umas entravam vermelhinhas, vermelhinhas, queimadas... O Gato Munguía dizia: "Só devem ter um triangulozinho branco". Então Leonel dizia: "Melhor... para acertar no alvo". Quando a tarde acabava, voltávamos para León, sempre de carona, cada um para sua casa e, no dia seguinte, segunda-feira pela manhã, infalivelmente às oito da manhã, estávamos nos escritórios do CUUN, na lanchonete da universidade, na sala da Associação de Ciências e Letras, ou de Direito, a serviço.

O trabalho era bem cansativo, porque era incipiente. O fato de sermos poucos obrigava a trabalhar mais. E como a gente, quanto mais trabalha, mais se desenvolve, entende mais um monte de coisas, descobre mais um monte de coisas. A gente se vê pressionado a desenvolver a criatividade, a desenvolver respostas, a se preparar mais. Nessa situação, cheguei a me formar de uma maneira relativamente vertiginosa, de tal forma que em pouco tempo adquiri responsabilidades muito sérias dentro do movimento estudantil organizado da UNAN.

Primeiro, estive no grupo de estudos pelo qual Leonel era responsável. Três meses depois, comecei a fazer grupos de estudo por instrução de Leonel e do Gato na FER, com instruções de recrutar ali os melhores para a Frente. Cheguei a ter até sete grupos de estudo sob minha responsabilidade. Quando a noite caía, estava totalmente esgotado, cansado mentalmente. Lembro que o texto que utilizávamos era um livro de Marta Harnecker, que se chama *Conceitos elementares do materialismo histórico*. Eu sabia o livro de cor, de tanto repeti-lo. De noite, trabalhávamos no Clube Universitário, fazendo faixas, cartazes, imprimindo cartilhas, até de madrugada.

Como tínhamos medo de ir para casa de madrugada, dormíamos no CUUN, em cima das mesas de pingue-pongue, ou em esteiras, até que amanhecesse. E quanto mais dias amanheciam, mais a FER ia crescendo... Crescia e agora me dou conta de que nós também, como pessoas, íamos crescendo. Porque a FER também eram quatro pessoas, no início. Não era uma organização, não tinha estrutura, era uma soma de quatro ou cinco companheiros que, graças a Deus e à Virgem, tinham facilidade para falar e falavam nas assembleias. A FER e a Frente, naquele tempo – em León – eram fundamentalmente uma linha política, uma luta justa e, por ser justa, perigosa. E, por isso mesmo, no começo, com poucos simpatizantes.

4

Em 1970, passei seis meses clandestino, depois que o comandante Julio Buitrago morreu em combate, quando foi descoberto em um aparelho em Manágua, com as companheiras Doris Tijerino e Glória Campos. A repressão os detectou e, posteriormente, a Guarda montou uma operação militar, sem precedentes na Nicarágua, em volta da casa. Cercaram a casa, a quadra e o bairro inteiro em um terceiro cerco. Julio enfrentou a Guarda; ele morreu, depois de horas de resistência naquela casa. É um dos maiores nomes entre os grandes que teve a FSLN. Foi ele que forjou a lenda de invencibilidade da Frente Sandinista junto ao povo, ou a que o povo forjou da Frente Sandinista. Essa lenda se fez com base em fatos históricos concretos. O primeiro fato histórico concreto contemporâneo foi esse combate heroico de Julio Buitrago, em 15 de julho de 1969.

A Guarda cometeu o erro de mostrar na televisão o combate; nós assistimos, sentados diante da tela da televisão do Clube Universitário de León, como uma grande quantidade de policiais, colocados em grupos em diferentes locais, ou de dois em dois, ou de três em três, de pé atrás das árvores ou dos carros, ajoelhados no chão, atrás dos muros, ou deitados, disparava contra a casa. A reportagem não tinha som, olhávamos avidamente, vendo como as armas automáticas expulsavam com grande velocidade os cartuchos, aguçávamos o olhar e víamos como saltavam pedaços de cimento, madeira, vidros, pintura, quando milhares de balas atingiam a casa. E também víamos quando saía o cano da submetralhadora de Julio pela janela da varanda e via-se a fumaça das rajadas com que ele respondia. Pouco depois, nós o víamos aparecer na janela de baixo do primeiro andar ou pela outra janela do mesmo primeiro andar ou pela porta do segundo andar que dava para a rua; de repente, víamos que Julio não aparecia, mas que a Guarda não se mexia e víamos que ninguém disparava e que havia umas reuniões de chefes da Guarda fora e depois a Guarda começava a avançar para a casa e, de repente, apareceu Julio, disparando por qualquer um dos pontos que mencionei. E os guardas saíram correndo para trás, e nós gozávamos com isso porque víamos que a Guarda tinha medo das balas que Julio atirava. E quando víamos que Julio acertava algum guarda, gritávamos com raiva: "Malditos, é isso que eles querem...". Logo após, chegou um pequeno tanque e se percebeu que os guardas se alegraram. O tanque colocou-se frente à casa, cerca de 15 metros diante da casa; ninguém atirava, nem os guardas, nem Julio. Lembro-me de que era de tarde e os guardas secavam o suor com lenços. Houve um grande silêncio... O tanque disparou... Nós arregalamos os olhos quando vimos que o tanque fazia saltar em pedaços a parede: talvez não o atinjam... talvez não o atinjam... Depois do tiro do tanque, viu-se que os chefes gritavam para os soldados avançarem sobre a casa. Da casa, ninguém respondeu e quando os guardas estavam perto, Julio voltou a disparar de dentro e os guardas voltaram a correr para trás. O tanque voltou a disparar e aconteceu a mesma coisa. Depois houve um longo silêncio e apareceu um avião pequeno e os guardas e o tanque começaram a disparar sobre a casa, insistentemente, e o avião, que quase roçava a casa, disparava, e então víamos como iam reduzindo a casa a escombros, em questão de segundos. Saltavam ao mesmo tempo pedaços de ferro, de zinco, pedaços de madeira, pedaços grandes e pequenos de parede; vidros espalhados por todos os lados. E não entendíamos como Julio estava vivo porque víamos como a Guarda se escondia ou com as balas que Julio disparava atingiam pontos próximos dos guardas, e víamos guardas caírem feridos e, logo, vimos algo que comoveu a todos nós: vimos Julio sair pela porta central, correndo, disparando rajadas contra a Guarda e, segundo depois, como Julio começou a dobrar-se, disparando e dobrando-se mais e disparando e dobrando-se mais, até cair. Tínhamos vontade de chorar, mas ao mesmo tempo sentíamos que possuíamos uma força indestrutível.

Assim caiu o pai da resistência urbana da Frente Sandinista. Claro que todo mundo que tinha televisão na Nicarágua viu aquilo. E também os que não tinham televisão, porque Somoza cometeu a estupidez de passar as imagens dias seguidos na televisão, e os vizinhos que não tinham televisão iam à casa dos que tinham, para ver. O povo viu como os policiais tremiam, nervosos; seus gritos; ouviram-nos, pelos megafones, pedir a Julio que se rendesse; os tanques, porque me lembro de que depois chegou outro. O avião e dois helicópteros. E depois Julio, sozinho, ali.

Depois da morte de Julio, assumiu a responsabilidade principal pela organização Efraín Sanchez Sancho, que era um tipo que não tinha estatura moral nem grande capacidade política. Por causa dele, fui obrigado a passar seis meses na clandestinidade. Por suas falhas nas medidas de segurança, sendo clandestino, foi detectado por um tenente do Serviço de Segurança de Somoza, quando se cruzaram de automóvel na rua; a mulher do tenente, que estava com ele, prestou atenção na acompanhante de Sánchez Sancho, que era vizinha do tenente. E o tenente, ao reparar nela, descobriu Sánchez Sancho, e o reconheceu. No carro estavam também outros dois companheiros. Quando começou o tiroteio, o tenente caiu e sua esposa identificou a vizinha, que era Maria Esperanza Valle, "a Tita", que era muito minha amiga. A mulher do policial, de tão nervosa, não prestou muita atenção nos outros dois companheiros que estavam no carro e garantiu, o que era fruto de sua imaginação, que eu era um deles. Isso me obrigou à clandestinidade. O que significa agir à margem da lei, escondido de todo mundo, da Guarda, dos dedos-duros, dos vacilantes, dos amigos, da família.

A gente se move camuflado, vive em aparelhos, anda armado e adquire responsabilidades de outro tipo.

Mas acontece que estavam precisando de mim no movimento estudantil, pela experiência que tinha acumulado. Realmente, eu estava me desperdiçando na clandestinidade e os responsáveis decidiram que eu devia voltar à legalidade, para León, para a universidade.

Eu era muito jovem, fisicamente frágil, sem nenhuma preparação militar, sem possibilidade de fazer algum curso de treinamento e me tornaria um fardo na clandestinidade.

Então, para devolver-me a León, lembraram-se de um truque: uma visita ao chefe da Cruz Vermelha Nicaraguense, com sede em Manágua, pedindo melhor tratamento para os réus políticos. Naquele tempo, Bayardo Arce, que já era militante da Frente, trabalhava como redator parlamentar no jornal *La Prensa*. Da mesma forma, William Ramirez era diretor do jornal radiofônico *Extra*, da Rádio Mundial, que ia ao ar às seis da manhã e às seis da tarde. Aproveitando, pois, que havia uma campanha de agitação pela liberdade dos réus políticos, concordou-se em formar uma comissão do CUUN para pleitear melhor tratamento para eles. Para isso, convidamos o bispo e alguns advogados de prestígio, de forma que a comissão do CUUN chegou à Cruz Vermelha uma manhã, perto das dez horas. Passaram-me direto do "aparelho" para a porta da Cruz Vermelha, para encontrar-me com a comissão do CUUN e me puseram à sua frente para entrar no edifício. Pura encenação! Era um risco, porque apareci como se nunca tivesse estado clandestino. E os jornalistas? Os jornalistas, como se não soubessem de nada, começaram a me fotografar, *prac, prac, prac*, e a fazer entrevistas comigo, perguntando sobre nossa missão. Naquela mesma tarde, apareci na primeira página de *La Prensa*, junto com o bispo e meus companheiros do CUUN, gesticulando diante do presidente da Cruz Vermelha. A legenda da foto dizia: "Bacharel Omar Cabezas, delegado do CUUN, pede ao monsenhor e à Cruz Vermelha Nicaraguense que intervenham junto ao general Somoza para que um

A MONTANHA É ALGO MAIS QUE UMA IMENSA ESTEPE VERDE | 35

tratamento melhor seja dado aos réus políticos". Isso era uma prova evidente de que eu nunca fora clandestino, que não estava fugindo, que se não me viam em León era porque estava trabalhando com o CUUN em Manágua. E, assim, voltei a minha cidade, durante a noite. No dia seguinte fui cedinho para a Faculdade de Direito, assistir à aula de Direito romano. Que vida! Não é mesmo? Quase imediatamente depois, comecei a trabalhar com o Gato no CUUN. O Gato Munguía chegou a ser o primeiro presidente do CUUN lançado pela FER; chegou a esse cargo porque disse publicamente que era da FER e que estava de acordo com a FSLN. A FER esteve no poder no CUUN de 1960 a 1964, mas seus candidatos à presidência não diziam publicamente que eram da FER e, menos ainda, que eram marxistas. De 1963 a 1970, foi um período de governo estudantil social-cristão. O Gato foi o primeiro presidente do CUUN que chegou repetindo de sala em sala que era comunista, sandinista e da FER, isso em 1970. A eleição do Gato, ou a campanha do Gato à presidência do CUUN, foi muito agitada. A FER tinha quase cem membros, a maioria do primeiro ano. O oponente do Gato era um social-cristão que se achava um Adônis, mas o Gato não era feio e até nisso tínhamos possibilidades de competir. O Gato também tinha olhos azuis, mas eu me preocupava porque era um pouco trombudo, então lhe dizia "Gato, esconde a bocarra" e ele começava a rir, mostrando os dois dentes de cima que eram grandes e fortes... Não, agora me lembro, o Gato tinha olhos verdes. E, no dia das eleições, pôs uma camisa verde. De tanto vê-lo, ouvi-lo falar e aplaudi-lo cada vez que falava, em todas as apresentações, até eu já o estava achando mais bonito que seu opositor. E ganhamos. Lembro-me de que a apuração terminou pela madrugada. Pulamos, gritamos, choramos, ofendemos os perdedores, arrancamos os cartazes que tinham pregado na universidade, levantamos o Gato nos ombros... Era uma histeria coletiva. Abraços, beijos, suspiros, braços abertos, enfim, chegávamos ao poder pela primeira vez na universidade. Viva a Frente Estudantil Revolucionária! Viva a FSLN! Viva Carlos

Fonseca! Viva o comandante Julio Buitrago! até ficarmos roucos, sem dormir de tanto fazer faixas, cartazes, de inventar palavras de ordem, de preparar eventuais respostas a perguntas que os adversários pudessem fazer para Edgard nas apresentações. Cansados, ensaiando com o Gato como devia portar-se no auditório, como devia segurar o microfone, os gestos que devia fazer quando lhe fizessem perguntas mal-intencionadas ou ao saudar as eleitoras femininas; cansados de não dormir e de estar sonhando acordados, à meia-noite, ao meio-dia, na madrugada. Cansados de fazer amor com nossas namoradas nos momentos de descanso; quase sem voz de tanto gritar. Mas ali, na madrugada, com o vento soprando às três da manhã nos prédios do recinto universitário Rubén Darío de Manágua, nós, que tínhamos sido três ou quatro, éramos cerca de 500 e nós, aqueles que eram três ou quatro, éramos os lideres de um monte de jovens que, assim como nós, poucos anos antes, começaram a participar da vida política estudantil; que, assim como nós, muitos deles, muitíssimos deles, iriam até a vitória ou até a morte.

Digamos que essa vitória marcou um salto qualitativo, foi o auge de toda uma fase e o início de outra nova. A vitória da FER nas eleições do CUUN trouxe grandes vantagens para o desenvolvimento de nosso trabalho político organizativo, porque o simples fato de sermos os donos do escritório do CUUN implicava ter, antes de mais nada, um local para reuniões que não fossem as nossas casas ou os quartos estudantis de aluguel. Implicava ter acesso a máquinas de escrever, fotocopiadoras, mimeógrafos para imprimir e, o que era melhor ainda: dinheiro. Ou seja, o ascenso da FER ao CUUN permitiu-nos fazer uso das estruturas legais e públicas da universidade para desenvolver trabalhos da FSLN, da FER e do próprio CUUN. Até então tínhamos custeado a FER com nossas contribuições semanais, o que era muito pouco.

Nesse momento, enfrentamos um pequeno problema que agora nos aparece em grande escala. Embora sentíssemos falta de mais quadros para o trabalho da FER, tínhamos que deslocar quadros da FER para atender ao CUUN. Nosso primeiro homem, que era o Gato, o mais experiente da FER, o mais antigo da FER, tinha que se dedicar ao CUUN, desenvolver todo um trabalho político, mas, também, pôr-se à frente das reivindicações mais presentes dos estudantes, para que estes apreciassem nossa gestão, para que os estudantes vissem as vantagens e como era positivo que a FER estivesse no poder na universidade e voltassem a votar em nós no ano seguinte. Para nós, isso era uma necessidade, porque, por meio das lutas reivindicativas do CUUN, podíamos continuar cooptando para a FER os companheiros que mais se destacavam. E, como eu dizia, permitia-nos ocupar as estruturas e os recursos econômicos do CUUN para investi-los em propaganda para o trabalho, não apenas do CUUN e da FER, mas também da FSLN.

Antes tínhamos que roubar na universidade; entrávamos nas dependências administrativas: as bolsas das companheiras eram famosas porque ali jogávamos grampeadores, pilhas de papel, pincéis para fazer cartazes; roubávamos borracha, clipes... Tudo o que podíamos roubar roubávamos. E que alegria a nossa quando conseguíamos 200 pesos para comprar dez *sprays* e fazer cartazes, faixas e pintar os muros da universidade e da cidade. Manter o poder no CUUN significava ter dinheiro para tudo isso.

Depois que a FER venceu na universidade, os roubos reduziram--se sensivelmente na Alma Mater. Todo mundo é bandido quando é estudante, não é mesmo? E estou me lembrando de que as bolsas das companheiras não eram usadas apenas para isso, mas também para outras coisas: para roubar nos supermercados. E lembro-me que também, para algo mais, que não sei se irá agradar a alguns puritanos; entre nós tínhamos um sindicato de casais e tínhamos medo de que as companheiras engravidassem. E como aguentar durante o ciclo da companheira? A saída era conseguir anticoncepcionais. Mas como os anticoncepcionais eram muito caros, descobrimos que, em uma farmácia que ficava meia quadra depois de Prío, e que era a farmácia Balladares, na extrema direita, na primeira gaveta, estavam os anticoncepcionais. Naquele ângulo do balcão havia um lugar onde punham revistas: *Vaidades, Écran, Sete Dias, Seleções do Reader's Digest* e todo tipo de literatura do gênero. Não tivemos dúvida: vamos roubar anticoncepcionais! O esquema era o seguinte: chegávamos dois ou três casais, mas nunca apenas um; como éramos conspiradores, já sabíamos a que horas do dia havia menos funcionários na farmácia: ao meio-dia, na hora do almoço. Só ficava uma mulher de cabelo curto, vestida de branco, com uma cara muito aborrecida... mais que aborrecida, amargurada. Então, chegávamos e um casal montava um esquema para distraí-la. Perguntávamos por um remédio que já sabíamos que estava no extremo oposto e nas prateleiras de cima, de maneira que a mulher, para poder vendê-lo, tinha que subir em uma cadeira, ficando totalmente de costas para a gaveta em que estavam os anticoncepcionais. Nisso, o outro casal fingia que estava vendo revistas, vendo... e pronto! abria a gaveta. Lembro que, quando era minha vez, abria a mão o máximo possível, até que meus dedos ficavam esticados e quando fechava o punho sobre os anticoncepcionais apertava o mais que podia. A companheira, que já estava atrás de mim, cobrindo-me, por via das dúvidas, e vigiando a mulher que providenciava o remédio no outro extremo, jogava os anticoncepcionais na bolsa da outra companheira e o lance estava feito. Lembro-me de que eram umas injeções que faziam efeito durante um mês, imagina o que é isso? Um mês sem preocupações, sem tensões... Depois saíamos de mãos dadas, fazíamos um sinal para o outro casal e íamos embora, felizes da vida, e nem sequer esperávamos ter chegado ao apartamento para ver quantos tínhamos trazido... E haja risadas, e beijos no rosto, em plena rua... Acho que, como se diz, irradiávamos juventude naquele tempo. Não sei por que, mas agora sinto que os estudantes já não são os mesmos. Não são como antes, não são como nós éramos, acho que lhes falta brilho, brio – ou as duas coisas... ou pode ser que eu esteja ficando velho...

Naquele mesmo ano de 1970, a FER orientou o CUUN a lutar para ampliar a cota de estudantes do primeiro ano de Medicina. Só entravam 50 e propusemos conquistar 100 vagas. Claro que conseguimos mobilizar todos os estudantes, em especial os do básico, que em León eram cerca de 1.500 e em Manágua, 2 mil.

A MONTANHA É ALGO MAIS QUE UMA IMENSA ESTEPE VERDE | 39

O Gato Munguía encabeçou os estudantes e atrás do Gato, nós, os de sempre, agitando, organizando, fazendo comícios, tomando os edifícios da universidade, explodindo bombas de corda, pondo alto-falantes, nos sentando na rua diante da universidade, discursos, canções, guitarras, poemas, diálogo com as autoridades, comissões pra cá, comissões pra lá, e apareciam caras novas, rostos novos, com futuro e destino insuspeitáveis naquele tempo; estudantes que, quando achavam motivação na luta reivindicatória, permitiam-nos fazer trabalho político junto a eles. E surgiam novas figuras, novos rapazes, novas moças... novos sorrisos, como o de Roberto Huembes, que tinha uma dentadura perfeita e que naquele tempo era meio *hippie*, andava de sandálias, de camiseta, calças desbotadas, cabeludo; como Ivan Montenegro, que era gordo, meio gordo, melhor dizendo, era bem gordo e frouxo, sempre de camisa *banlon* e beliscando o rosto... E assim, de luta em luta, de reivindicação em reivindicação, íamos cooptando o que havia de melhor entre os estudantes que entravam na universidade. Isso deu um grande impulso à FER. Ganhamos a luta pelos 100 em Medicina e vieram novas lutas e propusemos a reforma universitária, estudamos a reforma de Córdoba e queríamos mudar nossa universidade e lutávamos para mudar o conteúdo dos programas de estudo e podíamos passar grandes somas de dinheiro à Frente, das arcas do CUUN.

Lembro uma vez, quando queriam expulsar dois companheiros nossos da Faculdade de Medicina: tomamos o edifício da Faculdade de Direito, que era em estilo colonial, onde estavam refugiados os mais reacionários e obscurantistas dos professores da universidade, salvo honrosas exceções, que ensinavam com programas de estudo individualistas, onde se defendia a constituição política de Somoza, fazia-se apologia da democracia representativa de Somoza, onde éramos instruídos a respeitar, acima de tudo, o Código Civil; estavam no mesmo diapasão, os professores, os programas e a arquitetura do edifício. E como para dar um tom irônico à situação, à entrada da faculdade havia um letreiro gravado na parede que dizia: *sic itur ad astra*, o que significa "por aqui chega-se às estrelas".

Uma vez fizemos uma manifestação diante da casa do reitor, que era progressista, mas simbolizava a autoridade, um professor de quem gosto muito como pessoa, muito cristão-ocidental, e que sempre nos dizia que se apoiava em uma fé inquebrantável. Nós sempre estávamos inventando alguma coisa diferente para incentivar os estudantes, para que o entusiasmo e a motivação não esmorecessem, não apenas para conseguir nossos objetivos acadêmicos, mas também os políticos; o importante era inventar qualquer originalidade conjuntural. Naquele tempo, nós, os estudantes, éramos muito criativos. Eu era o presidente da Associação dos Estudantes de Direito, a famosa AED de León. Foi naquele tempo que resolvi fazer a manifestação na casa do reitor; naquela manifestação, cada um deveria levar uma vela acesa e, quando íamos pela rua, as pessoas, ao ouvir os gritos e as canções, saíam de suas casas e abriam as portas, porque eram por volta das dez da noite e, em León, as pessoas se deitam às nove; ao ouvir os gritos, os homens saíam de cueca às portas, de chinelos, uns assustados, outros sérios, ou desconcertados, ou achando engraçado; nós, os estudantes de León, éramos uma atração para o povo, porque, lembre-se, também fazíamos carnavais caricatos de que as pessoas gostavam, porque ridicularizávamos Tacho* e o governo, e também quando, às vezes, havia motivos pornográficos nos carnavais; o povo de León é muito moralista e conservador, mas se encantavam com as vulgaridades dos estudantes. Acho que eles pensavam que nós fazíamos o que eles não podiam fazer porque os vizinhos os criticavam quando percebiam que faziam algo errado; ou, depois, vinham as fofocas que questionavam a honra de qualquer filha de Deus. Naquela noite da manifestação das velas, as mulheres saíam de camisola, ou com um monte de trapos, parecendo loucas, despenteadas e sem pintura, aparecendo na porta entreaberta ou pondo o pescoço na janela, e mais de uma reconhecia o namorado ou o filho, ou eu, e, então, ouviam-se os comentários dentro das casas: "Olha o danado, por

---

*   Apelido do ditador Anastácio Somoza (N.T.).

onde anda!" "Deus meu, meu lindo!" "Olha o que estão fazendo agora!" "Olha para o que deram, agora!" "Que rapaz para aprontar!" Como caminhávamos cantando e eles viam as velas de longe, primeiro pensavam que era uma procissão de alguma virgem ou santo antes que passássemos por suas casas; e, claro, como do interior das casas não se distinguia que música era, as pessoas saíam curiosas, para ver; e quando olhavam... O incorrigível "Magro" Cabezas, que já estava queimado na cidade, à frente da manifestação, com uma vela na mão, caminhando e gritando à frente de todos os jovens. Uns nos viam com simpatia, mas outros nos olhavam como desempregados, como estudantes, como se quiséssemos passar sem estudar porque isso era o que diziam alguns professores e algumas autoridades: que o que queríamos era passar sem estudar. Mas nós queríamos outra coisa... eram tempos duros, aqueles...

E, por fim, chegamos à casa do reitor e, quando vi a casa, que tinha o mesmo estilo da Faculdade, vieram-me à cabeça uma série de ideias: o obscurantismo de muitos professores, ensinando-nos a acreditar, a respeitar e a defender juridicamente a sacrossanta propriedade privada... Passou-me pela cabeça o que nós queríamos, passou-me pela cabeça a fachada da Faculdade e lembrei-me do lema *sic itur ad astra* e "à liberdade pela universidade", e disse a mim mesmo: "Que absurdo!" E arranquei um *spray* de tinta de um companheiro, parei diante da calçada da casa e perguntei aos estudantes: "Vocês acham que, com o ensino que nos dão na Faculdade de Direito, alguém vai para as estrelas, ou para a luz?" E todos os estudantes responderam: "Não!". Em seguida, com um movimento firme e com grande convicção, pintei com letra de forma e depressa, na clara parede branca da casa do meu reitor: "por aqui chega-se ao século 15". Em seguida, como meu reitor era, e é, muito religioso, e em León no dia da festa de Nossa Senhora das Mercês, que é a grande padroeira da cidade, todo mundo, de noite, acende velas nas calçadas das casas... então nós deixamos na calçada de sua casa, para meu querido reitor, nada menos do que 500 velas acesas.

5

Mas o importante é que alcançávamos os objetivos a que nos propúnhamos naquelas lutas estudantis. E ainda que não conseguíssemos propriamente os objetivos pelos quais estávamos lutando, como reivindicação, o certo é que conseguíamos motivar os estudantes em torno de nossa linha política, em torno dos ativistas, com quem eles pouco a pouco começavam a se identificar, e até surgia um fenômeno, digamos, da admiração dos estudantes da base em relação aos dirigentes da FER. E, à medida que íamos desenvolvendo a luta, chegavam mais e mais estudantes que iam se organizando em grupos de estudo, que iam se estruturando em equipes, entende? Equipes que, depois, transformavam-se em células da Frente Sandinista. Não posso relatar em pormenores – porque naquele tempo não tinha muita informação –, a estrutura clandestina nacional, não tenho como fornecer. Mas desconfio que era frágil.

Mas o que quero contar é que os aparelhos e os carros que os clandestinos pediam que conseguíssemos, ao Gato Munguía, a Leonel, especialmente ao Gato Munguía, a mim e a outros dois ou três companheiros, mandavam pedi-los porque éramos de León. O restante dos estudantes da FER não era dali. Eram companheiros de outros departamentos,* que vinham estudar em León, que viviam em quartos de estudantes, que só tinham amizades estudantis; como não eram de León, não tinham amizade com os moradores da cidade. Nós, os leoneses, sim. Então, isso nos facilitava procurar quem emprestasse um carro, uma casa, porque a gente procurava os vizinhos, as pessoas que conhecíamos em León e conseguíamos o apoio que buscávamos.

Assim, em uma ocasião, lembro-me de que na Semana Santa – em outra Semana Santa – veio a orientação para não sairmos da cidade, nenhum de nós, ou seja, os principais dirigentes da FER que éramos da Frente, que não saíssemos de León e que não fôssemos para a praia; que ficássemos nos escritórios do CUUN,

---

* Divisão territorial e política equivalente a Estado (N.T.).

A MONTANHA É ALGO MAIS QUE UMA IMENSA ESTEPE VERDE | 43

porque haveria um trabalho muito importante. De fato, recebemos depois a orientação de que estava chegando um grupo clandestino de companheiros que já estava na fronteira – ou em Chinandega ou não sei onde – que iriam entrar no país e que iriam necessitar urgentemente de casas; e nos mandaram conseguir casas onde fosse possível. A ordem dizia: "Conseguir casas. Pátria Livre ou Morrer". Isso significava que não havia justificativa, não podíamos voltar sem conseguir uma casa. Tínhamos a pressão em cima de nossas cabeças e, em cima dos companheiros clandestinos, pois o grupo já tinha chegado – eu não sabia se aguardava em Chinandega ou na fronteira com Honduras – e saímos sem saber para onde correr, e percorríamos as ruas, porque às vezes a gente "fundia a cuca", passando em revista, mentalmente, as pessoas que conhecíamos e não chegávamos a nada. Então, íamos ver quem nos olhava, quem nos cumprimentava entre os velhos amigos de León a quem pudéssemos expor o assunto. Puta que o pariu – eu pensava – para que lado eu corro... para que lado eu corro...

Cara – eu disse ao Gato Munguía – espera, vamos ver se aquele tipo dá no couro. A umas seis quadras do CUUN, para leste, havia um advogado, que era do PLI,* que se chamava Eduardo Coronado, um advogado de ascendência proletária, que tinha seu escritório na mesma casa em que o irmão tinha uma clínica odontológica. "Eduardo", disse-lhe, "preciso que você me faça um favor urgente. Preciso de uma casa para abrigar um companheiro da Frente que está em trânsito, entende?" Porque se eu lhe pedisse para abrigar um clandestino, não me emprestaria a casa; de modo que o truque era dizer-lhe: "para um companheiro que está em trânsito para Manágua e precisa ficar aqui uma ou duas noites, esperando que venham buscá-lo". Mas, ainda assim, com essa conversa, ele se acovardou e me recomendou um senhor de sobrenome Blandino, que morava a meia quadra dali, onde tinha, também, uma funerária. Digo ao companheiro – que eu conhecia porque era do PLI

---

* Partido Liberal (N.T).

e eu conhecia todo mundo do PLI porque me inscrevera naquele partido – "Então: companheiro, digo-lhe, é que... preciso de um favor..." o problema é que eram velhos e eu era um garoto naquele tempo... Tenho 31 anos e estou falando dos anos 1970, 1971, teria quantos anos? 20, 21 anos, ou seja, meter-se com um jovem como eu que lhes propunha aquelas coisas... Era uma irresponsabilidade para um velho, aceitar uma coisa daquelas e, ainda, proposto por mim, não? Eram velhos acostumados a meter-se em conspirações de velhos, isto é, em conspirações de conservadores e liberais, que eram conspirações de velhos, que conspiravam nos corredores dos cinemas ou nas mansões de León. Meter-se com um rapaz estudante rebelde, um velho desses aceitar emprestar sua casa para guardar um homem, era muito difícil. Ele disse-me que não, porque em sua casa não havia lugar... "Não," disse-lhe eu, "isso não importa, companheiro, olha, no dia vamos colocá-lo em um caixão, pomos outro caixão em cima e ali ele passa o dia, os companheiros são bem disciplinados", disse-lhe. "Sim," respondeu, "mas é que podem vir comprar o caixão...". "O senhor responde que já está vendido", disse-lhe eu. Mas o velho não aceitou e me disse: "Olha, vou recomendá-lo a um homem que vai poder ajuda-lo, é do PLI também, de Subtiava...".

Fui embora e encontrei Tomás Pérez. Via-se que o homem queria me ajudar quando lhe expus o problema, mas, realmente, sua casa não tinha condições. Vi isso e ele me disse: "Irmão, com prazer o ajudaria mas, nesta casa não há quartos". Lembro que, no grupo clandestino de que estou falando, vinham Tomás, Modesto, Oscar Turcios, Juan José Quezada, José Dolores Valdivia, René Tejada... Uma turma da pesada! Era todo o pessoal que vinha de Cuba e acho até que do Vietnã. O companheiro disse-me que não podia, mas que havia um homem que com certeza poderia, que ele garantia; e que iríamos procurá-lo, mas no momento não estava em casa, estava em um enterro ali em Subtiava. Fomos ao enterro e ele me disse: "Mas veja, não vou chegar até ele com você, porque vou me queimar... Se ele te disser que não, vai achar que sou da

Frente", disse-me "e a coisa se complica. Vou mostrar-lhe quem é, você fala com ele e o chama de lado". De fato, nos misturamos dissimuladamente entre o pessoal do enterro e ele me disse: "Aquele ali", indicando-o. Cheguei junto dele, que estava conversando num grupo, coloquei o dedo em seu ombro, pisquei para ele, e ele entendeu que queria dizer-lhe alguma coisa. Porque não era amigo dele, conhecia-me porque eu estava queimado ali em León, mas eu também não o conhecia, até aquele dia. Assim, disse-lhe: "Irmão, está chegando um companheiro". Porque o importante ali era tomar a decisão, alguém tinha que tomar a decisão; depois, manter um ou dois homens por uma noite ou três dias dá na mesma. O importante era que aceitasse e tomasse uma decisão. Então, expus-lhe o problema e o homem me disse: "Com prazer, companheiro, como não...". Um subtiavano, Magno Bervis.

Que felicidade! Corri para o Clube Universitário, caramba, a pé, como era longe... os quarteirões... Cheguei suado, perguntando ao companheiro: "O que conseguiram?" "Nada, irmão"... "Eu sim, consegui uma". "Limpa?" "Irmão, não é limpa, mas é uma casa". "E onde fica?" "Em Subtiava". "Ótimo! Vamos!".

Tudo certo, o contato chegou de noite e levaram dois para a casa: Pedro Aráuz Palácios, "Federico", e outro de que não me lembro. Não, minto, as pessoas não chegaram, não veio o pessoal de Chinandega e o homem ficou esperando. E eu cheguei a dizer-lhe que não viriam e ele me disse: "Bom, quando vierem você me avisa, para eu estar preparado". Ele já tinha chegado em casa, falara com a mulher, contara-lhe que, como sua casa era pegada à de sua mãe e à de seus irmãos, dissera-lhes que ia chegar um amigo de Manágua, que tirara uma moça de casa e que estava sendo seguido... veja só! E queriam casá-lo e ele não queria se casar... e então, com esse pretexto, ficaria ali. O fato é que, no fim das contas, quando o grupo chegou, já conseguíramos outra casa. Coube-me Joaquín... Naquele tempo, estava entrando no país Joaquín Solís Piura, que agora é vice-ministro da saúde, ele estava vindo da Europa, da Suíça, de uma pós-graduação; ele que foi presidente do CUUN na época do massacre de 23 de julho. Cheguei junto dele, ele não me conhecia, mas já sabia... perguntou-me quem eram os novos dirigentes; já sabia que eu era um dirigente e, assim, o homem aceitou e ficamos com duas casas. Quando o grupo clandestino chegou, tínhamos duas casas e, efetivamente, o homem começou a colaborar. Mas Federico e os demais estavam de passagem para Manágua. Então, comecei a fazer trabalho político com o homem.

Era uma casa em uma rua poeirenta do bairro de Subtiava, um bairro de periferia, indígena; a casa era isolada e a uns 30 metros havia outra, de um homem que depois também cooptamos. O quintal era imenso, um terreno enorme. Propus-lhe estudar; que falasse com o irmão, que procurasse gente ali para estudar, que não dissesse que era coisa da Frente, mas sim de estudantes que tinham chegado ao bairro para conscientizar. Assim, como a casa era muito pequena e muito incômoda e não era possível estudar (um monte de crianças pequenas e a mulher trabalhando ali, pois vendia *vaho*,* que preparava de tarde e de noite), ele molhava o pátio e na soleira da porta colocavamos uma régua que pendia do teto, puxávamos uma extensão que tinha uma lâmpada, uma luz, uma lâmpada, de 50, sei lá eu... E distribuíamos cinco, seis, sete cadeiras que ele conseguira... tinha tendência natural para líder. Foi um tiro no escuro, um acaso, mas que teria uma grande projeção no futuro, como você verá mais à frente. Ele reunia cinco, seis. Fui umas três vezes, começamos a estudar o *Manifesto comunista*, comecei a ficar amigo dos cinco ou seis, todos índios. Alguns dedicados ao trabalho agrícola, outro era chofer de táxi, outros cortavam paralelepípedos, outros eram pescadores, outros tinham sítios próximos. Subtiava é um bairro que está na periferia de León, sentido Poneloya, na direção do mar.

E via-se que, quando eu falava, eles estavam absorvendo com os olhos, e como que dos olhos repercutia em seus cérebros, quem

---

* Comida típica nicaraguense, à base de carne cozida (N.T.).

A MONTANHA É ALGO MAIS QUE UMA IMENSA ESTEPE VERDE | 47

sabe como era o processo, o fato é que entendiam, entendiam, entendiam e como que depois do cérebro voltava para os olhos e, pela expressão do olhar, eu sabia que estavam dando a volta ao mundo, estavam dando a volta em sua própria cabeça e descobrindo uma enorme quantidade de coisas em cada momento, mas de uma forma acelerada demais, porque esta era a expressão de seus olhos. E foram se entusiasmando e então foram... e recrutamos mais. Mas, como eu era muito "queimado", quando eles começaram a trabalhar, acertamos que eu não deveria mais ir lá. Primeiro, porque era um aparelho que depois continuaria sendo usado, pois, ainda que Federico já não estivesse ali, poderia voltar a ser usado; segundo, porque já não podia ser centro de reuniões porque às vezes passavam vizinhos pela rua e olhavam o pátio aberto e ali estavam os cinco ou seis homens debaixo da luz, eu com um folheto, estudante queimado, falando. Em cadeiras, em bancos, em tripés, todos sentados. E, dessa forma, a FER, a Frente por meio da FER, delegou a outro o trabalho do bairro; foi a Ivan Montenegro Báez, o "Gordo" Montenegro, que era mais velho.

O resultado foi que o trabalho em Subtiava começou a crescer como um rastilho de pólvora, silenciosamente, na sombra. E nós começamos a projetar Sandino em Subtiava. Eles têm um cacique que foi o cacique mais representativo deles: Adiac. Projetamos Sandino como continuador de Adiac e, então, encarnamos Sandino em Adiac, mas Sandino com a projeção do *Manifesto comunista*, entende? Então, começou a correr de casa em casa ali, de índio em índio, a ideia de Adiac... Sandino... luta de classes... vanguarda... FSLN.

E começou a nascer um movimento em Subtiava, devagar. É aqui onde quero mostrar o que se articulava. Nós começamos a penetrar nos outros bairros de León por meio dos familiares dos subtiavanos que já não moravam em Subtiava, mas em outros bairros, porque tinham se casado, ou lá pelo que fosse, e nós mandamos recrutar seus parentes em outros bairros e assim fizemos os primeiros pequenos contatos com gente proveniente de Subtiava.

Estou falando de La Providencia, Reparto Vigil... Chegou um momento em que a FER começou a desenvolver um departamento para bairros. Já não tínhamos apenas nos projetado no nível médio, já não tínhamos apenas crescido na universidade, com também a FER começou a projetar-se nos bairros, porque era a Frente por meio da FER. Quando o trabalho de bairro foi se desenvolvendo, a Frente disse: "Bom, agora a FER esquece isso. A estrutura clandestina da Frente vai assumi-lo".

E começaram a tirar uma série de quadros da FER para que atendessem diretamente, em nível de Frente, o trabalho dos bairros e começaram a ser organizadas associações comunitárias para lutar pela luz elétrica, pela água, por isso, por aquilo... E, claro, os bairros foram se desenvolvendo pouco a pouco e surgiram seus próprios líderes e já havia menos estudantes entre os que iam aos bairros; apenas o coordenador. E foram surgindo os líderes de massas e foram se formando... e articulamos os dirigentes de bairro e foi nascendo o movimento de bairros. Já a FER não tinha nada a ver com o que acontecia ali. Chegamos a mandar essa gente recrutada nos bairros introduzir-se nos sindicatos de León; e começamos a penetrar nos sindicatos de León. Esses sindicatos estão agora, todos, filiados à CST e os dirigentes atuais da CST de León... os Izaguirre, toda essa gente... Era uma coisa bonita, foi uma coisa linda.

6

Houve algo que me impressionou, que sempre me encheu de satisfação. Olhe, eu sempre repeti o que já dizia em 1974: se a Guarda me matar, apenas irão me tirar o sorriso depois de morto se me destroçarem o rosto a bala, isso eu juro. Porque eu sentia que, nessa altura, havia causado tanto dano à Guarda, tanto dano ao inimigo, tanto dano ao imperialismo, que me matar era pouco demais para o prejuízo que já lhes havia causado, percebe?

Quando fui para a montanha, fui com uma grande firmeza, sem vacilações – embora às vezes fique feio dizer isso. Quando fui para a montanha, sabia que, atrás de mim, estava a Frente, como Frente, que eu não ia sozinho; e sabia que, quando saí de Subtiava, atrás de mim estava toda uma geração estudantil, mas o que é mais importante: uma geração estudantil que eu, de alguma maneira, tinha marcado – e talvez aqui peque por falta de modéstia – com minha própria marca de combate.

Porque esse movimento estudantil foi o movimento que depois se projetou por todos os departamentos. Foram os nossos estudantes, recrutados em León, que em seus departamentos iniciaram o trabalho de bairro, e foram os primeiros contatos dos dirigentes regionais clandestinos que a FSLN enviou para os diferentes departamentos.

Pois bem, eu dizia que fui para a montanha com uma confiança absoluta, não de sair vivo, mas na vitória, fundamentalmente, porque sentia que, atrás dela, estava Subtiava. E quando fui para a montanha, Subtiava era um poder.

Em 1972 ou 1973, começaram as primeiras manifestações populares. Antes as manifestações eram apenas de estudantes, não eram manifestações dos bairros. Lembro uma vez que fizemos uma manifestação, não sei agora para o que era, na qual se juntariam uma corrente da universidade e outra corrente de Subtiava, onde tínhamos capacidade de mobilizar massas, ainda que da manifestação participassem pessoas que já tínhamos recrutado nos outros bairros, os pequenos comitês. Aquela, como todas as mobilizações de Subtiava, foi impressionante. De Subtiava à catedral é uma única rua reta. Íamos nos juntar no parque, em frente à catedral: os estudantes sairiam da UNAN para o parque e o pessoal de Subtiava, do bairro para o parque.

Descobrimos as origens indígenas dos subtiavanos e as estimulamos, buscamos incorporar suas velhas lutas ancestrais de Adiac, lembrar-lhes como foram despojados, como foram submetidos, e como liberais e conservadores foram empurrando-os e tirando-lhes as terras, e como Sandino rebelou-se, assim como se rebelou Adiac... E, depois, a questão do domínio das classes burguesas sobre eles.

Então, quando os subtiavanos faziam uma manifestação... antes de sair, soavam seus atabaques, sabe o que é um atabaque? É um tambor. Saíam as comissões por todo o bairro com tambores: *parangan-parangan-parangan*... O som é esse: *parangan-parangan-parangan*... É um som surdo, um som sério; não é um som alegre nem é um som triste, mas um som tenso: *parangan-parangan-parangan-parangan-parangan-parangan*... E eles não olham para os lados, seguem em frente, *parangan-parangan-parangan-parangan*... E as pessoas iam aparecendo nas janelas, nas cercas vivas, nas casas... E atrás vêm os que vão convidando: na praça às sete da noite, na praça às sete da noite... Já sabem, porque são sandinistas, que é uma orientação. Então, reuniam-se na praça, ali se fazia um pequeno comício e depois seguiam a Rua Real – esse é o nome da rua que vai até o parque central, a Rua Real de León, famosa... Então, viam-se na frente os atabaques na manifestação dos subtiavanos. Iam os atabaques, atrás deles os dirigentes e atrás todos os índios. O primeiro dirigente, o homem do enterro, Magno Bervis.

A gente, quando via os subtiavanos caminharem, ouvindo na frente os atabaques: *parangan-parangan-parangan-parangan*, via o rosto de pedra do indígena, cabelo liso, sem muito sorriso, um rosto sério, mas não triste, tampouco amargo, mas grave, com a raiva reprimida que começa a aparecer. Via-se que havia uma unidade entre o compasso do tambor, uma unidade entre ritmo e rosto, ou entre ritmo e marcha, ou entre marcha, ritmo e rosto... Não sei em que consistia a unidade, mas a gente via os indígenas, com caras de indígenas, marchando e gritando palavras de ordem, mas não no tom de farra dos estudantes, que iam brincando e inventando moda. A deles era mais simples. Um indígena gritava: "Qual é o caminho?" e todos respondiam, sérios, olhando para a frente: "Aquele que Sandino nos ensinou!". Mas em um tom de gravidade, o que infundia respeito, e começou a atemorizar a burguesia, porque era o indígena despertando, o indígena rebelde que retomava Sandino, projetando-o com mais profundidade histórica para o combate contra uma sociedade exploradora de classe.

A MONTANHA É ALGO MAIS QUE UMA IMENSA ESTEPE VERDE | 51

Então, quando a gente via centenas de indígenas caminhando assim, sérios: mulheres, crianças, velhos, gordos, baixos, altos, fortes; homens toscos, imagina que é uma marcha não apenas de Subtiava, é uma marcha de indígenas projetando-se para a América Latina. É o indígena da Bolívia, o indígena do Peru, o indígena do Chile; os do cobre, os do estanho, os dos seringais.... Eu percebia naquele momento que não era apenas na Rua Real que caminhavam, mas que marchavam sobre a América Latina, sobre os Andes. Sobre a história, sobre o futuro, com um passo firme, seguro.

Então, quando fui para a montanha, sabia que podiam me matar, mas sabia também que aquela marcha de índios era uma marcha de índios latino-americanos, era uma marcha de índios contra o imperialismo, era uma marcha de índios que poderia marcar, ou começar a marcar, o fim da exploração de nossos povos.

Assim, que me matassem, isso não importava! Eu sabia que atrás de mim estava Subtiava.

Subtiava era uma fogueira permanente. Porque imagine que já naquele tempo tínhamos descoberto o fogo. Na linha de ir incorporando atividades ou elementos de agitação que mantivessem a motivação de que eu falava antes, digamos que fomos crescendo, e o fogo foi crescendo. Mas não falo do fogo político – embora também o fogo político tenha crescido – falo do fogo como elemento da natureza. Começamos com manifestações com velas, depois ocorreu-nos que "cada estudante com um ramo de *ocote*"* mas o *ocote* era muito difícil de conseguir, porque só existia no Norte do país. Reparamos que, cada vez que saíamos com velas, as pessoas se interessavam. Depois, fizemos uma manifestação, cedinho, com raminhos de *ocote* e as pessoas se uniram à manifestação porque era cedo e porque os archotes de *ocote* chamavam sua atenção. Já viu aquelas procissões da Idade Média em que alguns velhos com capuzes caminham e seguem, no escuro, por aqueles corredores

---

* Espécie de pinheiro muito resinoso (N.T.).

dos castelos, os monges...? Então, nos bairros escuros, as ruas, como num lado há uma fileira de casas e no outro há outra fileira de casas, pareciam o corredor de um castelo medieval. Imagina com o monte de luzes, com os ramos de *ocotes* acesos nas ruas, pulando as poças d'água, subindo nos barrancos, nas muretas das ruas irregulares de León...?

Mas percebemos que conseguir o *ocote* era difícil e pensamos que melhor seria fazer fogo em cada bairro – porque assim vê-se a cara do outro na escuridão – o que atrai as pessoas e elas estarão sempre vendo a luz do fogo mas, também, ouvindo; e, ouvindo e os olhos e a mente, vão do fogo à palavra, da palavra à boca, do fogo à palavra de quem está falando. E descobrimos que existia ali um ciclo bem bonito. Assim, dissemos: vamos fazer fogueiras nas esquinas... E, além disso, era mais fácil conseguir lenha, com as tábuas velhas das casas ou comprando... Nos bairros, as pessoas cozinham com lenha e sempre há casas que vendem lenha, cinco pesos de lenha são umas lascas de lenha de meio a um metro. Chegavam nossos ativistas, cinco ou dez ativistas da universidade, no começo no verão, porque no inverno chovia. Pegávamos um bujão de gás, empilhávamos a lenha e púnhamos fogo, nos bairros escuros. Em volta do fogo começávamos a gritar: "Povo, una-se, povo, una-se...!". Ou gritávamos as palavras de ordem que nos reuniam ali. Por exemplo: "Para Chico Ramírez e Efraín Nortalwalton... liberdade!" Foi, naquela época, na campanha pela liberdade de Chico Ramírez, que é comandante-guerrilheiro agora, e de Efraín Nortalwalton, um professor salvadorenho, que generalizamos as fogueiras.

Desse modo, observamos que, quando acendíamos uma fogueira naqueles bairros escuros, as pessoas pulavam a cerca viva que dava para a rua, vinham dos pátios, cruzavam os terrenos baldios, com árvores... E a gente via como as pessoas iam para a rua pelos muros de madeira, pelas cercas de arame farpado, que em alguns casos são as que marcam o limite do terreno do casebre, ou via-se que saíam das casas, ou que vinham pela rua... O fato é que, de todos os pontos do bairro, entre as casas, entre os pátios, e pelas ruas e vielas, as pessoas começavam a convergir para a esquina, parando a alguma distância dos agitadores. Eu estava dizendo que as pessoas começavam a se reunir ali, paravam em volta, perto de nós. Nós os chamávamos para que se aproximassem e as crianças eram as primeiras a chegar, os bem pequenos, e eram as primeiras a gritar. Faziam coro conosco. Nós estávamos conscientes de que se ouviam mais as vozes, que o coro era maior, mas estávamos todos conscientes também de que eram todos garotos. De início os subestimamos e não lhes demos crédito, ainda que nos sentíssemos mais acompanhados porque não estávamos sós, isolados... Pelo menos as crianças estavam ali, fazendo-nos um pouquinho de companhia.

Mas logo chegava também algum operário, que era sindicalista, e já vinha meio motivado... os sindicatos frágeis, de artesãos, pequenos sindicatos de León. Ou talvez algum comerciante do mercado, que era um setor bastante combativo. Ou chegava algum estudante que vivia no bairro de periferia e se unia... e começávamos a gritar em coro. O fato é que, à medida que algumas pessoas iam se juntando, elas iam se aproximando mais, iam se unindo mais. E as pessoas ficavam sempre olhando o fogo e nos olhando. Começávamos a falar e tentávamos ver as pessoas enquanto falávamos, como se tivéssemos vontade de enfiar-lhes no cérebro o que estávamos dizendo. Mas, como não tínhamos formas de organização para entrar em contato, para que estudassem conosco, para convencer, para persuadir, para fazer com que se rebelassem, então, nesses poucos minutos em que lhes proporcionávamos esse contato, por meio do fogo, buscávamos desenvolver ao máximo nossa capacidade persuasiva sobre as pessoas. E mais gente ia se aproximando, e mais gente, e mais gente... A lenha acabava e mandávamos trazer mais lenha. E as achas de lenha iam se consumindo e as pessoas continuavam ouvindo e ouvindo.

As fogueiras repetiram-se uma e outra vez e logo os moradores nos ajudavam a empilhar, a fazer as pirâmides, as pequenas torres com a lenha, para acendê-la. E continuamos a fazê-las e foi vindo mais gente; ali se consumiu muito fogo.

E logo as pessoas já tinham lenha, e davam a lenha de suas casas, ou, se tinham rodas velhas, traziam-nas também, ou qualquer madeira que estivesse jogada no quintal... E quando acabava o nosso gás e não podíamos acender a fogueira, porque a lenha estava verde, davam-nos mais gás. E a fogueira foi se generalizando em todos os bairros e, paulatinamente, foi adquirindo um caráter subversivo. O fogo foi adquirindo um caráter subversivo porque todos os opositores, todos os anti-somozistas, todos os pró-sandinistas se aglutinavam em volta do fogo. Então a fogueira era sintoma de subversão, era símbolo de agitação política, de ideias revolucionárias levadas pelos estudantes para os bairros. As fogueiras eram inimigas da Guarda. A Guarda odiava as fogueiras porque as fogueiras reuniam as pessoas. O fogo instiga, integra, une; era como se o fogo desse coragem às pessoas, como se o fogo fizesse com que se sentissem mais protegidas, mais fortes. Como se a chama fosse companhia. É uma sensação mais ou menos assim.

Mas, claro, a fogueira foi crescendo e, como eu dizia, converteu-se em um desafio aberto, em uma conspiração pública. A fogueira converteu-se em grito, converteu-se em palavra de ordem, mas a palavra de ordem ia crescendo à medida que as fogueiras se multiplicavam e à medida que as massas se aglutinavam ao redor de nossos dirigentes. E havia 10, 15, 20, 30, 50, 100 fogueiras na cidade. Mas o bom era que, com o desenvolvimento da organização, quando o trabalho de bairro expandiu-se e a Frente disse: "Bem, agora nós vamos assumir isso", as fogueiras já não eram feitas pelos estudantes. Os moradores de cada bairro começaram a acender suas próprias fogueiras. Era algo assim como se de dia fossem explorados e de noite fossem rebelados. De dia trabalhavam e de noite protestavam e gritavam. E a fogueira não consumia esses gritos; ao contrário, dava-lhes vida.

Então, quando fui para a montanha, não foi apenas a marcha dos índios que levei atrás de mim, mas também um desencadeamento de fogo, o desencadeamento de chamas em todos os bairros, de conspiração, de rebeldia me acompanhava. Era um povo em chamas, que depois transformou-se em um povo em armas, mas que teve seu início como um povo em chamas.

Dessa forma, não fui para a montanha sozinho, mas com uma plena sensação de ter companhia. No começo sim, estivemos sozinhos, quando eu dizia que apenas nós gritávamos e o monte de garotos, de crianças... Naquele momento, sentíamos uma grande solidão, acompanhada pela lembrança de nossos mortos, que nos dava muita vida. Era difícil estabelecer comunicação com as pessoas.

É que não existiam laços orgânicos, não havia laços ainda, nem ideológicos, nem políticos; nossa palavra era para eles uma mescla de perigo e de expectativa; de estranheza e temor. Por isso eu dizia que tivemos que desenvolver uma grande persuasão. Fiz então uma descoberta – digo, uma descoberta pessoal, política – não estou falando de ter descoberto a água quente: descobri que a linguagem identifica. Descobri por minha própria conta que a linguagem comunica.

Eu ia repassando os rostos de todas as pessoas que estavam à nossa volta; olhava os operários com bonés, que não diziam nem sim, nem não; mulheres gordas com aventais, que não riam, mas tampouco diziam não, eram rostos em alguma medida impenetráveis, impessoais. Em mais de uma ocasião tivemos a sensação de que não estávamos fazendo nada, que as pessoas não nos entendiam, que não lhes importava. E queríamos à força, de qualquer jeito, enfiar no cérebro das pessoas o que estávamos dizendo, mas não era possível. No começo, essa falta de comunicação era um problema. E, além disso, se a Guarda chegava e batia neles, ou em nós, ou em todos... Eu lembro que, uma vez, falando, disse palavrões e, então, as pessoas sorriram quando eu disse palavrões e ficaram se olhando; comunicaram-se, entre eles sim havia comunicação, riram, mas riram de algo que eu havia dito. Percebi que me comunicara. E esse é um elemento muito importante, porque comecei a notar que um palavrão ou uma palavra grosseira dita no momento certo tem um impacto político bem explosivo e bem penetrante. E não é a mesma coisa ir falar da conjuntura histórica em um bairro, do que lhes dizer que os ricos exploradores vão com a grana para a Europa, percebe? Era como se o povo começasse a se identificar com isso, com essa forma de ver as coisas. Começava a se identificar com aquele palavrão. O povo começava a se encontrar, porque estávamos ajudando o povo a perceber sua situação.

A guerra, portanto, não custou apenas um monte de tiros, um monte de fogo, um monte de filhos, mas também foram ditos milhões de palavrões. Palavrões que sintetizavam raiva, ódio, esperança, firmeza. Milhões e milhões de palavrões encarnando-se: o filho da puta tinha significado político e o sacana...

Por tudo isso, repito, quando fui para a montanha, sabia que não estava sozinho. Fui com uma sensação de companhia de milhares de subtiavanos e de operários dos bairros de León, de fogueiras... Isto é, fui acompanhado de um desafio coletivo que tinha proliferado junto às massas; fui acompanhado de milhões de palavrões que sintetizavam o ódio das massas e as aspirações das massas. Palavrões que tinham um conteúdo político porque diziam: "Onde irão os pobres? Ao poder! Onde irão os ricos? À merda, à merda! Onde irão os pobres? Ao poder, ao poder! Onde irão os ricos? À merda, à merda!" Então, era uma merda imensa que ultrapassava o bairro de periferia e começou a emporcalhar a burguesia.

Por isso é que fui para a montanha com uma fé infinita. Porque não era apenas o sentimento romântico daquela marcha de que eu falava, mas, por trás disso, já havia toda uma prática política, uma prática organizativa, uma prática de combate – nesse caso, de rua – de mobilização de massas.

7

Quando fui para a montanha, fui com um moral extraordinário... digamos, com as baterias carregadas, por tudo que relatei anteriormente, porque, por um lado, deixava atrás de mim muito trabalho político; por outro, sentia a íntima satisfação de que no incêndio, que começava a se vislumbrar nas cidades, eu colocara minha pequena fagulha.

Esse foi um fator importante para que, desde a chegada à montanha, eu não pensasse em desertar, porque o impacto que a gente sente quando passa abruptamente de um meio para o outro e, sobretudo quando não está preparado fisicamente para isso, é muito forte. Eu diria que não estávamos preparados sequer psicologicamente para aquilo, porque, apesar de termos lido o *Diário do Che*, textos sobre o Vietnã, sobre a Revolução Chinesa, uma série de relatos, de trabalhos sobre os movimentos guerrilheiros da América Latina e de outros lugares... a ideia que tínhamos era muito geral... não sabíamos concretamente o que era aquilo.

Por isso, quando nos enviaram, deixaram-nos primeiro um dia em uma fazendinha, que ficava antes de Matagalpa, propriedade de um companheiro, creio que era de Argüello Pravia, que foi libertado na ação de 27 de dezembro; fomos recebidos por Juan de Dios Muñoz, que nos alojou em uma casinha que havia ali. O veículo que nos levou só chegou até aquele ponto. Era dirigido por Cuqui Carrión. Para mim foi um grande susto quando reconheci Cuqui Carrión dirigindo o carro. Antes de sair de León, havíamos nos reunido em uma casa do bairro San Felipe, em uns apartamentos novos de estudantes. Levaram-nos de tarde. De madrugada, apareceu um jipe vermelho, Toyota ou Nissan, para nos pegar. Bateram na porta, colocamos as sacolas que levávamos e subimos atrás, Ivan Gutiérrez, Aquiles Reyes Luna, Denis Palma e eu; era uma madrugada fresca, por volta das três da manhã. Era a primeira vez que ia entrar em um carro clandestino e tinha curiosidade de saber quem ia nos levar e tudo o mais...

Passamos aquela noite sem dormir, esperando as três da manhã. Quem conseguiria dormir...! Havia uma grande tensão, ficamos dizendo bobagens... olhando, fazendo cálculos de quanto tempo iríamos precisar para triunfar, se seriam quatro ou cinco anos, e depois cada um fazia suas análises nacionais e internacionais para argumentar que eram cinco anos, ou que eram dez anos... o fato é que bateram na porta, o companheiro abriu, subimos as mochilas. Reconheci Pedro Arauz Palácios porque desceu, tornou a subir; o motorista não desceu nem olhou para os lados. O motorista estava impávido, sério, o filho da mãe. Estava escuro e, ainda que houvesse uma luz na esquina, a claridade era muito fraca onde estávamos, não conseguia reconhecer o homem que dirigia e que usava uma jaqueta preta, ou marrom, acho que era, não sei se de tecido ou de couro, com um capacete tipo operário, tipo mineiro e uma espécie de toalhinha no pescoço. E eu não queria olhá-lo por uma questão de segurança, embora tivesse vontade, porque eu ia para a montanha, mas foi mais a formação, porque isso não era correto, embora a gente saiba que ninguém vai perceber se o virmos, mas é uma questão que a gente carrega consigo mesmo, de autocontrole, de autodisciplina.

E, então..., depois de um tempo, amanhecendo, porque passamos primeiro por Chinandega para deixar um dos clandestinos que ia ficar lá, Federico começou a falar com ele. Lembro-me de que na estrada começamos a cantar, cantando canções como se fosse para nos dar ânimo, não porque nos sentíssemos desmoralizados, não, absolutamente, estávamos com grande moral, mas porque sabíamos que estávamos nos metendo em uma empreitada que sabíamos com certeza que ia triunfar... o que não sabíamos era quem de nós veria o triunfo porque, na verdade, alguns dos que estavam ali morreram.

Pensávamos em quem seria, enquanto estávamos ali calados, no carro... de noite... quando ninguém vê a cara da gente, ninguém sabe o que a gente está pensando, a gente vai ficando confuso, porque sabe que não se trata de um filme, como em alguns filmes, que no final aparecem todos os atores que participaram, em *close*, congelados, até os mortos; nós, ao contrário, sabíamos que alguns não voltariam... e, claro, não sabíamos quanto tempo o filme ia durar. Então íamos cantando... cantávamos com alegria, mas não sei, o canto não era totalmente espontâneo... era como se tentássemos usar as palavras da música para ficar animados, para não mergulhar nessas ideias... Algum tempo depois foi que vi Federico falando com o motorista e, claro... reconheci... já ia clareando, reconheci Cuqui Carrión, que agora é comandante-guerrilheiro, que participaria depois da ação de 27 de dezembro... Quase caí de costas, porque Javier Carrión era um burguês, que eu conhecera porque era do grupinho de Cláudia e da "Guaba", irmão de Tito Castillo, hoje ministro da Justiça; eu os conhecera no apartamento deles em León, onde Cláudia e eu fazíamos amor, porque Cuqui nos emprestava o apartamento. Na época, o modo deles de falar era todo manso, alguns deles puxavam fumo. Comecei a conhecê-los e eles começaram a se motivar, faziam-me perguntas e, em vez de estudar, passávamos horas e horas falando, eram rapazes burgueses, com muito dinheiro, talvez não milionários, mas com dinheiro, e alguns deles foram evoluindo, deixaram de puxar fumo de repente, ligaram-se às atividades do CUUN e foram se tornando mais sérios, sem perder a alegria, mas mais responsáveis, mesmo no estudo; foi por isso que me assustou... ah, bom... porque antes haviam me ordenado que deixasse de ir ao apartamento para ver Cláudia; então imaginei que o utilizavam para fazer reuniões da Frente, entre outras coisas... e na realidade, foi isso mesmo. Mas é que Cuqui já era o motorista clandestino de Pedro Aráuz Palácios e não podia se queimar, e também o afastaram das atividades do CUUN... E, pensei... Cuqui afastou-se, não se motivou, não continuou lutando, que sei eu; de modo que, quando o vi, senti uma grande alegria. Cuqui, metido ali.

E, bom, amanheceu, e já por volta das cinco e meia da manhã, chegamos à fazendinha de que falei, nos arredores de Matagalpa. Ali passamos o dia, comemos frango, lembro-me. De noite, vieram nos buscar, creio que era um outro jipe, não me lembro muito bem se era um jipe ou uma caminhonete com caçamba. Não sabíamos para onde íamos, apenas que era para a montanha... passamos por Matagalpa, seguimos e entramos em uma estrada pavimentada, não me lembro se era a que vai para Jinotega; depois saímos dela e pegamos um caminho. Essa já era a parte mais perigosa, porque começamos a percorrer zonas onde tradicionalmente ocorreram atividades guerrilheiras e, ainda que não se visse muita vigilância do inimigo, porque havia poucos indícios, havia, no entanto, muito dedo-duro e algumas barreiras do inimigo; mas os companheiros já tinham limpado a zona; o que quer dizer que mandavam sempre um veículo à frente para ver se havia barreiras, voltava e só então nosso veículo seguia.

Foi uma viagem de cerca de três horas de jipe, outra vez de noite... íamos sem dormir; desde o dia anterior não dormíamos e viajávamos à noite... Era um caminho ruim, víamos que havia montanhas, precipícios, subidas, descidas, lodaçais, alguns ranchos onde vislumbrávamos o fogão, pois não havia luz elétrica... de vez em quando encontrávamos um veículo que vinha em sentido contrário. Para nós, significava ir penetrando no mistério, porque não sabíamos quando começaríamos a caminhar; não perguntávamos nada por uma questão de formação, não sabíamos se íamos para a montanha, se íamos para uma casa... nada, nem quem iria nos esperar, e as armas... e se usavam uniformes... e toda a nossa curiosidade... mas a gente vai lidando com essas coisas lá dentro enquanto usa as armas por fora, as armas curtas por fora... Até que, de repente, o veículo parou, o companheiro Juancito (Juan de Dios Muñoz) deu um assobio e saiu um camponês clássico do Norte, eu conhecia mais ou menos o tipo de camponês de quando ia passar férias com meu tio Victor, quando era garoto. Então, já conhecia a cara, o tipo do camponês, porque não é o mesmo camponês de León... é diferente, não sei porquê. Com um chapeuzinho nortenho, dentadura ruim; estava meio escuro, não se via muito bem, porque as luzes do veículo estavam apagadas... havia uma meia-lua baixa no céu... mas, como estava chovendo, porque também choveu no caminho, não se via muito bem. O fato é que nos mandaram descer. Tiramos o veículo assim, um pouquinho da estrada, descarregamos e guardamos tudo em uma casa. Um pessoal levantou-se, as crianças puseram-se a chorar. Isso aconteceu por volta das 11 da noite... E aí um camponês nos disse: "Deitem-se ali"... no chão.

Havia umas poucas tábuas... acendemos as lanternas... Fazíamos barulho e Juancito nos dizia: "Psiu, não façam barulho..." e nós não estávamos fazendo barulho, mas ainda assim ele insistia. Isso para nós não era ruído, mas era ruído... porque havia umas casas próximas e, então, o fato de haver ruído na casa de um camponês àquela hora, ou que se ouvisse uma voz sem sotaque de camponês é um perigo, porque significa que ali estão descendo ou subindo guerrilheiros, que está chegando gente estranha durante a noite... seja lá o que for! Assim, nós não nos dávamos conta de como se ouve o mais leve som, o quanto o ruído é perigoso, qualquer tipo de ruído, de uma batida, de um objeto metálico, de um saco plástico, de uma sacola, de qualquer coisa... E, bom, acendemos as lanternas e, com as lanternas, buscávamos como nos deitar, a gente pegava a lanterna e virava o foco para cima, para o lado: saiu luz pelas frestas da casa, porque são casas que têm frestas na madeira. Que pode pensar um camponês que vê dentro da casa do vizinho a luz de quatro ou cinco lanternas, quando, a duras penas, o camponês só tem uma? "Mas, companheiro, é só uma lanterna..." "Companheiro, apague-a, apague-a", como se falasse com a garganta... "não fique com ela acesa assim... vire-a para baixo..." e nos explicava como se pega na lanterna. Pega-se pelo vidro, por aí se pega a lanterna, usando apenas a luz que filtra por entre os dedos... Bom, o fato é que nos deixaram supernervosos... e depois ouvimos barulho, eram animais que andavam por ali, vacas... e notávamos que Juancito estava muito nervoso, talvez porque já conhecia quem estava ali, alguns dos principais dirigentes do movimento estudantil, da FER; e nós já conhecíamos Juancito, ele sabia quem eu era, quem era o outro... isso fazia um pouco de pressão sobre ele. "Durmam, que devemos sair de madrugada", acabou dizendo-nos Juancito. A casa ficava à beira de um caminho, a gente pegava esse caminho por montanhas, por um vale; havia também casinhas por ali e tínhamos que sair de madrugada para atravessar trechos povoados e depois passar por montanhas ou por caminhos, por picadas, por tudo isso... Também não conseguimos dormir: Como iríamos dormir, se havia uma tensão terrível, e uma arma que a gente nem sequer sabia usar? Eu usava um revólver grande, assim... que até me machucava, o filho da mãe, quando eu o metia aqui... e eu era muito magro, batia-me em todos os ossos, o maldito revólver... Por volta das quatro da manhã, quietinhos... despertar, companheiros, despertar, silêncio...! Abrimos os sacos de plástico grosso que faziam barulho... é preciso abri-los muito devagarinho, uns quatro ou cinco sacos de plástico, *pra, pra*... ouve-se no caminho, na casa vizinha... Arrumamos as coisas que tínhamos tirado... e, guardem as lanternas, soltem as pilhas porque as lanternas às vezes acendem sozinhas, porque roça o acendedor e corre para a frente, e a lanterna acende; empacotamos tudo, pegamos o saco, amarramos com uma corda e saímos... Éramos mais ou menos cinco... E começou o meu calvário, no momento em que saí daquela casa. Ali começou uma etapa nova para mim, no meu corpo, em minhas convicções, no desenvolvimento de minha personalidade, em tudo, na maturidade, em tudo, tudo... porque, a partir daí, eu ia começar a experimentar uma série de sensações pelas quais passa qualquer ser humano nessas condições, desde as mais lindas até as mais miseráveis. A primeira coisa que o camponês nos disse: "Vamos sem fazer barulho". E vi que o camponês se metia em um mato fechado por onde não era possível passar; então, disse a mim mesmo: vá lá saber onde vai levar esse mato, porque era eu que ia atrás dele. Não se podia passar. O camponês não voltava e ali estava o mato fechado que não se podia atravessar, ele não me dissera para esperá-lo, mas eu fiquei meio que esperando. Era impossível atravessá-lo, mas o companheiro não voltava... E aí? Não sei, meteu-se por ali... não saiu... eu via como se fosse um muro, um obstáculo grande... e aguçava o olhar e não o via... Será que não teria saído em frente e você ficou aí parado? Não, acho que não, não se pode passar... Não enche, mete a cara... comecei a entrar e não o via... Mas será possível que iremos por esse mato, se é intransponível? Não pode ser, disse eu... Como iremos...? Era muito difícil e eu continuei andando, afastando os galhos que tinham ficado por onde ele passara; então, vejo que há um canalzinho... e o mato pisado ali; mato acima, mato ao lado e mato abaixo... estava no meio do mato... Então é isso, essa merda é assim... danei-me... disse eu... e agora eu o perdi porque foi embora, mas deve ir caminhando para a montanha, disse eu, para onde vai nos levar... filho da puta! Comecei a andar mais rápido, mas caía e o saco que eu levava no ombro caía para a frente e depois para trás. Eu me chamava Eugênio naquele momento. Espera, Eugênio! E fazíamos um barulhão. Estávamos todos nervosos porque eu não via o homem... fodidos... eu o perdi e ele se foi... porque não pensei que fôssemos por ali. Imaginei que fôssemos por uma trilha. Eu não sabia o que era a montanha... porque ele se foi pelo meio do mato... pelo meio do mato fechado, o sacana... Percebe? Eu não entendia... Um caía, se enroscava, outro tirou o sapato. E aquilo tudo escuro, molhado... e gelado. São as montanhas do Norte... era um capinzal filho da puta que havia ali, um capinzal do tamanho de uma casa, mas que ainda não eram árvores imensas; e sim mato fechado onde um dia houve uma floresta que foi derrubada e onde nasceu um novo mato... árvores finas, mais altas que uma casa e todo tipo de cipós, de trepadeiras, de capim pequeno, de capim mais alto, de vegetação de todos os tipos, tudo verde, sim... Então, ali é preciso tentear, como quando a gente entra na água e vai rompendo a água, ali a gente se mete no verde, na vegetação, ou quando a gente caminha e vai rompendo o ar, assim se vai rompendo o verde...

Mas, claro, o camponês tinha se metido ali e foi se afastando e penetrando, e nós... dizendo... filho de uma puta! Fiquei travado, o saco me travava, eu puxava, e caía com o saco, estava molhado, tornava a pegá-lo, tornava a pô-lo no ombro, e já começava a machucar meu ombro, então eu o colocava no outro ombro e eu queria subir... e pensava, e como esse cara subiu, mas como vou subir com esse saco, se minhas mãos estão ocupadas? Eu não sabia se pegava o saco ou se tentava subir, mas depois ele resvalava... então... não pode ser... e o segurava assim, para baixo e punha a mão, buscando subir e deslizava... uma luta para subir 30 metros com o saco... e o danado... eu nem ouvia onde ele estava... E nós, falando... Irmão, acho que não é aqui... Eugênio, Eugênio, você está perdido! Acho que o homem não está indo por aí... Eugênio, será que o homem não está atrás de nós? Não, irmão, se eu vi que passou por aqui, passou... E o que é que vocês sabem: por acaso estão acostumados ao mato? Homem, é que eu sinto... aparece, aparece... Olha, parece ele que passou por ali... porque era evidente o grande rastro existente. Lá adiante, depois de um tempo, voltou o camponês, fumando cachimbo, mas com muito respeito em relação ao homem da cidade: "Companheiros, de longe ouvia os gritos de vocês". Claro, eu não o via, mas ele ouvia. De longe, ele nos ouvia, tinha experiência. Ia ouvindo a barulheira, a gritaria, as reclamações... Porque muito no começo perdemos a compostura e o caráter, não tínhamos caminhado nem 200 metros e já estávamos nos falando num tom que nunca tínhamos usado, que não era sequer o tom de quando fazíamos críticas no círculo de estudos na célula da Frente; era o tom que se usa quando a gente briga com os irmãos menores, quando a gente é criança, não enche... sai pra lá... E voltou o camponês: "Companheiros, vocês estão fazendo muito barulho... e se apressem, que vai amanhecer enquanto ainda estamos aqui e a Guarda vai nos ver e nos matar..." Que a gente se apressasse! Se a gente vinha correndo, estávamos perdidos atrás dele! Naquela hora, começamos a sentir o frio do molhado e caminhamos mais ou menos duas horas da maneira mais incômoda possível.

Tínhamos as mãos arranhadas, com fios finos de sangue, não muito sangue, na verdade... mas já se via sangue nas mãos, as urtigas já tinham nos pegado... este camponês filho da puta não sente, pensava... a urtiga roçava nas mãos e, depois, a gente passava na cara, aí já não sabíamos se era melhor jogar o saco, se continuar com a urtiga; duas horas assim, para cima e para baixo, e de repente levamos o maior susto, porque havia riozinhos. Riozinhos, uns fios d'água, nascentes, que eu não via e... *pum*... pisava neles, mas, como eu dizia, aqui tem passagem... um riozinho de meio metro de largura e você... dentro da vala... A gente não enxerga, na montanha. No começo, é tudo escuro, até que os olhos vão se acostumando, virando olhos de gato,

A MONTANHA É ALGO MAIS QUE UMA IMENSA ESTEPE VERDE | 65

e a gente começa a diferenciar as sombras, vê a topografia; mas, no começo, é tudo igual e, daí, mergulhávamos nas valas até o tornozelo. Eu não sabia o que fazer, se parava para tirar a água do sapato ou o que... Meu irmão, a água... Não, irmãos, depressa para não nos deixarem para trás; e, pelas minhas contas, eu estava fazendo uma coisa anormal, sem tirar a água dos sapatos, e estava com as unhas compridas e depois tocava a meia molhada com as unhas e comecei a ficar puto com as unhas enquanto ia andando... Até que paramos, finalmente! Será que chegamos ao acampamento? Perguntei. Não tinha a mínima ideia. Tinha a impressão de que tínhamos caminhado, sabe Deus quanto tempo; caminhamos cerca de três horas sem parar. Quanto se caminha em três horas? Fazia a conta de quanto caminhávamos na estrada de León a Manágua; como lá é plano e este caminho é cheio de subidas e descidas, caminhamos uns 20 quilômetros, pensava eu.

Vamos parar aqui, esperar que amanheça. Já estava clareando. Companheiro, a que horas vamos chegar? Bem, depende de como vocês caminharem, porque, se apressarmos o passo, pode ser que em três dias... Como, todos perguntavam, três dias até o primeiro acampamento dos companheiros? É que este não é propriamente um acampamento, ali onde estão Silvestre ou Faustino (que era Valdivia). Ele estava ali porque trabalhava naquela zona. Tinha um acampamento onde se escondia para trabalhar no vale. Estava com uns três companheiros, trabalhava com Aurelio Carrasco, estava com Edwin Cordero, o marido de Raquel, Jorge, o padeiro, e mais dois camponeses. Conosco estavam Ivan Gutiérrez, Aquiles Reyes e outros. O fato é que, puta que o pariu, companheiro, eu disse, pois sabia que, por ter mais nível intelectual, podia dar conta dele e tirar-lhe informação sem que ele percebesse, porque são muito espertos e, além do mais, desconfiam de quem mora na cidade. Mas eu, disfarçadamente, queria saber dele quando íamos sair do inferno em que caminhávamos porque as urtigas tinham acabado comigo...

Quando amanheceu, eu estava enlameado, molhado, encharcado, com as mãos em petição de miséria; e tínhamos fome, havia duas noites que não dormíamos e umas 24 horas sem comer e não avaliávamos nem imaginávamos o que nos esperava porque, senão, teríamos nos alimentado antes. Descansamos quando paramos à margem de um riacho de um metro de largura. "Tirem a comida porque vamos comer", disse o camponês. Mas ninguém quis comer. Tínhamos o estômago apertado de tanta tensão. Então vi que ele pegava o leite em pó que tínhamos levado, Lirio Blanco, daquela embalagem verde da Prolacsa; tirado uma porra porque as latas estavam todas amassadas com as batidas, vi que colocava açúcar, bastante açúcar – comem açucarado quando têm açúcar – cortou um palito usando-o como colher para mexer, encheu até a borda de água, bateu o leite e... bebeu a gororoba! E nós, assistindo ele beber uma coisa daquelas... deste tamanho, sem exagero, até em cima e, como parte do leite ficou grudado embaixo, sem sequer estar molhado, raspou-ao com a pontinha do dedo, com a unha, engoliu e ainda tirou com os dentes o último resto de leite que tinha ficado em suas unhas. Puta que o pariu! dizíamos nós, já se sabe porque os pobres camponeses não tomam leite; que coma o camponês... E nós, perguntando sobre o caminho... "Não," disse ele, "agora vamos a um lugar por trilha, mas iremos a uns 20 metros de distância um do outro. Vou na frente". Atrás dele, ia eu. Não longe dele, pensava, porque senão, vou me perder.

Quando recomeçamos a caminhar, deixamos a floresta, tínhamos passado o restolho e logo começou outro tipo de mato que não era o que tínhamos deixado, mas sim uma montanha com árvores grandes, cheia de árvores pequenas de todo tipo, capim com vegetação de todo tipo que você possa imaginar... tão emaranhado a ponto de não se poder ver o chão, e nem o céu, porque as árvores como que se beijam lá em cima e se continuar chovendo... porque começou a chover antes de começarmos a andar e eu não entendia porque não ocorreu ao camponês que quebrássemos o mato. "Companheiro, não quebre os galhos..." "Companheiro, não descasque o pau...". Eu começava a pensar que era amor do camponês pela natureza. Nós também, teoricamente, respeitávamos a natureza, porque éramos contra todas as barbaridades que tinham feito em León, com o problema da poeira, porque, com o cultivo do algodão, desmataram todo o Oeste. Mas parecia-me exagero que, em semelhante mar de vegetação ele começasse a dizer, "companheiro, não meta o facão". E, quando partimos, nos pôs em fila, separou-nos e começou a tapar com o facão e com a mão os galhos que tínhamos dobrado quando nos sentamos, ajeitando as folhas; e até pensei se não seria o Gato Munguía, que adorava as plantas, que lhe ensinara a cuidar delas... Mas eram os rastros... E, bem, começamos a caminhar com um tempo meio chuvoso, lá pelas seis da manhã, mais do que cansados, de tanto caminhar. Eu estava com os ombros doloridos, minhas mãos doíam com o peso do saco, que tinha umas 25 libras. Caminhávamos pela trilha que há dentro da montanha, um caminho cheio de lodo; onde os cavalos põem os cascos, ao andar, deixam pegadas e, de tanto passar mulas, muitos cavalos, vão fazendo buracos e, entre um buraco e outro, vai ficando uma protuberância de terra que é onde a gente põe o pé; são uma espécie de tumbinhas... isso no inverno fica totalmente lamacento, é barro, barro, barro... deslizávamos e *pum*! Caíamos sentados e nos levantávamos com a mochila toda suja; então, tentava limpar a mochila porque se sujou e era nova, mas, depois que a gente limpa a lama da mochila, onde limpar as mãos? Em um galho...? A gente dá outro passo e quase cai e põe a mão e volta a ficar todo enlameado. Nisso, começou a chover e continuamos caminhando na lama, porque não podíamos firmar os pés entre as saliências que separam um buraco do outro na lama, além de que as saliências também estavam enlameadas, de modo que, quando a gente escorregava nas pegadas, afundava até os tornozelos e como usávamos umas botas de borracha, que têm cano, a lama entrava pelo cano... caíamos na lama... e a mochila, de tanto cair, estava imunda; por fim, você diz: "Que fique assim essa filha da puta!" Desse modo a gente aprende que ninguém na guerrilha limpa a mochila.

Eu carregava uma espingarda, de um tiro, dessas de dobrar, *prac*, para colocar o cartucho. Meus equipamentos militares consistiam nessa espingarda, no revólver que já tinha me ralado a pele, e que eu já tinha mudado de lado porque havia me machucado e ardia com o suor, então troquei... E às vezes se metia entre as minhas costelas enquanto caminhava. Tinha um lenço grande e no lenço tinha guardado a munição da espingarda porque ainda não tínhamos cartucheira e eu tinha amarrado o lenço na outra parte da cinta, do outro lado. Então, carregava minha escopeta, meu revólver e um punhadinho de balas no bolso de trás da calça; em uma mão carregava a escopeta porque não tinha correia para pendurá-la; na outra mão, a mochila; quando cansava, mudava o saco de mão porque era o mais pesado, e já não sabia como caminhar, caramba, se era para ir subindo, e a gente tinha que se agarrar com as mãos; assim, às vezes, com a mesma mão pegava a espingarda e o saco e, com a outra, segurava-me, estava irado, caía em cima das balas e me machucava mais e, à medida que a caminhada ia avançando, ia se machucando cada vez mais até que chegou um momento em que o corpo ficou insuportável, a gente já não aguentava mais o corpo, estava todo machucado; à medida que a gente ia caminhando foi se cansando e, então, fui ficando meio enjoado e, de repente, uma coisa esquisita, que aconteceu com vários de nós, ouvíamos uma espécie de barulho de sirene, *uiii uiii uiii*... como uma sirene de bombeiros, mas não havia sirene, estávamos caminhando e o camponês na frente pedindo para que não nos atrasássemos, prosseguir avançando e a gente caindo na lama e, de repente, já não tirávamos a lama nem das mãos e, para não cair, apoiava a escopeta e ela afundava até o cabo na lama, o cano da escopeta cheinho de lodo; ou quando caía, a escopeta dobrava e uma bala caía; eu o procurava e punha as mãos na lama, buscando a bala, e já não tinha com que limpá-la, porque não tinha mais nada limpo.

Percebi que as balas tinham caído do lenço, iam caindo, porque o camponês as encontrou. Então, o companheiro me disse: "Vá procurar as balas, porque elas são rastros". "Estão enterradas na lama", aleguei. "Não, companheiro, vá". O que eu não queria era voltar 50 metros naquele lodaçal filho da puta, além do que estava todo dolorido e todo arranhado. Era melhor caminhar no mato, como fizéramos no começo. Imagine o que era sair do pesadelo que havia sido aquele mato e como era essa lama, a ponto de eu estar desejando o que tinha ficado para trás. E, assim, caminhamos o dia inteiro. Cada vez o saco ficava mais pesado e ficávamos descansando, mas um a 500 metros, outro a 300, outros a 200 metros.

Então... passou um camponês pela trilha: "Olá... olá..." Os camponeses sabiam que não éramos dali, que éramos da cidade, mas se faziam de desentendidos, de medo, para que não percebêssemos que tinham descoberto que éramos da cidade.

Víamos que o camponês caminhava tranquilo, adiante. Não estava enlameado, apenas suas botas estavam enlameadas. Tirou um lenço limpo e limpou o suor do rosto, enquanto o meu lenço já estava transformado em lama. Tinha lama no cabelo, na cara, em todo lugar. Assim como antes caminháramos no mato, ali caminhávamos na lama e, quando a gente vai de tombo em tombo, põe o pé e perde o equilíbrio, o saco, quando balança, passa para o outro lado e... *poing...* te derruba, porque o saco te domina; ou a gente fica em equilíbrio e o saco puxa para trás... *poing...* ou a gente solta o saco e não cai ou anda para o lado e tropeça. Já por último eu agarrava o saco, jogava-o, porque quem dera fosse uma lama em um caminho plano, mas era uma lama na montanha, subindo e descendo e com precipícios na beirada, em alguns momentos. Horrível, a lama é horrível.

Lembro que paramos lá pelas quatro da tarde porque íamos dormir, segundo o camponês. "Vamos parar para jantar e dormir". O que fazíamos era deixar o caminho e entrar no mato, uns 500 metros para dentro, e ali dormíamos. Tudo era novo para nós. "Olhem, vamos nos meter no mato, espalhados, uns 10 metros entre cada homem"; mas, antes de sairmos, disse, "Vamos caminhar pela beira do caminho; não vamos caminhar na lama, levantem os pés como se fossem andar de bicicleta e tentem botar o pé no mesmo lugar em que o outro pôs". A gente saiu do caminho e começou a caminhar pela beirada, em uma vegetação rasteira, com os pés levantados como se estivéssemos andando de bicicleta e cada um pondo o pé onde o da frente colocava, de forma que, como vínhamos andando pelo caminho, ficava o rastro da gente; no lodaçal há momentos em que a pegada se perde na lama porque se a gente saiu da lama, passando a caminhar por aquela vegetação baixa e, então, para que não fique um trilho ali e tudo amassado é que a gente põe o pé onde o outro pôs e assim por diante, em grandes passadas. Caminhamos um bom trecho assim, 300 a 500 metros, até dois quilômetros; era muito incômodo, porque não era plano, uma topografia muito acidentada... não dá, é impossível, física e psiquicamente. Para nós, era muito difícil fazer aquilo, de tão incômodo. Então dizíamos: "esse filho da mãe é um exagerado", mas essa era a sobrevivência da guerrilha, para não ser detectada. Caminhamos um meio dia assim, uma coisa superincômoda, até que houve um momento em que ele se meteu com grandes passos assim... *pan, pan, pan*... para dentro, então o outro entrava, *pran, pran, pran*, e depois, já dentro do mato, voltávamos a nos juntar... me explico? Para não deixar rastros nem na entrada nem de onde saímos, caso seguissem as pegadas de alguém não o localizariam, embora depois a Guarda as detectasse porque tinha camponeses que conheciam todas essas manhas e quando caíram camponeses da guerrilha que falaram, inteiraram-se também de todos os métodos. A perseguição foi feroz, não houve jeito. Nós desenvolvíamos mil truques nesse sentido, mas a Guarda estava sempre atrás de nós.

8

No trajeto que percorremos durante o dia todo, eu ia pensando no acampamento. Eu estava obcecado com o acampamento, lembrando de tudo o que nos contaram sobre a montanha, pois a montanha, na cidade, era um mito, era um símbolo, como eu já disse anteriormente. Eu ia pensando em como seriam os acampamentos, como seria Modesto, de que tamanho seria Modesto, se eu teria conhecido Modesto, e tudo isso, ou seja, a ideia de chegar ao acampamento e desvelar, essa é a palavra, desvelar para sempre, conhecer o que está por dentro, tudo aquilo pelo que eu tinha trabalhado quase seis anos, dia e noite, sem Natal, sem Semana Santa, sem descanso, em função dessa montanha, da FSLN, desse mistério, que cada dia se tornava maior; sim, havia uma coisa que me fazia feliz em todo aquele inferno de lama, naquele pesadelo de lama e de corpo arranhado, e de cansaço, e de desconforto, era que, por fim, com meus próprios pés, estava me aproximando, ia conhecer pessoalmente esses homens famosos, os guerrilheiros, gente como o Che. Como seriam as barbas, como fariam a comida, como eram os combates, como era o trabalho com os camponeses; eu estaria no coração da Frente Sandinista, no mais recôndito, no que era mais delicado, na Frente de Carlos Fonseca, e tudo o mais. Carlos que não conheci, jamais conheci; e tudo isso me alimentava no caminho, e não sei se era machismo ou o sentido do exemplo, mas acho que mais do que tudo era um profundo sentido do pudor que todos tínhamos e de que me valia enquanto caminhava, quando sentia que estava cansado, que conspirava enquanto caminhava, arrasado com minhas debilidades físicas, porque lembre-se de onde vinham: fumando, bebendo, passando noites em claro, comendo mal, sem fazer exercícios, de repente, *pum*, para essas questões que eram para homens, não enche! Para homens? Para camponeses! Vendo quão inútil ia me sentindo na caminhada, depois de estar acostumado em ir à frente das marchas dos estudantes na rodovia pavimentada, nas marchas para Manágua, vê? Eu era o herói das moças. Ah! Agora era um infeliz caminhando, um miserável; sentia intimamente, no fundo, que não era possível que eu não conseguisse dominar esse medo, mas sentia que nunca poderia dominá-lo, porque há momentos em que o medo reduz a gente a níveis extraordinários de impotência, quando a gente sente que surgem as primeiras bolhas e chagas nos pés, arranhões, cada passo é um arranhão, *pum*, *pum*. Porque há um momento na caminhada em que é como se o corpo, a roupa e tudo o que você carrega tivessem um ritmo, um ritmo; como se o coração batesse no mesmo ritmo em que as balas batem nas minhas costas, na perna, como se o coração batesse no mesmo

ritmo dos dois sacos de balas, do coração e da perna quando a gente
dá um passo, como se tudo fosse uníssono e como se fosse uníssona
a perna que a gente estica, meu osso que se move aqui, no lugar
em que a pistola me incomoda, pense em como a ferida da pistola,
a perna, as balas que me esfolam a bunda, o calo dos sapatos e o
coração foram batendo, golpeando em uníssono, e a marcha é *pum*,
pum e a gente vai sentindo no corpo todos esse golpes, na pele, e
por dentro da pele, no próprio organismo, como se, de repente,
ocorresse uma harmonia com a marcha, todo o corpo, por dentro
e por fora e harmonia por dentro e por fora e quando a gente põe
o pé no chão e quando vai dar o passo pra frente e torna a por o pé,
é como se essa batida entrasse em compasso com o coração, com
o arranhão da pistola, com o calo dos pés, com o arranhado das
balas, até a circulação do sangue, até com a vista quando a gente vai
olhando onde põe os pés, porque quando eu ia caminhando estava
tão miserável, tão cansado, tão desconfortável, tão tenso para não
cair nem escorregar, que vai sacando onde vai pondo o pé, e então
olhar, ouvidos, batidas do coração, a batida do arranhão, a batida do
pé quando bate no chão, a batida da pistola, a batida das balas atrás,
batida das balas na frente, como se fosse uma coisa só, uma só batida,
um só movimento, um só homem caminhando e, então, entre uma
batida e outra, distribuídas em todos essas pequenas batidas que
estou relatando, de arranhões e de cansaço e do movimento do saco
que bate nas costas da gente se a gente dá um passo ela cambaleia
para um lado, e a gente dá outro passo, cambaleia para o outro lado
e entra no ritmo junto com o dos arranhões e o do coração, a gente
também vai pensando e repensando e recordando imagens de onde
viemos, imagens do mistério que vamos descobrir, e a gente sente
que vai desvendá-lo subitamente, na batida do coração, no baque
de um tiro, na rapidez de um arranhão, no compasso da respiração,
porque a respiração também entra no ritmo, com os outros golpes; e
ainda que, por fora, a gente veja um homem caminhando, no fundo
esse caminhar de um único homem é o conjunto de uma porção
de pequenos golpes, de arranhões, de golpes maiores, da respiração,

as batidas do coração; eu ficava horrorizado de pensar que podiam estar me olhando, então eu fazia tudo para que aquele golpe fosse elegante, um golpe marcial, um golpe guerrilheiro, um golpe valente, um golpe dominador, cheio de fidalguia; isso talvez fosse machismo, egoísmo, essa lembrança de exemplo, de dar o exemplo, ainda que não estivessem me vendo, além da grande curiosidade de ver frente a frente os companheiros, de conhecer, tudo isso me alimentava; por isso, quando, no meio da caminhada, paramos para descansar, ali onde eu dizia, havia muito mistério, tudo era novo; prestava atenção em todos os camponeses, em tudo o que faziam, e em como o faziam, para depois poder fazê-lo também. Então diziam: "Vamos cozinhar". Mas, como vamos cozinhar e onde vamos cozinhar? Porque, para cozinhar, eu imaginava organizar um acampamento, e não havia condições ali; chovia, e onde iríamos conseguir gravetos para cozinhar e em que cozinharíamos? E as panelas para cozinhar, onde estão? E em que fogão, em que forno, e o que iríamos cozinhar... Quando vínhamos caminhando, tínhamos ouvido um *goorr, goorrr, goorrr, hooss*; pensamos que fossem onças ou leões; com base nisso, fiz uns cálculos rápidos: *pra, pra*, dizia eu, são três onças, com cinco tiros, um para cada uma, vamos matá-las com a pistola, puta que o pariu! E a escopeta até o cano de lama, bem, com meu revólver, pensava, eu o mato, *pam, pam*, atiro e mato, porque o camponês saberá o que fazer quando lhe aparecerem cinco onças, vocês entendem, o camponês, os companheiros deverão saber como agir com as onças; mas o camponês disse-nos que não, que não eram onças, e sim macacos, macacos congos. O macaco congo é um macaco filho da puta, feio, horrível, sua carne é dura, irmão! E fede, mas, com fome, é deliciosa! Um sopão de macaco – sopão é uma sopa com quatro horas de fogo... Assim, lá veio o camponês: "Vamos conseguir um macaquinho para nós, não é, emprestem-me a 22, venha Eugênio, você, venha Eugênio", disse.

E como era bom caminhar sem nada, apesar da lama que há na montanha; e sem carga, porque eu deixara a escopeta que ainda não estava limpa e tirara as balas que me machucavam e as levava na mão; a mão e os pés estavam destruídos, não queria caminhar, mas, tudo bem, queria ir com ele, para ver como era e para que visse que não estava cansado. Vi os macacos, um bando de macacos, um bando de macacos pulando em cima dos galhos, mas altíssimo, galhos de cem metros de altura, galhos de até cento e pouco metros, e os macacos de ramo em ramo, correndo na copa das árvores, eram quilômetros, centenas de quilômetros em bandos; o macaco é como o homem, vou contar mais adiante, não sei se já te contei um pesadelo que tive com um macaco. Então, a 22 e *pam*! o macaco vai cair dali, pensei eu, um macaco grande, incrível, mais ou menos de meio metro ou de um metro, não, um metro com o rabo, e eu via que os macacos olhavam os macacos como a gente. Eu nunca tinha comido macaco nem nada parecido, mas nunca tive melindres com comida e, além do mais, estava disposto a comer de tudo; não tinha muita fome, não tínhamos conseguido comer nada, sentíamos dor ao engolir, quando comíamos alguma coisa; vá lá saber porque no começo doía para engolir, e então, *pac, pac*. Ai! Fez o macaco quando levou o tiro; e acertou três tiros e o macaco caiu e *bang*, o barulhão; caiu quebrando galhos, porque era muito pesado, um macaco pode pesar 16 quilos, um macaco pode pesar um quintal*; o macaco caiu. Foi a primeira vez que vi um macaco de pertinho, porque onde minha avó morava havia um macaco, um macaco pequeno e eu tinha medo do macaco de perto e era pequeno, mas havia anos que eu não via um; era a primeira vez que eu via um macaco de perto, e olhei a cara que parecia de velho, o filho da puta, uma cara de velhinho, um corpo de criança com cara de velho, e o levamos para o lugar onde estávamos acampando; mas o que faríamos com um macaco, onde e como tirar a pele do macaco? Como, onde, quem vai tirar a pele do macaco e o tempero para o macaco? Mas está todo mundo aprendendo e olhando, pegamos o macaco e o levamos, cortamos no caminho cinco folhas de bananeira, *pram, pram*, cortei as folhas. Pensei que íamos dormir,

---

* Quintal: medida de peso correspondente a aproximadamente 60 kilos (N.T.).

A MONTANHA É ALGO MAIS QUE UMA IMENSA ESTEPE VERDE | 75

que íamos arrumar os lençóis, mas estava tudo molhado, o capim, o mato; então, vi que ele começou a cortar um metro quadrado de mato com o facão... a cavar a terra porque a que está em cima está muito úmida... cavando para procurar um pouco de terra mais seca... "Fulano, vai buscar umas pedras, ali na quebrada tem pedras"; e eles foram buscar pedras na quebrada e trouxeram umas que não serviram, "Essas pedras não servem, tragam outras". Já não estávamos caminhando, havia um momento de alegria, era nossa primeira noite guerrilheira. Todos nos sentíamos guerrilheiros ali. Sentíamo-nos homens guerrilheiros ali. Eu tinha andado em viagens assim com os escoteiros, com Juan José Quezada, mas era diferente. Agora era com a Guarda, se a Guarda chegasse teríamos que lutar com a Guarda. Dá para imaginar? Não teria saído ninguém vivo dali. Talvez o camponês, porque teria corrido e porque tinha uma arma boa. "Ponha a pedra", disse ele, pegamos uma panela, colocou as folhas de um lado, começamos a tirar a pele do macaco, *pram, pram, pram...* e chovia. O macaco tinha lombrigas, tiramos, e o macaco pelado parecia uma criança sem pele, com a cabeça e o rabo cortados; quando a gente corta as mãos, o macaco parece uma criança. Nós, no fundo, víamos que parecia uma criança, mas não dizíamos nada para não nos parecermos com mulheres que têm medo, ou asco. Pegou os pedaços das mãos, das patas, das pernas, do rabinho da criança que era macaco. Jogou-o na panela, pusemos água e um punhado de sal, sem lavá-lo, a carne meio enxaguada. A água cristalina meio pintada com pontos de sangue porque não estava bem enxaguada. Então, foi a vez da lenha: com que raios vamos cozinhar, se essa lenha está molhada? Ele foi buscar lenha; claro, eles sabem qual é a lenha seca, galhos secos que ainda estão vivos, molhados por fora, mas secos por dentro e quanto mais fina a madeira, menos problemas traz para a gente, porque, como não é porosa, não deixa a água penetrar; trouxe a lenha, tirou-lhe a casca molhada e o resto estava seco. Mas, como vai fazer fogo? Será que vai riscar um fósforo para acender o fogo? Mentira, como vai conseguir um palito de fósforo aceso ali – nós estávamos prestando atenção em tudo – era a primeira vez que víamos esse ritual no qual depois nos tornaríamos verdadeiros mestres, o ritual de fazer fogo na montanha, e quem mais o dominava chamava-se David Blanco. David Blanco era um gênio para fazer fogo, aquele homem só não fazia fogo na água. Fazia fogo na lama, no pântano, para a gente; fazia fogo ainda que ele estivesse molhado, que tudo estivesse molhado, fazia fogo. O fogo na montanha é uma arte. É mais difícil acender fogo que acender uma mulher ali. O camponês cortou pedacinhos de madeira; depois, com o facão, cortou-os pela metade, *chas, chas*, depois cortou mais um deles, assim como os outros, e foi cortando todos mais, e mais, até que, finalmente, com o facão foi tirando aparas, aparas de madeira com o facão, um monte de aparas, depois aparas maiores, maiores, até chegar à acha de lenha. Assim, colocam-se primeiro as aparas menores no centro, as aparas de madeira sequinha... Antes já tínhamos feito uma espécie de tenda, um plástico em cima, para que a água não estragasse tudo. As aparas pequenas têm que ser postas junto com os pedacinhos de madeira, na beira, em cima, depois outro pedaço um pouco maior, outro maior e os maiores mais para fora, mais para fora, no centro aparas menores; depois, pega-se um papel ou um pedaço de borracha de bota, a borracha da bota acende se a gente lhe encosta um fósforo. O camponês acendeu aquele pedacinho de borracha de bota velha que ele levava na mochila, separando com carinho as aparas pequenas para que não desmontassem, formando uma estrutura bem frágil de aparinhas no centro, porque as aparinhas têm que se beijar, sequinhas, as aparinhas se beijam secas ali, dentro de uma montanha de madeira úmida, mas que é o mais seco que existe por ali, em centenas de quilômetros ao redor. No meio de todas as aparas menores cai a borracha acesa e a borracha começa a acender todas as aparas. À medida que o fogo vai pegando, do molhado vai emergindo a chama, do úmido vai nascendo o fogo... Aí vai ficando maior, aproximando-se dos paus, os pauzinhos menores vão se acendendo, depois os maiores, os maiores, até que o fogo acende. Depois parece mentira que possa existir fogo ali.

A gente se seca, se esquenta, é inimaginável como dentro de tanta umidade, tanta chuva, numa selva tão úmida, possa aparecer fogo. Pusemos a panela sobre as pedras, cheia da água gelada da montanha e logo começou a ferver; ligamos o rádio e começamos a ouvir as notícias, o rádio quase não faz barulho, usávamos uma antena que pendurávamos nos galhos para poder ouvir um pouquinho melhor e todos à beira do fogo dizendo bobagens, fazendo perguntas ao camponês porque não aguentávamos: quantos homens havia lá, quais eram os nomes de guerra, os lugares por onde tínhamos que passar; umas três horas conversando e ouvindo o rádio com um som péssimo, ouvindo *La Corporación* quando ainda falava a linguagem de seu povo; ouvíamos "Cinco em ponto" e pensávamos que quando percebessem que tínhamos vindo todos, aquilo ia estourar; quando perceberem, bem, quem serão os dirigentes... fulano, fulano, será que as namoradas sabiam, será que as namoradas não sabiam, uns lhes haviam dito que iam estudar no exterior, outros tinham-lhes dito a verdade. Bom, o sopão, pois, cada um com sua tigela. Não tínhamos fome, mas como não comer se a comida nos tinha saído cara e, além do mais, estava quente, o calor despertou nosso apetite. Começamos a comer e foi uma comida de macaco excelente... de verdade... do caralho...

9

No dia seguinte, seguimos: era preciso fazer desaparecer o fogo, o fogão; fez-se um buraco, jogamos as pedras fora, enterramos as brasas, as cinzas, os tições, depois pusemos folhas por cima, espalhando-as, como se nunca tivesse estado ninguém ali. Naquela noite, não dormimos nas redes. Ao amanhecer, partimos pelo mato, não pela lama. Outra experiência, outra luta com os cipós, e o saco continuava enroscando nos cipós; às vezes, não podíamos passar porque a gente andava por baixo da mata, carregando o saco, e isso cansa. Naquele dia em que partimos de novo, outra vez pegamos uma trilha até que chegamos à casa de Evélio (Nelson Suárez), em um lugar chamado Las Bayas. Uns cem metros antes, vi que o camponês tinha parado e fazia *psiu*, para que ficássemos em silêncio; pegou o facão e bateu em um galho, *pam, pam, pam* e depois veio e encaminhou-se para o rancho, que estava a uns 50 metros, *pam, pam, pam*, uma contra-senha. Entramos no rancho pequeno, a cozinha, as crianças deitadinhas, um bebê recém-nascido, um rancho feito com os materiais do próprio mato, que há por ali, galhos cortados, com palha, telhas de madeira, sem mesa, sem nada, a cama feita com os mesmos paus, nenhum elemento artificial nem sequer artesanal, apenas uns copos de plástico; tinham uns dois copinhos de plástico. Ali dormimos; eles já tinham jantado, mas nos deram tortilhas. Pela manhã, por volta das seis horas, chegamos ao ponto de contato, onde estava Silvestre. Não sei o que eu esperava daquele contato, mas me impressionou profundamente. Tive uma conversa com Valdivia ali, eu não sabia que Silvestre chamava-se José Dolores Valdivia; nunca vou esquecer: quando chegamos pela manhã onde ele estava, havia uns cinco companheiros, porque Valdivia recebia o pessoal novo e acompanhava-o até mais adiante, onde estavam outros companheiros, mandando-o para René Tejada que estava a dois dias de marcha de onde estava Silvestre. René Tejada, chamava--se Tello. Quando chegamos onde estava Silvestre, pensei que estávamos em um acampamento, não sabia o que pensar... O fato é que havia um barranco ali na montanha e no barranco havia uma gigantesca árvore caída; pensei que caíra havia pouco, ainda tinha as folhas verdes e sob a árvore, que estava pendurada no barranco, havia um espaço entre a terra e o tronco, um tronco gigante que tinha um monte de galhos; os companheiros estavam metidos ali, debaixo daquela árvore grande, escondidos nos grandes ramos, que eram tão grandes, que penduravam neles as redes. Foi dado o sinal, os três golpes, responderam, e logo apareceram umas caras, quem seria? A clássica curiosidade, saiu um magro, magro, magro, magro, barbudo, com uma cara alongada, dura, como se não o entusiasmasse muito estar nos recebendo. Eu parecia muito mais entusiasmado de chegar e conhecer os companheiros e passar a fazer parte deles, do que ele de nos ver. Um jeito seco, sério, talvez tenso por parte dele, magro, narigudo, com uma camisa marrom e uma calça verde, mas não militar, e sim roupa de corte civil com um cinturão de couro do qual pendia uma pistola; não estava vestido como militar, mas entre militar e civil, guerrilheiro, digamos; tinha creio que um Garand; ali estava também Flávio (Edwin Cordero), agora delegado do Mint na Quarta Região, nós o chamávamos de "Doutor", porque fora estudante de Medicina, gordinho; entreguei-lhe uma carta que lhe mandavam da cidade. Ali começamos a fazer cartuchos, buscando equipar-nos mais ou menos, porque íamos para dentro, em direção aonde estava, teoricamente, o grosso.* Àquela hora já estávamos com fome e não havia comida ali, apenas a comida que o colaborador levava, que era bem simples; levava três tortilhas e um pouquinho de feijão para todos, um pouquinho para cada um. Já tínhamos fome. Conversamos com Valdivia e ele me reconheceu, acho que me reconheceu, porque me falou da universidade; como estava a universidade, como ia a reforma universitária, jogamos um pouco de conversa fora. Não sei se conhecia meus irmãos; o fato é que veio à tona: olha, irmão, fui para a guerrilha num domingo e na quarta-feira seguinte nos formaríamos, meu irmão Chema e eu. Emir fazia o quarto ano de Economia; eu contava a Silvestre que nós fomos, quatro irmãos, mas que estava certo que os outros iriam também; sim, um que volte é suficiente para as mães, disse-me, e caramba! Você precisava ver como me impressionou – ainda que fique um, um que voltasse, então, digamos que via mais próxima a possibilidade real do que vínhamos pensando no jipe; e era certo, era demais pedir que voltássemos todos vivos, não era filme, não era cinema... E, efetivamente, apenas eu voltei.

Bem, puseram-nos em forma, equiparam-nos, saramos dos ferimentos; até aquele dia, não havia ido ao banheiro, a primeira vez que caguei, havia três dias que não o fazia; então, eu disse, vou cagar; sabe como é? Ele perguntou. Como? Pegue um facão, abra um buraco, cague ali no buraco; quando terminar, jogue terra em

---

* Da coluna guerrilheira (N.T.).

cima, depois folhas para que não fiquem vestígios. Eliminar o rastro é para segurança da guerrilha. E com que me limpo? Com folhas, disseram-me, limpe-se com folhas, pegue um punhado de folhas e limpe-se com elas; bem, disso eu não tinha medo. Fui com todos os meus arranhões, pobrezinho, fiz um buraco, caguei, e peguei umas quantas folhas, o fato é que sujei a mão me limpando, não conseguia; depois, aprendi a pegar um punhado grande de folhas, pois no princípio peguei duas folhinhas pequenas e queria me limpar com aquilo – e como ia me limpar daquele jeito! Me sujei todo, as unhas, meti as unhas na terra para me limpar, limpei-me com mais folhas, até que o próprio bom senso vai dizendo para a gente, à força de apanhar, que a gente não se limpa com folhas, mas sim com um punhado de folhas, com um punhado grande de folhas. Naquela noite, mandaram-me para onde estava Tello, René Tejada, e não chegamos naquela mesma noite porque houve problemas na caminhada: eram dois camponeses bem andadores; Pedro ia adiante, Aurélio Carrasco atrás e eu no meio, com mochila, sim, com mochila de sacos *Macén*, com alças para carregar atrás, como os sacos dos exercícios das milícias. Imagine, eu fui, saí com Aurélio, sob os cuidados desses dois camponeses andadores. Digamos que um dos primeiros guias da montanha foi Pedro, aquele que eu disse que ia na frente, aquele era o principal guia naquele momento, era o que estava há mais tempo na montanha, veterano de Zinica, filho de uma das camponesas do Cua, talvez você se lembre da canção! Venancia, chamava-se sua mãe. Eu estava mais leve, levava mochila, cartucheira para as balas, não sentia os ferimentos, assim a arrancada foi boa, me sentia mais seguro, já assimilara a experiência de caminhar por aquele mato fechado, e também na lama, era como se eu já sentisse os pés um pouco mais firmes; o fato é que tínhamos que caminhar de noite e começamos a caminhar com lanternas, mas sempre pegando-as pelo vidro para que não iluminassem muito. Minha primeira caminhada sozinho com aqueles companheiros, com aqueles dois homens de passo esperto, como que me obrigava a caminhar melhor, para não causar problemas, além de que não tinha

A MONTANHA É ALGO MAIS QUE UMA IMENSA ESTEPE VERDE | 81

esperança que fôssemos descansar porque algum companheiro se cansara; ao contrário, ali eu estava sozinho, tinha que tentar fazer o melhor possível. E, não sei, de repente senti que caminhava bem, o camponês adiante e eu, rente ao camponês, ele caminhando e eu atrás dele, passando pelos lamaçais e caindo muito pouco e às vezes eu via que o camponês caía e eu quase não caía e, de repente, senti que as pernas estavam se acostumando e que iam se amaciando um pouco, sempre, claro, com fragilidades, com pouca experiência, mas eu sentia que já não era a mesma coisa. Perdemo-nos, nos perdemos naquele dia, paramos de andar às quatro da manhã, dormimos, levantamos para sair para a montanha, mas Pedrito perdeu-se e continuamos caminhando já pelo mato de novo; eu sentia que já estava me acostumando a fazer as mudanças de pé, claro que agora tinha uma bandoleira, uma mão desocupada, a lanterna guardada, tinha uma mão livre, era como se minhas pernas começassem a jogar com a topografia, como pôr os pés quando eu ia para baixo, como pôr os pés quando eu ia para cima, como passar um galho por cima, por baixo, para que não prendesse na mochila; e à medida que caminhava começavam outra vez os arranhões, mas desta vez já não por todos os lados como no começo, mas fundamentalmente em volta da cintura, devido ao cinturão, o cinturão me pegava nos dois ossos, entre as pernas, como se chamam esses ossos daqui? A pelve; à medida que a caminhada avançava, o cinturão ia comprimindo para baixo, comprimindo para baixo, subindo e descendo, e ia acabando com esses ossos daqui, fodendo a gente; e a mochila começava a pesar mais. Então, depois de um tempo, apareceu de novo o mesmo inferno do corpo com os ferimentos, os golpes ao caminhar e comecei a sentir o cansaço das pernas, estes músculos daqui, da parte posterior das pernas, começaram a doer.

E, por fim, chegamos onde estava Tello, que era René Tejada, como eu dizia; estava sozinho, eu também não sabia que Tello era René Tejada, percebi porque depois ele me contou, não seu nome, mas como fora morto um irmão seu e você sabe que era famoso. Como morrera David Tejada Peralta, quem o matara, como o tinham jogado no vulcão Santiago. Vimos Tello; Tello era diferente de Valdivia, mas tinham algo em comum: era a cara, a expressão do rosto. Tello era magro, forte, magro forte, alto quase como eu, talvez um pouquinho mais alto, mas acho que pensando bem era da minha altura, cabelo curto, crespo, crespo, muito crespo, cara fina, com uma boa dentadura, uns olhinhos pequenos; gestos violentos, com jeito muito camponês, já tinha pegado bastante o jeito de falar dos camponeses, porque quando falava com você, sendo ele da cidade, falava como os camponeses e vá saber porque Tello começou logo a simpatizar comigo, a dar-se um pouco; estivemos com ele ali uns três dias, porque tínhamos que esperar os rapazes que tinham ficado com Silvestre. Eu ia encontrar Rodrigo, que era Carlos Agüero, no acampamento principal, que estava a uns 15 dias de marcha para dentro e ali, onde estava Tello, íamos juntar-nos todos para depois nos reunir com o grosso da guerrilha. Não me lembro se, na primeira ou na segunda noite, Tello me convidou para pôr as redes juntas, já nas redes, ficou claro para mim o fato de que ele tinha me reconhecido, sabia que eu era estudante, que me chamava Omar Cabezas, que era líder estudantil, que era um tipo com alguma capacidade política; às vezes, a gente não pode dizer aos camponeses tudo o que tem vontade, tem que falar no nível deles; assim, quando cheguei até Tello, ele se abriu comigo, agora sim eu podia falar, talvez um monte de lembranças, de ideias que ele tinha, de sonhos, do que fosse, de dúvidas, vontade de saber, de perguntar algumas coisas, algumas coisas que estavam acontecendo na cidade e sobre as quais não tinha informação etc.

Então, foi como se o homem começasse a soltar tudo o que tinha dentro, coisa que não fizera com os camponeses, porque pensava que talvez não o compreendessem. Porque os moradores da cidade são mais complexos, mais abstratos, mais sofisticados, mais complicados; os sentimentos, os afetos, a interpretação das coisas... Tello começou a falar sobre sua família, sobre sua confiança na guerrilha. Estava deprimido, era um tipo endurecido pela montanha, pela comida ruim, pela chuva, mas o que eu sentia também era que Tello estava se sentindo muito sozinho. Depois me contou que a mulher, a quem havia amado muito, o deixara... e ficava muito nervoso quando falava nesse assunto. Tinha gestos muito rápidos, era um tipo muito ágil, muito forte, aparentemente um tipo duro, um homem curtido, mas, mal a gente começava a cutucá-lo, era capaz de chorar, e a gente via que no fundo era sensível, terno, humano. Tello era um homem capaz de chorar por uma decepção, como depois me contou René Vivas, que continuou a caminhada, do lugar em que estava Tello até o acampamento de Rodrigo; tínhamos feito Tello chorar. Claro, ele não entendia muito bem porque não podíamos ser bons naquele momento, ele queria, pela ânsia da liberdade, pela ânsia da vitória, pela ânsia de acabar com aquele sofrimento, seja pelo que fosse, que fôssemos muito melhores desde o princípio; pensava que iam chegar homens feitos e prontos ali, guerrilheiros andadores, carregadores, combatentes formados. E, então, em uma das marchas, um de nós disse: não aguentamos mais e vamos ficar aqui; Tello chorou de decepção. Tinha formação militar, fora tenente da Guarda Nacional, treinado depois pelos palestinos, que são rigorosos, implacáveis para treinar. O jeito de Tello nos treinar era um jeito grosseiro, um jeito de academia militar, ou o tipo de treinamento dos palestinos, que é um treinamento extremamente pesado; sua formação militar era uma mistura das duas coisas, e foi o que quis implementar de sopetão conosco, que éramos uns inúteis, como nos classificou, vindos do curso básico da universidade de León diretamente para esse inferno inconcebível e inimaginável para nós.

10

Tello teve uma grande influência em meu desenvolvimento. Digamos que, na montanha, foi um dos homens que mais influíram em mim. Nem Modesto, nem Rodrigo foram tão importantes para mim como Tello e David Blanco.

Pouco tempo depois chegaram mais companheiros ao lugar em que estávamos com Tello, aqueles que tinham ficado antes com

Silvestre, e assim nos abastecemos de farinha de milho torrada, comida, íamos supercarregados; desenterramos armas que havia ali, para levá-las para a montanha, para servir a nós mesmos; carregados de víveres e com duas armas cada um, a marcha ficava mais difícil, mas partimos todos. Éramos 10 ou 12 homens, não me lembro, são detalhes que já esqueci. Partimos para o centro da montanha, eram uns 15 dias de marcha, acho que levamos 15 dias até chegarmos ao acampamento. Claro que fizemos essa marcha tanto pela mata quanto por trilha... Foi nossa primeira grande marcha. Porque primeiro tínhamos caminhado uma noite, duas noites, um dia... A partir daí, começamos a caminhar 15 dias sem encontrar casas, apenas uma, em um lugar que, se bem me lembro, chamava-se El Naranjo, adiante de Zinica.

Essa marcha, digamos, foi nosso batismo; as anteriores não tinham sido nosso batismo de fogo de marcha na guerrilha, nosso batismo de guerrilheiros, bons caminhantes; aquelas tinham sido apenas um ensaio. Nessa marcha, começaram a aflorar em alguns os primeiros sentimentos diferentes que a gente vai experimentando; quando já está há dois dias caminhando, sente que já não aguenta mais, que o corpo não aguenta, que os pulmões não aguentam, sente que o corpo está tremendo, e subidas e descidas, e subidas e descidas intermináveis.... e a gente não ouve nenhum ruído a não ser o dos animais da floresta e o das árvores que caem, e o barulho da chuva; não se veem cores, e sempre os mesmos companheiros. A gente começa a se aborrecer de ver sempre os mesmos companheiros, o mesmo passo... Ah! E quando tivermos que combater, pensava eu, teremos que procurar a Guarda lá embaixo? Puta que o pariu! Teremos que caminhar até lá, de volta? E depois, voltar... Tomara que a Guarda se meta onde estamos, pensava, e que acabemos com ela, para assim poder acabar de uma só vez, em uma única viagem. E depois começou a dar fome, de andar e andar, o dia inteiro. No terceiro dia, acabaram as tortilhas e o feijão que levávamos e, no quarto dia, só tínhamos três colheiradas de farinha de milho torrada por etapa. Então, com aquela fome... Atirávamos em macacos, mas era apenas na hora do jantar, porque não podíamos carregá-los, ainda que às vezes carregássemos carne de macaco e a mochila ficasse ainda mais pesada. Para aliviar o peso, eu queria ir jogando fora o que levava: a coberta não podia jogar fora porque ficaria com frio, a rede porque dormia nela, vou jogar esses livros, queria jogar tudo fora, cortador de unhas, lapiseira, papel, tudo o que fosse necessário para tornar a mochila mais leve, porque quanto mais a gente caminha mais ela fica pesada; a gente põe o pé, e sente que com o peso da mochila, afunda mais ou desliza, sente que o cóccix dobra com o peso da mochila, que pesava uns 16 quilos cada uma. Nos descansos sentávamos... *pum*... Lembro que uma vez me sentei e senti que uma nádega se mexia, dei um grito e me levantei: tinha me sentado em uma pobre cobra; felizmente, não era venenosa, mas eu não sabia, e quando senti nas nádegas um redemoinho e ai, minha mãe! levantei correndo, sem sentir nem a mochila, e vi a cobra sair rapidamente... Percebe? A gente se sentava sem saber onde, sem ver onde nos deixávamos cair... Na metade das encostas pedíamos água e nos sentávamos e aquele Tello puto conosco... "que estávamos fazendo teatro... que éramos uns folgados...".

Lembro-me de que, quando entrei na clandestinidade, havia uma canção de Camilo Sesto que estava na moda e que dizia: "Ajuda-me a trocar por rosas meus espinhos...". Ivan Gutiérrez, que estava comigo e estava apaixonado, pôs-se a cantar um dia e, de repente, ouvimos grandes gritos na montanha: "Socorro!". Era o pobre que tinha se sentado, cantando a canção para a cidade, para a mulher, para que fosse ajudá-lo... Quem sabe quem... como se a chamasse. A verdade é que naquele dia Tello não se emputeceu, ao contrário, deu risada.

Os pés eram uma grande ferida, as meias molhadas. A marcha fora uma luta constante. De repente, começamos a descobrir que gostávamos do sal e começamos a comer mais sal do que de costume. Claro, estávamos ficando desidratados... e começou a história do sal. Pegávamos punhados de sal... a carne do macaco estava salgada e púnhamos mais sal e dávamos a mordida... ou com milho cozido.

Também descobrimos o valor do fogo. Se a gente não sabe fazer fogo na montanha, morre. Não apenas o fogo para cozinhar, mas o isqueiro, a chispa para acender. Se os fósforos se molham, como é que a gente faz? A gente leva tudo em sacos plásticos. A gente descobre o valor do fogo para secar, para cozinhar, até para sentir--se acompanhado, porque o fogo também faz companhia à gente. Por fim, num dia entre tantos, chegamos ao acampamento. O mesmo sinal das três batidas. Eu ia descobrir e desvendar o mistério. Entramos e lembro-me de que quem nos recebeu primeiro foi um rapaz de uns 28 ou 29 anos, alto, um homem magro de compleição rígida, mais rígida do que Tello e do que Silvestre. Tinha o rosto sério, mas não amargo, cabelo castanho, olhos azuis muito bonitos, jeito de rico. Mas esse homem tinha o rosto diferente, tinha uma barbinha amarela. A barba amarela no rosto branco, os olhos azuis e o cabelo castanho assim, de verde oliva, com um fuzil R 15... Cumprimentou-nos com um sorriso. Foi o primeiro sorriso que vi desde que fui para a montanha. Sabe o que é passar 20 dias sem que um chefe, alguém superior a você, alguém que sabe mais do que você, que é melhor do que você, lhe dirija um sorriso? Com um sorriso muito bonito, diria eu... Sorriso em um rosto sério, um sorriso de profeta. O nome de guerra era Rodrigo. Depois soube que esse companheiro era Carlos Agüero Echeverria. Era o chefe militar da guerrilha, o segundo, depois de Modesto, na montanha.

Havia outros companheiros. David Blanco, outros de que não me lembro. Quando íamos entrando, vimos uns plásticos verdes, uns giraus, como um acampamento, umas dez tendas por todo lado, barracas grandes, pretas e verdes e havia outros giraus de madeira, com sacos em cima. Outras barracas que tinham umas mesinhas na beirada, mas feitas de troncos de galhos de *pacaya*, que é parecido com o bambu pela forma exterior verde... e a cozinha... vimos grandes panelas e tachos... Aqui sim, era o acampamento. De fato, tinha cara de acampamento. Assim como eu o imaginava... mas não via as pessoas. Pensei que estivessem em algum lugar, em outro lugar, mas não, aquelas eram as pessoas que havia ali e nós, que estávamos chegando. Fui percebendo isso pouco a pouco, porque também sabia que Victor Tirado López estava com Filermón Rivera do outro lado da cordilheira Dariense, a uns 600 quilômetros de onde estávamos. Lá estava meu irmão Emir. Nós estávamos na cordilheira Isabelía.

A correspondência foi entregue a Rodrigo, mas ele não a leu naquele momento; chamou-nos. Estava interessado em conversar conosco. Imagino que era o mesmo sentimento de Tello, ainda que um tanto diferente, diria eu, porque, claro, estava numa situação diferente, pois eram oito, dez companheiros que depois de meses juntos, ou anos, não sei... um ano, dois anos, tempo durante o qual a gente já contou aos companheiros toda a nossa vida. Então, a gente fala de nossos desejos, de nossa história, de nossa biografia, fala de nossa família, começa a contar aos companheiros os aspectos mais relevantes no nosso entender e todo mundo conhece as histórias da nossa vida e, de repente, já não temos mais nada para contar... Alguém começa a falar e a gente diz o que vem depois.

Quando chegava alguém novo, um grupo de novos, era como ganhar na loteria... quanta informação podia dar cada um e além do mais refrescavam a memória quanto a coisas, você podia perguntar por seus vizinhos, por seus companheiros do movimento estudantil... como estão trabalhando... e os clandestinos da cidade... Era inundar-se de felicidade mesmo que seis meses depois a mesma situação voltasse a ocorrer. Era carregar de novas coisas o acampamento, enchê-lo de novas maneiras de ver as coisas, de novas opiniões, de novos critérios, carregar o dia e a noite de novas conversas ou de novos temas que você não tinha desenvolvido com os outros. Seis, sete companheiros novos no acampamento eram uma inundação... Além disso, você vê os rostos... ainda não os distingue bem, são novos, os nomes são novos... quem é fulano? Uma inundação de informações, uma inundação de companhia... uma ruptura da solidão acumulada. Era a irrupção de uma companhia violenta no acampamento. Era o rompimento da solidão e, além disso, uma forma de dispersar a solidão que se esfuma: a solidão desaparece por momentos. Nossa presença inundou e irrigou de companhia a situação. Foi uma coisa extraordinária. E fui eu um dos que disseram muitas vezes na guerrilha, meses depois de estar nela, quando já estava adaptado e tinha me transformado em um guerrilheiro, que o mais difícil não é o pesadelo da trilha, não é a floresta horrível, não é a tortura da falta de comida, não é a perseguição do inimigo, não é o fato de andar com o corpo sujo, não é estar horroroso, não é estar permanentemente molhado... é a solidão. Nada é mais duro do que a solidão. A solidão é algo pavoroso, o sentimento de solidão é indescritível, e ali havia muita solidão... A falta de companhia, da presença de uma série de elementos que historicamente o homem da cidade está acostumado a ter a seu lado, a conviver com eles; a solidão é o barulho dos carros que a gente começa a esquecer. A solidão, durante a noite, da lembrança da luz elétrica, das cores, porque a montanha só se veste de verde ou de cores escuras... e verde é a natureza... e o que aconteceu com o laranja? Não há azul, não há lilás, não há essas cores modernas que existem. A saudade das canções bonitas de que a gente gosta... a saudade da mulher... a saudade do sexo, a saudade da imagem da nossa família, da nossa mãe, de nossos irmãos, a saudade dos companheiros de colégio, a ausência, a melancolia de não ver os professores, de não ver os trabalhadores, de não ver os vizinhos, a saudade dos ônibus da cidade, a melancolia de não sentir o calor da cidade, o pó... de não poder ir ao cinema. Ainda que a gente queira todas essas companhias, não podemos tê-las... é uma imposição de solidão contra a nossa própria vontade, no sentido de que a gente gostaria de ter essas coisas mas não pode, porque não pode deixar a guerrilha, porque chegamos para lutar, foi uma decisão de vida. Esse isolamento, essa solidão é o mais terrível, é o mais duro, é o que mais dói. A melancolia de não poder beijar... o que significa para um ser humano não poder acariciar... a melancolia de não receber um sorriso, de não receber uma carícia, sendo que até os animais se acariciam... uma cobra venenosa acaricia o macho... um javali... um passarinho... os peixes dos rios se acariciam. Nós não podíamos nos acariciar, éramos apenas homens, não podíamos receber palavras ternas; então, essa solidão, essa ausência do carinho, ninguém te dá carinho, e você não pode dar carinho a ninguém... isso é mais duro, é mais sofrido do que estar sempre molhado, do que sentir fome, do que ter que ir buscar lenha, do que ter que andar lutando com os cipós para que a lenha não caia e a gente não tenha que reuni-la outra vez, do que limpar a bunda com folhas, nada é mais terrível, para mim, portanto, do que a infinita solidão que enfrentávamos. E o pior era que não sabíamos quanto tempo íamos ficar assim.

Isso ia desenvolvendo em nós uma espécie de assimilação forçada de que tínhamos que prescindir de todo o passado, das carícias, dos sorrisos, das cores, da companhia de um sorvete, da companhia de um cigarro, da companhia do açúcar, porque não havia açúcar... um ano sem açúcar... A gente vai se conformando... E, no entanto, se a gente caminha um pouquinho, cai, ainda que esteja inteiro, cai umas 30 vezes... ninguém se assusta mais... A gente cozinha com pouca higiene, quase não toma banho, ou se toma é sem sabão, a comida é o maior estimulante, mas a gente percebe que é sempre a mesma merda... um punhado de farinha de milho cozida com sal, um pedaço de macaco sem tempero nenhum, ou três colheradas de farinha de milho simples, uma colherzinha de leite em pó... E, depois, com aquela fome, a gente tem que ir fazer trabalho político com os camponeses... e a gente vai... e se molha... e fica tiritando de frio e com fome... e não há carinho nem risada... e a gente não tem ninguém a quem dar carinho... e a lama... e a escuridão da noite... e todo mundo às sete da noite deitado na rede pensando cada qual no que lhe dá vontade... Mas, cada vez mais, a gente vai dominando o meio... aprendendo a caminhar... as pernas se fortalecem, a gente aprende a manejar o facão... e com o tempo o cabelo vai crescendo. Em mim, na montanha, cresceram bigodes... a falta de banho curte a pele da gente, depois passam-se tempos e tempos em que desaparecem os arranhões e vêm outros arranhões e feridas, até que as mãos e os braços começam a ficar de outra cor... a gente começa a ter calos nas mãos... e a gente arrota... *aup...* diante de todo mundo, e, de vez em quando, lava a roupa... o treinamento... E a Guarda, e a falta de informação da cidade e a repressão na cidade; então, como se, pouco a pouco, esse montão de homens fosse se transformando em outro elemento a mais, em outras criaturas da montanha, com inteligência, mas como os animais, e pior, porque somos animais reprimidos.

Em alguma medida isso foi o que ajudou a forjar em cada um de nós o aço para derrotar a ditadura. Nossa pele foi ficando curtida, o olhar, o paladar foi ficando curtido, a vista foi se aguçando, o olfato foi se aperfeiçoando... os reflexos... movíamo-nos como animais. Nosso pensamento foi se lapidando, a audição se polindo, isto é, íamos nos revestindo da mesma dureza da floresta, da dureza dos animais... fomos nos revestindo de uma casca de homens-animais como homens sem alma, aparentemente... Éramos galho, serpente, javali, velozes como os veados e tão perigosos como as cobras, tão bravos como uma onça parida. Assim foi se forjando em nós uma têmpera que nos fazia suportar o sofrimento psíquico e físico, fomos desenvolvendo uma força de vontade de granito diante do meio. A solidez da vanguarda da FSLN não é apenas uma palavra. A Frente Sandinista de Libertação Nacional foi desenvolvendo com sua prática, tanto na montanha quanto na cidade e no campo, uma têmpera de ferro, de aço, um contingente de homens com uma solidez granítica, uma indestrutibilidade do núcleo de homens, no moral, no psíquico, que foi capaz de mover toda a sociedade contra a ditadura em diferentes etapas de sua formação... Porque nós, como dizem os cristãos, negamos a nós mesmos ali. No entanto, e este é outro aspecto contraditório, misterioso: ainda que fôssemos extremamente duros e sofridos, também éramos ternos, mesmo com todo o olhar áspero; você tocava nossos olhos e podia virar a pupila e então aparecia outro tipo de olhar, ou seja, éramos duros por fora e por dentro, mas também gente muito terna, muito doce; éramos carinhosos também. Tínhamos um carinho em bruto; era como se tivéssemos armazenado todo o carinho que não podíamos compartilhar, como o que se dá a uma criança, como o que se dá a uma mãe, como o que se dá a uma mulher. Tudo isso armazenado, represado, até formar, lá dentro, um poço de ternura, de carinho, da mesma forma como a falta de açúcar servira para acumular em nós uma grande doçura interior, capaz de nos fazer estremecer, de nos fazer chorar, de fazer nosso coração sangrar com as injustiças que estávamos vendo.

Éramos homens duros, curtidos, e Henry Ruiz era capaz de ficar sem coberta quando passava por um rancho e via uma criança dormindo descoberta, dava-a, sabendo que isso não ia resolver o problema, e que ele era nosso dirigente, que estava ficando sem cobertor na montanha. Aquela solidão foi transformada por nós em fraternidade entre nós mesmos; tratávamo-nos rudemente, mas, no fundo, amávamo-nos com um amor profundo, com uma grande ternura de homens. Um grupo de homens abraçados, irmanados; éramos um grupo de homens com um beijo permanente entre eles. Nos amávamos com sangue, com raiva, mas era um amor de irmãos, um amor fraterno. Lembro-me de que, em uma ocasião, um companheiro descobriu durante a marcha um ninho de passarinho e levou-o consigo seis dias, carregando-o, pois havia um companheiro mais abaixo, na montanha, que dissera que sua mãe gostava de passarinhos e, como ia descer um mensageiro para a cidade, o companheiro aproveitou para levar o passarinho, durante seis dias; andar seis dias com um passarinho na mão, uns selvagens como nós, lutando com os cipós, com a travessia dos rios, caminhando dez quilômetros dentro de rios, pelas pedras, procurando sempre como não cair, salvar o passarinho, cuidando da mochila e pensando que a Guarda podia aparecer... e a morte... tudo isso... com o passarinho, lutando com o desconhecido, dormindo com o passarinho, para levá-lo ao companheiro para que o desse de presente à sua mãe. O outro recebeu o passarinho, ficou olhando para ele, deu-lhe um abraço, e estou certo de que não chorou porque já não conseguia chorar, ou, simplesmente, porque não quis. É como aquela canção de Carlos Mejía Godoy que diz que mantivemos limpo, limpo o olhar. Entre nós não havia egoísmo. Como se a montanha e a lama, a lama e a chuva também, a solidão, fossem nos limpando de um monte de doenças da sociedade burguesa. Fossem nos lavando de uma série de vícios. Ali aprendemos a ser humildes, porque a gente, sozinho, não vale nada ali dentro; a gente aprende a apreciar os valores estritamente humanos que, ali, vão surgindo à força. E, pouco a pouco, vão morrendo todas as marcas; por isso, nós dizemos que a gênese do homem novo está na FSLN. O homem novo começa a nascer com fungos, com os pés cheios de bichos; o homem novo começa a nascer na solidão, o homem novo começa a nascer picado de insetos, o homem novo começa a nascer muito feio. Essa é a parte de fora, porque, por dentro, à força de violentas pancadas todos os dias, vai nascendo o homem com a frescura da montanha, um homem, parece mentira, um tanto ingênuo, sem egoísmos, um homem que não é mais mesquinho, um homem terno, que se sacrifica pelos outros, um homem que dá tudo pelos outros, um homem que sofre quando os outros sofrem, um homem que também ri quando os outros riem. Começa a nascer o novo homem que vai se apropriando de uma série de valores, vai encontrando-os e incorporando, cuidando deles e mimando-os, e cultivando-os em seu interior, porque a gente sempre cultiva essa ternura na montanha; eu cultivava a capacidade de não perder essa beleza. Ali nasce o homem novo, na montanha, como nasce o clandestino na cidade, como nasce o guerrilheiro do campo...

O treinamento militar tem muito a ver com isso de que estamos falando; o começo e o final das coisas é o que fica gravado no homem, o começo e o final é o que mais influi no homem. O treinamento é o início, é decisivo, porque é quando a gente começa a receber o conhecimento dirigido, a informação sistematizada para assimilá-la, de forma que o treinamento pesa muito na conduta posterior, no desenvolvimento e no modo de ser do homem.

11

Fomos treinados por René Tejada, que era Tello, David Blanco, que era Arcádio; participou também Carlos Agüero, que era Rodrigo. Claro, foi Tello quem chefiou o treinamento. Foi um treinamento muito severo e rigoroso. Tello não nos permitia nem um errinho e estava sempre gritando, mantendo-nos sempre em movimento; claro, tinha também a grande virtude de nos indicar o erro e nos explicava porque não devíamos cometê-lo, tudo aos gritos. A gente rastejava e ele dizia: "Companheiro, não levante o traseiro assim, porque podem mandar-lhe uma bala em um terreno como esse em que você está se deslocando, não faça isso"; "deve-se amarrar a tenda dessa forma, porque assim não se solta e você pode soltá-la rápido no momento de uma retirada urgente"; "pendure estas tiras no cordão de náilon de sua rede para que quando a chuva passe da árvore, em que a rede está amarrada, para o cordão, não molhe a rede e sim escorra para baixo"; porque era horrível quando a gente estava dormindo na montanha e caiam aqueles aguaceiros e a gente se levantava ensopado, toda a coberta molhada, era o pior que podia nos acontecer, molharem-se a coberta e a rede na montanha. Significava que a gente tinha que se levantar e dormir sentado. No treinamento, Tello nos ensinou a fazer fogo, e porque e como deviam ser feitas as coisas, até como fazer um fogão guerrilheiro de diferentes tipos, como caminhar, como pôr o pé, tudo com aquela paciência e gritando... vamos, inúteis... deitem-se, e nos surpreendia à bala. Pegava uma arma e começava a atirar nos arredores, e nós nos arrastando. Colocava a arma em uma pequena forquilha e a gente tinha que passar sob o fogo que ele estava atirando, não podíamos levantar a bunda, porque uma bala nos atingiria. Quando nos colocava em forma, antes de começar o treinamento, articulava a questão militar à questão política. Tello, sempre que nos dava formação, não podia deixar de sonhar um pouco. Era ali que ele, apesar de tudo, e de seu temperamento militar, com toda sua violência, com todo seu dom de comando, sempre começava a falar da luta, do porquê da luta; havia momentos em que começava gritando e terminava como se estivesse falando sozinho, como se estivesse falando para si próprio, como se estivesse dizendo as coisas para não perder sua própria sensibilidade. Tello era uma mistura de ternura e violência.

O treinamento durou cerca de um mês e meio, em pleno coração da montanha. Começava às quatro da manhã e acabava quando já não havia luz. Imagine o que era estar deitado e, de repente, ouvir aquele grito horrível, a gente chegava a odiar aquele grito... "Levantar, companheiros!". Não era: "Vamos nos levantar, companheiros", mas "levantar, companheiros". Foi assim durante toda a guerrilha: o oficial do dia dava a ordem para levantar às três e meia da manhã. E nós, que estávamos acostumados a levantar tarde, porque deitávamos tarde... aquilo era horrível... começar a acostumar-se a deitar obrigatoriamente às sete da noite e levantar--se às quatro. Deitávamos moídos e com fome. Frequentemente sonhávamos que estávamos tomando sorvete, sonhávamos com um banquete, a comida tornava-se, às vezes, o centro principal do pensamento, a gente pensa muito na comida nessas circunstâncias... e às quatro da manhã o grito para se levantar... debaixo de chuva... você está sequinho e estão caindo aqueles aguaceiros na montanha, mas gelados, por favor, gelados e a gente tem que sair... deixar a tenda, porque a gente a desmonta durante o dia, enrolar a rede e ir para a formação debaixo de chuva, sem quebrar o jejum, sem nada...

Dez minutos depois, a gente já estava se arrastando na lama; depois de ter dormido sequinhos, já tínhamos lama pelo corpo todo, na boca, nas orelhas, no cabelo, 15 minutos depois... e dá-lhe bala, aquele Tello conosco, arrastando-nos, fazendo-nos passar a passo de ganso por uns matos e pela água, arrastando-nos e disparando sobre nós na água gelada da madrugada e a gente não via nada e nos arrastávamos em cima de qualquer coisa. E exercícios físicos. Eram horríveis e quando Rodrigo comandava era ainda pior, porque primeiro era marcar passo, depois velocidade, depois sentados, de cócoras, exercício para a cintura e para as pernas, para os braços, para a cabeça... Eram uns exercícios que esgotavam, com mochila, apenas sem o cinturão, porque podia estragar de tanto pular. Então, as pernas não aguentavam, depois disso nos mandavam... deitar... deitar... arrastar... e dá-lhe bala em cima de nós; mas claro, assim íamos ganhando devagar boas condições físicas, reflexos, já não tínhamos medo dos espinhos, nem das urtigas, nem da lama, parecíamos animais movendo-nos em nosso próprio meio, como selvagens. E ensaiamos montar emboscadas, disparando, fazendo triangulação, exercício e tática militar e sempre a questão política; e todo o tempo Tello nos falava do homem novo.

Não me lembro se já contei o que nos disse Tello, na primeira vez, sobre o homem novo: uma vez, depois de uma conversa, quando já tinha terminado o curso, fomos buscar milho, a dois dias do acampamento, em uma plantação abandonada. O que a gente comia dava trabalho. Até então não sabíamos o que era providenciar, preparar, conseguir a comida de todos os dias. Estávamos acostumados a ter comida quente em casa, mas não em buscar a comida para sobreviver. É uma questão de instinto. Além de nunca ter sentido fome, o que a gente sente na cidade é apetite, como diz René Vivas... na montanha, sente-se fome. De modo que, depois de terminado o treinamento, primeiro, buscar comida... já estávamos mais fortes fisicamente mas Tello continuava duro, sempre queria que déssemos mais, mais e mais. Chegou um momento em que não queríamos mais saber de Tello porque o víamos como um guarda. Queríamos, mas nos incomodava sua maneira de ser, seu temperamento; eu lhe dizia isso quando conversávamos livremente, porque já contei que nos tornamos grandes amigos. Alguns companheiros chegaram a me dizer, uns três anos depois, quando tornamos a nos encontrar, que eu tinha um pouco o jeito do Tello. Isso é possível, porque a gente acaba copiando os companheiros.

Saímos daquela vez em marcha, íamos sem carga, com confiança em nós mesmos, estávamos treinados, com armas de guerra, espingardas M-1, com vontade de topar com o inimigo; já sabíamos pendurar as redes, como apagar os rastros. Tello nos explicara um monte de coisas durante o treinamento, coisas que tínhamos vivido e aprendido. Assim, fomos buscar comida e chegamos bem. Todo mundo ótimo... Quero ver na volta! Chegamos onde estava o milho. Já sabíamos como tirar os grãos do milho... Comemos milho torrado, milho cozido, assamos espigas... fizemos café de milho. Na montanha, quando acaba o café, faz-se café de milho. O milho começa a torrar até que queima, depois a gente mói e esse é o café. Passamos meses, anos, tomando café de milho, sem açúcar... é o que há de mais amargo; mas, com o tempo você começa a achar ótimo e ainda mais quando se bebe com uma banana assada, a gente pega um pedaço de banana assada com cinza, meio cheia de terra e um gole de café, é um manjar, e como... Ali se desenvolve a fome... eu comia, por exemplo, três dúzias de bananas e era quem comia menos, havia selvagens que comiam seis dúzias de bananas.

Porém, na volta dessa viagem que estou contando, tínhamos que levar milho para o almoço do pessoal do acampamento; além disso, Rodrigo ia chegar: tinha saído para justiçar uns juízes *de mesta*.*

Partimos com uma carga de mais ou menos 35 a 40 quilos cada um. Lembro-me de que quando quis levantar a carga não consegui. Estava há dois meses na montanha. Era tão pesada que sozinho não pude levantá-la, com todo o esforço que fiz. Eu via que Tello, para levantar a carga, fazia muita força, franzia a cara, dava o impulso e *zás*, jogava-a no ombro, depois passava as mãos por entre as alças e acomodava-a. Quando vimos o peso da carga, achamos que não estava certo, que era um exagero. É verdade que nos sentíamos mais fortes, mas era humanamente impossível; no entanto, a coisa era para valer, era preciso levar a carga e Tello disse algo que doeu em todos nós... "Filhos da puta, aprendam a carregar a comida que vai matar a fome...!" Tinha nos ferido e nos ofendido... talvez tenha feito aquilo de propósito, mas, quer o tenha feito ou não, foi uma coisa dura para nós. Lembro-me de que eu disse a um companheiro: "Companheiro, ajude-me a levantar esta merda...". Então, com a

---

* Antiga associação de pecuaristas que existiu no reino de Castilla de 1273 a 1836, que tinha a incumbência de solucionar problemas comuns (N.T.).

ajuda do companheiro, consegui... E assim ajudamos uns aos outros a levantar as cargas. Os camponeses levantaram a deles sozinhos, embora não me lembre muito bem, mas também os ajudamos e começamos a caminhar... Claro, sentíamos como se estivéssemos afundando na terra, ainda que não houvesse lama, mas a terra era macia de tanta água, terra argilosa, quando a gente escorrega, sente que abre uma trincheira no chão. Parávamos a cada 50 ou 100 metros... Uma pequena encosta de 200 metros e já parávamos nos 150. Não aguentávamos a carga, ia para trás, mas enfrentávamos, porque já estávamos com raiva, e também já nos sentíamos mais fortes. Houve um momento em que não aguentamos mais e nos sentamos. Tello ficou bravo e voltou-se: "Que querem? Que joguemos fora o milho? Quem não carregar, não come", disse ele. "Aqui, quem quiser comer vai ter que carregar a comida..." "São umas mulherzinhas... uns maricas, estudantezinhos de merda que não servem para nada...". Nós mandávamos na universidade... falar-nos assim... tínhamos que ser humildes, além de nos sentir impotentes frente à carga... Em alguma medida ele tinha razão no que estava dizendo, a gente se sentia mesmo impotente, inútil, mas sabendo também que tínhamos avançado um pouco em nosso desenvolvimento... que ainda precisávamos avançar, mas não sabíamos se Tello queria continuar nos ofendendo para continuar avançando, ou se era um filho da puta que não entendia. Houve uma situação violenta com Tello, porque fizemos pé firme e dissemos: não. Não tínhamos o tempo que ele tinha na montanha, mais de um ano. Os oito companheiros que estavam há mais tempo na montanha eram Filemón Rivera, Modesto, Victor Tirado, Valdivia, Tello, René Vivas, Rodrigo e Manuel; eram oito, além de Juan José Quezada e Johnatán González, que estavam mortos. Oito companheiros que estavam há um ano ou um ano e meio antes de nós na montanha. Ficamos muito bravos... Isso não é um método de formação, não é um método para nos tornar mais corajosos... Vimos demonstrando que estamos nos superando, em todo caso a culpa era deles porque nos mandaram de repente para a montanha, mas nós demonstramos convicção, firmeza política, ainda que fisicamente fôssemos uma merda... depois nos tornamos andadores, carregadores, mas a adaptação foi difícil para todos.

Assim, chegou um momento em que Tello percebeu que por ali não iríamos, que estávamos putos, armados e que não estava tratando com crianças; além do mais, colocou-se uma questão bastante tensa, porque estávamos usando argumentos de peso, estávamos questionando... e ele furioso; mas não aceitamos esse tipo de coisas. Afastou-se um momento... creio que chorou, não me lembro bem. Afastou-se, René Vivas estava com ele e, assim, como nós, caminhava caindo com o peso do milho. Algum tempo depois, voltou dizendo-nos, com um tom suave, persuasivo, que adotava às vezes, quando queria: "Companheiros, vocês ouviram falar do homem novo?" – ficamos olhando... "E vocês sabem onde está o homem novo? O homem novo está no futuro, pois é aquele que queremos formar com a nova sociedade, quando triunfar a revolução...". E ficou olhando para nós... "Não, irmãos, sabem onde está...? Está lá na beira, na ponta do morro que estamos subindo... está lá, peguem-no, encontrem-no, busquem-no, consigam-no. O homem novo está além de onde está o homem normal. O homem novo está além do cansaço das pernas... O homem novo está além da fome, além da chuva, além dos borrachudos, além da solidão. O homem novo está ali, no esforço a mais. Está ali onde o homem normal começa a dar mais do que o homem normal. Onde o homem começa a dar mais do que o comum dos homens. Quando o homem começa a esquecer seu cansaço, a esquecer de si mesmo, quando começa a negar a si mesmo... Ali está o homem novo. Então, se estão cansados, se estão arrebentados, esqueçam-se disso, subam o morro e quando chegarem lá terão um pedacinho do homem novo. Vamos começar a formar o homem novo aqui. Aqui começa a se formar o homem novo, porque a Frente tem que ser uma organização de homens novos que, quando triunfarem, possam gerar uma sociedade de homens novos... De modo que, se não estão em férias e se, de verdade, querem ser homens novos, alcancem-no...".

Filho da puta! E ficamos olhando, todos... Ficamos olhando, puta que o pariu! Esse é o homem novo. Concordamos com aquela definição; todos nos identificamos com aquele conceito, só que nos passou pela cabeça que para ser o homem novo nós tínhamos que sofrer um monte de penalidades, para matar o homem velho e fazer ir nascendo o homem novo. Eu me lembrei do Che, do homem novo do Che, e compreendi a magnitude do que o Che queria dizer quando falava do homem novo: o homem que dá mais aos homens do que o homem normal pode dar aos homens, mas à custa de sacrifícios, à custa da destruição de suas fraquezas, de seus vícios; ficamos olhando, convencidos de que Tello tinha razão. Tocou-nos na parte fraca, o filho da mãe. Porque todos nós queríamos ser como o Che, ou como Julio Buitrago, como Rigoberto. Pusemos as mochilas nas costas, passamos as alças pelos ombros, ficamos olhando e nos dissemos: vamos agarrar esse filho da puta de homem novo na marra, hoje. E começamos a subir. E, lá pelo meio-dia, eu tinha na cabeça o filme do homem novo, ser como o Che, ser como o Che, e juro que não descansamos durante um trecho igual ao que havíamos percorrido e durante o qual descansáramos umas cinco vezes. Veja como às vezes o fato de não ter clareza das coisas leva a gente a render-se diante das primeiras manifestações de cansaço, ou desistir diante das primeiras dificuldades. É mentira; o homem sempre pode dar um pouco mais, só não quando desmaia ou morre; mas enquanto está consciente ainda e em pé e não caiu, o homem sempre pode dar mais; e isso é aplicável a todas as atividades e a toda a conduta em todas as esferas da atividade social.

Chegamos ao topo, mas Tello percebeu que, a partir daí, tínhamos assumido o desafio. Depois disse: "Vamos descansar, pedacinhos de homens". Então, nos abraçou e a partir daí começou uma amizade maior com Tello, parece que o danado queria nos fazer chegar até ali, queria primeiro nos transformar em pedra, fisicamente, para depois também no nível psíquico, em nível da vontade, da consciência, tornar nossa vontade e nossa consciência indestrutíveis; houve mesmo uma vez em que nos disse: "Essa Guarda filha da puta já pode me matar"; disse isso quase como um visionário, "já pode me matar, porque aqui tem gente com aço suficiente para manter e desenvolver esta guerrilha". E chegamos ao acampamento e comemos, e nos sentimos como velhos guerrilheiros e fomos recebidos como velhos guerrilheiros. E isso foi pouco: sentíamos como se tivéssemos sido paridos por nós mesmos, como se tudo começasse ali, como se ali terminasse o primeiro período de adaptação, que consistia em desenvolver essa invencibilidade física e essa invencibilidade moral. Lembro-me de uma história desse nosso período desastroso, do grande choque, daquele período duro que vivemos, os primeiros que entramos na guerrilha, uns mais que outros, claro, porque para os operários agrícolas custava menos do que para nós. Não sei que desastre tínhamos feito, que problema estávamos causando, que uma vez David Blanco disse a Rodrigo: "Caralho, não sei porque nos mandam estudantes de merda para cá, estudantes inúteis que são uma bola de merda, puta que o pariu, havendo gente boa lá na universidade, na cidade, mandam idiotas para cá. Por que não mandam estudantes como Omar Cabezas, puta que o pariu? Que viriam para cá fazer muito, não como esses idiotas que estão aqui!" "Cala a boca", respondeu Rodrigo, "que aquele é Omar Cabezas, aquele magrela ali"; eu não percebi; soube depois.

Contava que fomos passando pelo período de adaptação, depois continuamos treinando, não com a mesma intensidade, mas para continuar mantendo acesos os conhecimentos; mas era já uma outra relação, dos velhos companheiros com o companheiro novo, o *status* tinha melhorado e ficamos ali em Cerro Gacho, que era como se chamava aquele lugar, que fica a uns dois dias a pé, antes de chegar a Siuna, imagine você, são centros de montanhas, ali passamos aproximadamente uns dois ou três meses, que era um tempo mais ou menos prudente de adaptação para nós, que estávamos participando da cozinha, das guardas, de tudo isso. Ali, pouco a pouco, cheguei até a receber responsabilidades internas. Lembro-me de que me encarregaram da instrução política dos companheiros, e organizei vários grupos de estudos e às vezes estávamos cada um como oficial de dia, pois já recebíamos responsabilidades, digamos, militares, porque oficial de dia era uma responsabilidade militar, até que os companheiros decidiram regressar à periferia. Acho que havia uma questão de coordenação entre Modesto, que estava com outros grupos, e grupinhos pequenos de companheiros que operavam também em Isabelia; Modesto viria da zona onde estava outra coluna pequena, com Victor Tirado López à frente, e uns camponeses, Filemón Rivera, o Zorro, meu irmão Emir e uma série de companheiros que estavam naquela região; então, à medida que íamos avançando, parece que Modesto passara instruções para que fossem ficando alguns companheiros entre Cerro Gacho e a posição que ele ocupava, com o objetivo de desenvolver trabalho político naquela zona e ir estruturando uma rede mais sólida, porque havia uma pequena rede, mas muito frágil, e às vezes ficavam muitos trechos grandes, de até três dias de caminhada, sem colaboradores entre os camponeses; então, tratava-se de firmar os colaboradores, onde existissem, e de crescer, alcançando novas zonas onde houvesse colaboradores. Lembro-me de que, quando passamos por Zinica, Tello ficou ali, onde morreu depois, e eu fiquei em Waslala. Isso para mim foi uma experiência nova, porque me designaram para Waslala sozinho, o que vi como a primeira demonstração de confiança em mim, por parte dos companheiros. Waslala era uma das principais zonas, onde estava o quartel central de contra-insurgência da Guarda, e ali devia desenvolver o trabalho político. Existia Waslala baixa, Waslala alta e Waslala central; acho que o quartel estava em Waslala baixa, e eu em Waslala central. Deixaram-me na casa do único colaborador que havia em Waslala central, o pai de Quincho Barrilete, o mesmo a quem Carlos Mejía dedicou aquela canção, um colaborador que era juiz *de mesta* da Guarda, mas tinha sido recrutado por nós. Chamava-se Apolônio Martinez e tinha uma

COLEÇÃO ASSIM LUTAM OS POVOS

mulher extraordinária, melhor que ele. Chamava-se Marta. Uma mulher com uma vontade de superar-se, com uma cabeça tão aberta, uma mente tão desperta, tão inteligente, uma mulher com grande senso místico e com um grande senso da própria luta, da emancipação da mulher; uma mulher que tinha um grande carinho pela guerrilha, pela libertação, que falava com carinho e muito respeito da guerrilha, dos companheiros, tinha muita clareza de por que se lutava, uma mulher para servir de exemplo à AMNLAE.* Deixaram-me um mês ali, ainda não na casa dele, mas no mato, a uns 600 metros de sua casa; no princípio, eu me perdia cada vez que ia à sua casa, nunca me orientei no campo, no mato, tinha dificuldade em encontrar o caminho, sempre me perdia; lembro-me de que, uma vez, vindo da casa de Apolônio, porque eu ia para a casa à tardinha, não consegui chegar a meu acampamento, na raiz de uma árvore e fiquei dormindo ali, no chão, debaixo de um pé d'água. Deixaram-me sozinho para que eu me encarregasse de criar redes de colaboração naquela zona e estabelecer comunicação dali até onde estava Tello, em Zinica, ou seja, de Las Bayas para Waslala, da propriedade dos Amador, aquele companheiro Amador, assassinado em Matagalpa pela contrarrevolução. Então, cheguei, apresentaram-me para Marta, a companheira de Apolônio, conheci seus filhos pequenos e eu não sabia como começar o trabalho, porque nunca tivera experiência nesse tipo de trabalho, tinha experiência com os operários da construção civil em León, com os funcionários da saúde em León, trabalho de bairro, mas não com camponeses, onde não dominava o terreno, quanto à orientação, quanto a ir por minha própria conta de um lado para outro. Tinha certo temor, mas sabia que ia dar conta do trabalho, porque já sabia que tudo era possível, de alguma forma eu ia dar um jeito; sabia que ia. Mas ali também senti muita solidão, porque, imagine, ficar em um ponto do morro sozinho, sem rádio, sem relógio,

---

* Associação de Mulheres Nicaraguenses Luisa Amanda Espinosa (N.T.).

sem livros, sem comida... Não dá para se distrair cozinhando, não se pode fazer fogo porque poderiam ver a fumaça das casas próximas; sem nada, a não ser papel e lápis. Lembro-me de que fiz um poema, um poeminha, ou não era poema, era um estado de espírito, sei lá eu, seja o que for, é o que está como epitáfio agora no túmulo de meus irmãos, que eu tinha recrutado:

Un dia les planteé
Luchar juntos por um mundo nuevo
Ustedes aceptaron
Y desde entonces
Fuimos hermanos.

Eu via Apolônio de noite, quando estudava com ele e o instruía sobre como conseguir mais colaboradores, em que direção podíamos abrir picadas, em que zonas podíamos realizar o trabalho. Dava-lhe instruções sobre como recolher informação, porque tinha como missão estudar a situação operacional do quartel de Waslala. Foi por meio desse colaborador que recolhemos a informação necessária para que Rodrigo atacasse o quartel de Waslala em 6 de janeiro de 1975, depois da ação do comando "Juan José Quezada", na casa de Chema Castillo, em Manágua.

Então, para eu poder falar com Apolônio sobre essas questões, da situação operacional, quem recrutaríamos, como recrutaríamos, para conscientizá-lo e mantê-lo firme, para que não desbundasse, não me escapasse, é que ia todas as noites. Ele me trazia quando caia a noite, por volta das seis e meia; ia jantar em seu rancho, ouvíamos Pancho Madrigal, conversávamos e lá pelas nove e meia da noite eu voltava; lembre-se de que o camponês se deita cedo, mas eu passava o dia inteiro sem fazer nada, apenas pensando, pensando. Ali, naquela solidão, fiz 23 anos, fui com 22 para a montanha, e fiz 23 em Waslala. Aquele dia do meu aniversário foi um dia igual a todos os outros; eu tinha uma rede para dormir, se tinha cigarro, fumava antes de dormir, começava a pensar em minha mulher, nos companheiros, na universidade, em Subtiava, em como a Frente estaria em alguns lugares do país, quais seriam os planos da guerrilha; porque eu não sabia dos planos; de noite, quando fui para o rancho, os companheiros tinham feito uma galinha para o meu aniversário; cheguei a gostar muito deles, e eles também de mim. Quando o camponês gosta da gente, quando ama a gente, é algo extraordinário: ama não apenas com a razão, mas com a força do instinto. Porque também são meio selvagens devido ao meio, e assim amam com a razão, mas amam com o instinto também. Marta chegou a me amar, a gostar muito de mim, e eu também muito deles.

Uma vez estávamos fora do rancho e havia uma lua belíssima, olhamos o céu, havia muitas estrelas, começamos a falar sobre as estrelas e eu ia começar a contar-lhes as coisas que se diziam de outras galáxias, que não havia apenas o sol, que existiam outros astros maiores que o sol e assim por diante e sabe deus como, disse-lhe: "Homem, meu companheiro, parece mentira, não é, que a terra seja redonda e que dê voltas"; disse-lhe isso inocentemente, assim, e Marta ficou me olhando, incrédula, e pôs-se a rir, "como não, é verdade", repeti: "A terra é redonda e dá voltas". E ficou me olhando, ela não sabia que a terra era redonda e dava voltas. E ficou séria. "Sério, companheira," disse-lhe, "a terra é redonda e dá voltas", "companheiro, não brinque comigo, companheiro". Como eu tinha falado bastante das estrelas, dos astros, da Ursa Maior, da Ursa Menor, das constelações, disso e daquilo, e das teorias sobre o espaço, essas coisas, ela achava que eu era um homem muito, muito mais culto do que ela; quando lhe disse que a terra era redonda, ela sentiu como se eu estivesse me aproveitando de saber mais para brincar com ela, e percebi que ela, de fato, ignorava que a terra fosse redonda, que desse voltas, deus meu, que beleza! E agora, como explico a essa companheira? Vai achar que estou rindo dela e vai ficar magoada. Então, disse-lhe: "Olhe, companheira, sim, é verdade que a terra é redonda e dá voltas", "e então, se a terra dá voltas, a água sairia para cima, as árvores ficariam de cabeça para baixo, sairia a água dos rios, nós sairíamos voando", "não, companheira, a terra gira com tanta rapidez que a gente não se move"; e peguei uma vasilha com água para demonstrar, veja que a água não cai, veja que a estou girando; e consegui que a companheira se convencesse de que eu não estava brincando, não estava rindo dela. Mas não ficou muito contente, porque eu não consegui naquele momento aprofundar suficientemente minha explicação científica sobre a terra.

E depois voltava para meu lugar e ali passava o dia inteiro, via amanhecer e anoitecer, sem relógio e nunca me senti mais animal do que lá, um animal contemplativo, que vê a natureza e todo o seu ciclo e nada mais; então eu pensava muito, até me cansava de pensar, chegava a noite, e não dormia de tanto pensar. Um mês e pouco passei ali assim. Lembro-me de que uma noite comecei a pensar em assuntos eróticos, pus-me a pensar em minha mulher, pensando em quando fazia amor com ela, fui ficando de pau duro e pensava em filmes de mulheres bonitas e a cabeça começou a galopar, porque havia tempo que em minha cabeça não havia espaço para isso; estava ficando excitado e comecei a tocar o pênis, a tocar o pênis, e a pensar e, pouco depois, estava com uma ereção e continuei me tocando; quando percebi, ou não percebi, tinha acabado de me masturbar: já estava há seis meses na montanha e aquela foi a primeira vez que me masturbei.

Lembro-me de que dormi tranquilo. Depois de vários dias um pouco nervoso, pensando na morte, no trabalho – que eu sentia que, avançava muito devagar e isso me desesperava um pouco – e sozinho ali sem poder ir para onde eu gostaria – tinha vontade de poder sair e conversar com os camponeses que viviam nos arredores –, sozinho, meio pressionado, meio tenso e quem sabe como, porque a tensão chega e pronto, de repente um princípio de ideias eróticas, sexuais, a ideia veio e minha cabeça e virou sexo também; quando percebi, tinha acabado de me masturbar e me senti tranquilo, leve, descansado e, de fato, assim foi na guerrilha: quando a gente passava um tempo sem sexo, se masturbava e ficava mais calmo; mesmo que, na maior parte do tempo, esquecêssemos o assunto mulher;

esquecíamos e nem pensávamos em mulher, nem em nada disso. E, às vezes, se vinha à cabeça da gente, a gente procurava deixar de pensar imediatamente, para não se martirizar, porque não há solução possível; e, no entanto, ainda que não se pensasse em mulher, a repressão sexual vai se armazenando na gente e, ainda que não se desejasse mulher todos os dias, quando há certa repressão acumulada, há um momento em que a gente pensa um momento e, pronto, a gente se masturba e já fica tranquilo de novo. O que não quer dizer que se a gente visse uma mulher, se pusessem uma mulher nua em frente da gente, não fôssemos fazer nada; não, freguês. Mas a questão é essa, pelo menos em mim, a questão sexual se manifestava assim.

E amanhecia e começava outro dia; aquele mês serviu para me armar de muita paciência, e me ajudou a afinar mais os órgãos dos sentidos, porque, como não ouvia nenhum ruído, senão os ruídos da montanha, aprendi a distinguir com nitidez, à força, o barulho de uma fruta que cai na montanha do barulho, de uma árvore caindo no chão, o ruído do vento quando vem de longe e vai se aproximando e, depois, passa pela gente e vai se afastando. É diferente o nascimento do som, sua aproximação e quando passa pela gente, ou o som do pássaro-carpinteiro, a passagem do esquilo, quando é uma vaca, ou quando um pássaro é espantado por outro animal, ou o ruído da água quando chove longe ou os trovões distantes, todos os dias a gente começa a detectar com nitidez e precisão os ruídos da natureza, de qualquer tipo; quando a gente ouve um barulho, seja qual for, percebe imediatamente se vem gente ou não, ainda que seja de maneira tão sutil. Eu só ouvia o meu próprio ruído, o que eu fazia, e o ruído da natureza. Então, quando ouvia um barulho diferente, sabia o que não era, se havia gente, e imediatamente me punha em guarda. Absorvia todos os barulhos, todos eles registravam-se em meu cérebro, desde o mais tênue, desde o menor, desde o mais inverossímil som que se possa imaginar. O mesmo acontecia com os olhos, de tanto ver a mesma coisa já conhecia de cor as árvores, suas formas, as sombras, os efeitos de luz que em horas diferentes se projetavam na montanha, os matizes de sombra de tarde, de dia, de noite, sabia como se vê de noite o que vira de tarde, e sabia como se vê de tarde o que vira de manhã, ou ao amanhecer. São diferentes silhuetas, diferentes formas. Do mesmo modo com o olfato, a gente aprende a cheirar tudo, o cheiro da natureza e o nosso cheiro também, como um odor mais da natureza, o cheiro de minha coberta, de minha panela, o cheiro de minha rede, o cheiro da mochila, e das botas, o cheiro do meu cabelo, o cheiro da minha saliva, porque a cuspida cheira, sim, a cuspida de catarro cheira. A gente aprende a sentir todos os cheiros, de comida, de sobras de comida, de diferentes tipos de sobras de comida, o cheiro do suor, do sêmen, a gente aprende o cheiro do mato, da terra, dos diferentes capins, o cheiro dos animais que se aproximam; e quando a gente introduz mais cheiro ali, o cheiro de um cigarro, sente-se com precisão, porque não está misturado com nenhum outro cheiro, como na cidade. Na cidade há um monte de cheiros no ambiente, e se eu tirasse daqui todos os cheiros deixando apenas o cheiro do cigarro, você aprenderia a sentir cabalmente o cigarro; era assim na montanha, se havia um cheiro estranho, e se cheiro fosse excluído, só ficavam os cheiros da montanha.

12

Não perdi tempo durante o dia naquele mês em que estive sozinho; fazia exercício de manhã; de tarde já sabia que ia escrever relatórios, ou um poema, ou caminhava um pouco, exercitava a vista, olhava de um lado, olhava de outro, e ainda que não perdesse meu tempo, embora estivesse sozinho, quase sempre sobrava tempo para pensar uma enorme quantidade de coisas.

Aí, um dia, apareceu Margarito, um camponês que já conhecíamos, com um companheiro novo que estavam mandando para Tello e que passava por mim fazendo escala. Eram umas quatro da manhã e vejo chegar um rapaz grande, sólido, alto, olhos saltados, cabelo crespo curto, e quando chega o pobre, vejo-o sentar-se ali, *pum*, como um fardo e vejo que está se fartando de lama, lama na cara, no cabelo, o fuzil até o cabo de lama, "Omar Cabezas, sei que é você, meu irmão", disse, mal entrou, e começou a fazer-me perguntas, as perguntas que eu fizera a Tello, a Silvestre quando os vi pela primeira vez, como era a coisa, quantos havia, para onde ia logo mais, se há vários acampamentos, se há fogão, se sempre é preciso caminhar assim como ele, se tenho *band-aid* ou álcool para as bolhas... E tirou as botas, o pobre, e tinha uma grande ferida na mão porque, ao cair, apoiara a mão para não quebrar a cara em uma pedra, um lenço cheio de lama enrolado na mão. Era Casimiro, que me conhecia porque também era estudante da universidade. Seu nome verdadeiro era Orlando Castellón Silva; depois caiu também na guerrilha.

Mais tarde, coube-me treinar muitíssimos homens, militarmente. Fiz cerca de 40 escolas guerrilheiras em meus pouco mais de cinco anos de vida clandestina. E eu buscava ensinar aos companheiros com muito carinho, com muita fraternidade, mantendo a rigidez do treinamento, mas tentando ser muito fraternal com eles, para acabar com esses preconceitos que havia contra os estudantes na montanha. Penso que depois se corrigiram.

Em Waslala, há mosquitos o dia inteiro, mosquitos por todos os lados; de noite é pior, pernilongos, mosquitos-pólvora, toda espécie de mosquitos e insetos; e a gente não consegue dormir porque eles se metem por baixo da coberta e é preciso fazer um foguinho em baixo da rede, fogo pequeno, tições, para que façam fumaça, porque a gente está em uma rede e ouvir o *bruuuuuuuuuu* interminável nos ouvidos... Há um inseto pequeno que atormenta o dia inteiro, que entra pela trama da rede ou da coberta e pica a gente por dentro. É um pesadelo horrível, porque não se pode dormir em paz; isso faz com que o rosto da gente fique enrugado na montanha, porque aí se vive com a cara fechada. Para ir cagar você molha a bunda com o mato gelado, a comida é ruim, não há atração nenhuma, não há açúcar, a gente quase não sorri, vive se arranhando toda hora, sempre carregado, sempre molhado; a gente está sempre fazendo expressões de dor com a cara, e com o passar dos dias, das semanas, dos meses, dos anos, a cara vai ficando assim, os músculos comprimidos, e pronto; a gente fica com a cara fechada, como uma careta, como se o músculo não voltasse a sua posição normal; muda a expressão da gente. A expressão dos guerrilheiros transforma-se com os anos, e isso mostra a nova têmpera, a cara transformada diz que você já não é o mesmo; e, claro, o olhar vai seguindo o mesmo processo. Então, como também não se consegue dormir porque os animais não deixam, você está sempre enrugando a cara; não há um único momento agradável ali, só quando se faz uma boa comida, ou quando chega um companheiro, ou quando você se masturba, ou quando se ouve uma notícia boa, ou quando ouvíamos pelo rádio "O som nosso de cada dia", de Carlos Mejía Godoy. Quando ouvíamos Carlos Mejía Godoy cantando era como água fresca, porque demonstrava que não estávamos sós. Aquele foi um estímulo permanente. "O som nosso de cada dia", todos os dias às seis da tarde no acampamento; concentrávamo-nos nos diferentes rádios que havia ali, juntando-nos para ouvir "O som nosso de cada dia". E a música, a mazurca e as palavras de Carlos foram para nós um estímulo permanente, que nos ajudava a levar aquela vida.

Logo despachamos Casimiro para onde estava Tello. E outro dia, já em novembro, chegou um correio; quem o trouxe foi um camponês, de madrugada. Modesto o enviava para falar comigo; ainda não o conhecia e também não sabia que se chamava Henry Ruiz. Eu pensava que voltaria para aquele lugar, depois de minha reunião com Modesto. Assim, fui com o companheiro e chegamos ao acampamento de Modesto onde já estavam todos os que tinham saído comigo do centro, além de novos, e de outros camponeses que eu não conhecia, e outros colaboradores. Eram uns 30 ou 40 homens, mais ou menos. Porra, somos muitos, pensava eu, porque não sabia que havia outros grupos ali. Então cheguei eu, e os outros companheiros já tinham novas experiências acumuladas depois de uns dois meses que tínhamos nos separado, e eu também, tinha novas experiências. Cheguei, pois, ao acampamento de Modesto;

estavam tomando o café da manhã quando chegamos, porque tínhamos saído de noite; estavam tomando o café da manhã e já tinham terminado os exercícios que Rodrigo coordenava e que eram duros para eles porque aquele Rodrigo era danado, não, cara, fazia exercícios todos os dias, desde que amanhecia, formação para exercícios às quatro da manhã. Quando clareava, a gente estava acabando os exercícios, com mochila, e imediatamente, higiene pessoal, todo mundo ia tomar banho, escovar os dentes, lavar a cara, quem queria tomar banho, tomava; com autorização, quando estava encarregado de alguma coisa. E depois o café da manhã, que era um punhado de milho cozido arrebentado, ou sem arrebentar, apenas cozido. A medida era meia tigelinha de milho arrebentado. Esse foi nosso café da manhã durante anos: nós o odiávamos porque não o suportávamos mais. E quando passamos fome, quando não havia nem isso, como desejávamos aquela tigelinha de milho!

Modesto estava comendo seu milho na sua tigela, lembro-me, e o camponês levou-me até ele; eu o cumprimentei "muito prazer, companheiro," disse eu, "você é Eugênio?" "sim, sou Eugênio", "ah, está bem, vamos conversar". Então fui buscar minha comida e comecei a comer. Digamos que foi uma manifestação bem fria dos dois, apesar de que Modesto era um símbolo; mas foi uma coisa fria, imagino que pela visão pejorativa que tinha dos estudantes. Naquele momento, eu tinha clareza quanto a isso, porque estava constantemente analisando as coisas.

Esqueci-me de dizer que, quando estava em Waslala, uns 15 dias antes de ir até onde estava Modesto, eu tinha notado na barriga da perna direita um pontinho branco e na barriga da perna esquerda outro pontinho branco, um pontinho de mordida de mosquito, mas como a gente fica com as mãos todas picadas de mosquito e milhares de picadas que somem, e depois picada em cima de picada, ferida em cima de ferida, arranhão em cima de arranhão, parecia normal; e às vezes as picadas infeccionam um pouco, a gente anda com as mãos picadas e com um monte de pus e depois põe álcool, quando se encontra álcool, ou *mertiolate*, elas somem e logo vêm outras picadas e assim por diante. Mas eu vi que essas picadinhas começaram a crescer como um pontinho branco, dos dois lados da barriga da perna e em volta do pontinho branco, vermelho, vermelho, roxo, roxo, roxo, dos dois lados e, pouco a pouco, com o passar dos dias, foram crescendo como moedas de 10 centavos, eu espremia e depois, como uma moeda de 50 centavos e depois, como uma moeda de um real; depois começaram a doer, a doer muito, vi que era puro pus; então pensei que quando chegasse onde estava Modesto iam me dar uma injeção para que sarassem, porque ali havia remédio suficiente.

Disse a Flávio, o médico da guerrilha: "Estou fodido aqui, na canela", "o que você tem aí é uma infecção". A suposta infecção começou a crescer vertiginosamente, já era como uma medalha. Doía, eu não conseguia dormir. Tive que dobrar a beira da bota de borracha porque, quando roçava, me matava. Deram-me umas cápsulas de antibiótico para que a infecção cedesse, mas eu dizia para Flávio: "Esta porcaria não cede...". "Flávio, estou começando a sentir mau cheiro, sinto como se esta porcaria fedesse". Flávio aproximou o nariz: "Sim, irmão, isso está empestando"... cheirou a outra... horrível... "Vou te dar uma injeção de *benzetacil*..." e me deu a primeira *benzetacil*, penicilina de dois milhões e quatrocentas mil unidades na nádega, e passei quatro dias manco, sentado. Estávamos todos fracos, bem magrinhos... Uma injeção daquelas me derrubou. Passaram-se quatro dias e começaram os curativos, algo horrível, porque metiam uma pinça com algodão dentro do buraco... mergulhando até lá dentro a pinça com algodão... Depois a outra... e eu apertava os dentes e as mãos... ai, irmão!... e puxava o pé. E Flávio se sentava no meu pé e me agarrava. No fim, quando tirou todo o pus, ficou um grande buraco... e aquele tufo... Taparam o par de buracos onde se via a minha carne. Não conseguia andar, ficava sentado o tempo todo. Como não cedia, deu-me outra *benzetacil*... e lembre-se que isso mata os glóbulos vermelhos; estávamos subalimentados, reduzidos a zero... voltei a ficar prostrado e continuaram os curativos todos os dias, porque todos os dias havia pus... e cada vez uma ferida maior. Deu-me três injeções de *benzetacil* e o negócio foi crescendo, foi me comendo, e aquela dor que não me deixava levantar nem para buscar comida, a duras penas para ir cagar, ou tomar banho... Era um sacrifício, tomava banho todos os dias... imagina o que é tirar a roupa em um rio, a água gelada, gelada... todas as manhãs e às vezes duas vezes por dia, para lavar-me, e a coisa não se resolvia e eu vendo que Flávio estava preocupado porque estava começando em outros companheiros, em diferentes partes do corpo, pequenininhas; as minhas eram as maiores. Flávio estava preocupado porque percebera que aquilo não era nenhuma infecção: eu já estava há cerca de um mês prostrado e cheio de antibióticos... e continuavam crescendo. São feridas grandes. Iam crescendo e me comendo por dentro, já se via o osso. Havia três para cuidar de mim. Um companheiro cortara dois galhos. Punham-me um galho em cada mão e depois outro na boca, para que não gritasse na hora do curativo e começavam a botar gaze dentro dos buracos das pernas. Sentia que tocavam no meu corpo todo por dentro, uma dor tão grande que não dá para descrever, doía até o cérebro, quebrava os galhos que me punham na boca, a dor era tão grande que eu parecia um animal quando faziam os curativos em mim, era dilacerante... só a Somoza eu podia desejar algo assim. Quase desmaiava quando aquele homem metia as gazes em mim, e aquele tufo, e as gazes saíam cheias de pus, de sangue, saíam pedaços de carne, pedaços maiores que um feijão, que um grão de milho, eram nacos de carne que se desprendiam de mim; agora tenho apenas as cicatrizes... mas aquilo era muito maior, tinha uns sete centímetros de diâmetro, do tamanho de um meio palmo e para dentro, nada, comido. Para arrematar, tinha começado a ter, antes, em Waslala, umas dores de apêndice; a apendicite misturou-se com aquele problema. O pobre Flávio estava sempre em sua cama, apavorado, porque não descobria o que era. Uma tarde chegou e disse-me: "é leishmaniose! Leishmaniose!", como quem grita terra!... terra!... "E o que é leishmaniose?". "Irmão, é isso que vocês têm, é a lepra da montanha, essa é a leishmaniose. Lembro-me de que num curso, antes de vir para a montanha, vendo remédios tropicais... é isso... *Repodral... Repodral...* é com isso que se trata, com *Repodral...*". "Tomara, irmão". "Então, bem, mandem trazer *Repodral...*". Você imagina o que significa mandar trazer *Repodral* da cidade? E quando chegaria? Isso, se passasse pelas *blitz* da Guarda. Fiquei cinco meses assim. O que fiz depois foi pôr ataduras e mais ataduras e às vezes me levantava para buscar lenha, ou então mandavam-me ao correio, o fato é que eu pedia trabalho, não queria ficar prostrado. A lepra foi me tornando mais duro. Fui ficando mais curtido. Talvez por isso é que fomos tão exigentes, porque se a gente não tem convicções, vergonha na cara, vai embora, pede baixa. E nunca pedi a Modesto que me desse baixa e eles sabiam que eu estava acabado. Um belo dia chegou o Natal, o Natal de 1974.

Eu não gostava dos natais na montanha. Lembro-me de uns mais do que de outros. Passei cinco em diferentes lugares, em diferentes acampamentos, em diferentes zonas, inclusive com pessoas diferentes... Não eram as mesmas colunas guerrilheiras, eram novas amizades, novos grupos que chegavam, novos companheiros. Eu lhes contava onde tínhamos passado o outro Natal, o do ano anterior, porque, em geral, é mais fácil recordar o Natal do ano anterior.

Misturam-se, para mim, os natais com os anos novos, porque são duas datas tradicionais de comemoração e o camponês celebra mais o Ano Novo do que o Natal. Nas montanhas, o Natal é um dia comum, quase desconhecido, porque, como não há brinquedos, nem por brincadeira, a festa não existe. Não se conhece o Natal na montanha, mas o Ano Novo sim, é conhecido, porque me lembro de um Ano Novo em que tomei uns tragos com uns camponeses.

O primeiro Natal que passei na montanha, como dizia, foi o de 1974. Naquele mês, Carlos Agüero, René Vivas, Aurélio Carrasco, Nelson Suárez (Evélio) e outros companheiros tinham ido fazer um assalto. Estávamos naquele acampamento e Rodrigo saíra. Sabíamos que tinha ido fazer alguma coisa, mas não disse o que. Depois ouvimos o alarido sobre o assalto de Abissínia. "Esse filho da puta é Rodrigo", dissemos nós, e ficamos num nervosismo até que voltasse ao acampamento.

Voltaram para o Natal. Nós, que tínhamos chegado naquele ano, estávamos nas redes, pensando no Natal, nas luzes, nos presentes, nos supermercados.

Claro que eu me lembrava no Natal em León, quando armam no átrio da catedral um monte de barracas, as bonecas, as luzes. E, na esquina do Sesteo, pela universidade, na esquina do Chinchunte, na entrada para León, que era uma esquina onde havia um bilhar e um velho a quem chamavam de Taponcito; naquela esquina colocavam uma luz muito linda no Natal. E eu ficava me lembrando. E estávamos na rede ouvindo música, ouvindo uma canção que dizia "Você que está longe de seus amigos, vem para minha casa neste Natal". A gente começou a cantar, dizendo: "Vem para minha barraca neste Natal". E não queríamos dormir. Assim ficamos. Isso foi no dia 23. No próprio dia 24, se não me engano, apareceu Rodrigo, não sei se de manhã ou de tarde. Nós, felizes, porque estaríamos juntos no Natal, ainda que reduzidos a zero. Tínhamos a ideia de que com Rodrigo seria diferente. Além do que, Rodrigo, ainda que não fosse um religioso tradicional, era um cara que compreendia a natureza humana e nos entendia. Nós também já estávamos acostumados às dificuldades, porque às vezes passávamos o Natal nas catedrais, por causa das greves dos prisioneiros políticos. Isto é, de alguma maneira, já estávamos acostumados, desde que éramos estudantes, a passar a Semana Santa ou o Natal e o Ano Novo encerrados nas igrejas, em campanhas.

Rodrigo apareceu com uns perus e os danados que tinham feito o assalto ao banco de Abissínia tinham pensado em levar--nos coisas da cidade, porque tinham estado lá. Havia meses que estávamos na montanha. Lembro-me de que, quando René Vivas chegou, perguntamos: "Irmão, você esteve na cidade e viu a luz elétrica, os carros, as pessoas?". Havia tempo que não víamos luz elétrica, nem carros, nem nada disso. Rodrigo disse: "Vamos passar

A MONTANHA É ALGO MAIS QUE UMA IMENSA ESTEPE VERDE | 115

o Natal muito bem porque trouxemos, adivinhem o quê? (Rodrigo adorava cozinhar...) Manteiga, ervilha, molho de tomate, molho inglês... Carregaram tudo durante cerca de 20 dias, nas mochilas, para levar para nós no acampamento, no dia 24. Isso talvez não lhe diga nada, mas andar carregando um quilo a mais, extra, na sacola ou na mochila, quando caminhar é a norma e descansar a exceção, tem um significado imensamente humano. Então, puseram Luciano para cozinhar. Aquele era o dia dele na cozinha. Mas Rodrigo também foi cozinhar porque ele disse que ia fazer um peru, como na cidade. E que tinha todos os ingredientes para cozinhá-lo. Vamos nos proporcionar uma ceia magnífica, depois de meses comendo milho cozido arrebentado. Mas, apesar da alegria com a comida, com a chegada de Rodrigo, às vezes nos passava pela cabeça "onde estará minha mulher, ou minha mãe, ou meus amigos, os companheiros da cidade, que estão melhor do que a gente, talvez em algum quartinho clandestino, em algum fundo de quintal, no pátio de um aparelho, certamente estão tomando uns tragos, certamente se lembrando de nós...". Porque era uma solidariedade humana permanente, sempre estávamos unidos em qualquer lugar, em qualquer momento, uns pensando nos outros.

Rodrigo voltou de tardezinha, agora me lembro, todo molhado. Percebemos porque ouvimos o grito do vigia. Vimos Evélio, como sempre, forte, com sua mochila, empapado, a mesma cara de sempre. E depois Rodrigo com sua boina, sempre pálido, e sempre atrás de Evélio. Chegou com seu sorriso. Rodrigo tinha um sorriso pequenino, não era espraiado. Vinha com um sorriso alegre porque vinha de Abissínia, porque vinha passar o Natal conosco, porque seguramente também tínhamos feito falta a ele. Lembro-me de que foi de tarde, estava meio nublado, porque ali dezembro é pleno inverno. E então, Luciano, que tinha ficado de ajudante de cozinha de Rodrigo – naquela hora, já meio escuro –, pegou os perus, salgou-os e passou-os a Rodrigo. Este começou a cozinhá-los, um cheirinho de que ainda me lembro... O resto da tropa – em um acampamento as barracas ficam dispostas em círculo – ficamos no centro conversando, no lugar onde se faziam as formações. Dizíamos, como estarão na cidade? Rodrigo disse que podíamos cantar e cantamos.

Mas depois que cantamos durante um tempo, começou a nos dar vontade de urinar. Na montanha a gente urina toda hora. E se a gente está dentro do grupo e se vira para urinar nos vem à cabeça, imediatamente, a cidade, a família, a mãe, a mulher, as possibilidades da vitória, quantos natais mais passaremos aqui, até quando tudo isso, quando sairemos daqui. Tudo isso acontece no instante em que a gente se vira para urinar. Mas, quando a gente se integra ao grupo outra vez e continua cantando e brincando, a gente esquece.

Enquanto falávamos, Rodrigo cozinhava e começaram a sair da cozinha sucessivos aromas, à medida que Rodrigo foi usando diferentes temperos. E também nós fomos reconhecendo: alcaparras, molho de tomate, molho inglês, mostarda... porque ainda que estivéssemos a uns 20 metros da cozinha, o vento soprava e eram cheiros tão conhecidos e a gente ali desenvolve os sentidos, o sensorial. Íamos reconhecendo, íamos perguntando... E, agora, o que é? Tal coisa! E assim por diante...

Quando já estava preparado, soltava um cheiro maravilhoso. Já não aguentávamos mais. Tinham levado também dois cigarros a mais para cada um. A cota era de seis por dia, quando as condições eram ótimas. Tinham levado dois a mais e também três doces para cada um. Era um escândalo, uma verdadeira festa. Mais cigarros, mais balas, o peru, o cheiro do peru. No entanto, quando a gente se virava, passava todo o encanto. Por isso, eu já nem tinha prazer em urinar, porque às vezes é melhor ficar sonhando.

Por fim, chegou a ordem esperada por todos, como sempre, entre firme e lacônica, entre firme e seca: "A comida, companheiros". Todo o mundo entrou em formação. E aquele cheiro tão gostoso. Primeiro coloquei o dedo no escuro; em vez da colher, coloquei o dedo. E me lembro de que toquei nas azeitonas, nas alcaparras. A gente toca em uma e vai reconhecendo no escuro, com o tato, as diferentes coisas. Peguei uma azeitona e mordi... e me lembrei da azeitona que comia na cidade: o caldo ou a saliva misturada com a azeitona produz uma sensação que transporta e nos faz recordar. Sem dúvida, a alcaparra e o cheiro do molho de tomate... Se a gente come no escuro e fecha os olhos, pode realizar qualquer quantidade de maravilhas com um pouquinho de imaginação.

Mas... aí, a grande tragédia, a grande grosseria que fizeram com Luciano, o enfurecimento de Rodrigo e a desmoralização de todos. A carne já vinha salgada e Luciano a salgara outra vez... Estava incomível. Eu a mordia, não por fome, mas para exercitar a imaginação. Apenas mordia. Tinha todos os temperos. Eu a chupei, comi todos os temperos. Quase comi toda a carne. Naquela noite, depois de jantar, fomos deitar, pensando... pensando em lutar, na vida, na luta.

Passei também um Natal em Tegucigalpa, antes da vitória. Em uma casa clandestina. Foi um Natal bem urbano. Lembro-me de que na época eu era responsável por Honduras. Saíra e minha estada tinha se prolongado. Era o responsável ali, com o companheiro Rafael Mairena. Reunimo-nos com alguns companheiros e companheiras. Como a pressão era menor, dançamos, ceamos, nos lembramos dos companheiros. Para mim, a lembrança era a de meus companheiros, de minha unidade de combate. Imaginava-os na montanha, de diferentes formas, parecidas com outros natais que também passara na montanha. Porque me lembro que passamos alguns natais caminhando a noite inteira. A gente vai caminhando, caminhando e já nem se lembra. Quando a gente senta para descansar, conversa com quem está próximo, "olha, irmão, que barbaridade, quem sabe como estará esse mundo, enquanto nós aqui, quem sabe onde, tomando *guaro*, fazendo sabe lá quantas coisas..." É um impacto: se a gente não tem princípios sólidos, perde a moral. Porque são datas tão tradicionais, tão enraizadas nos povos... A gente vai caminhando e vai se lembrando da cidade, dos carros. E, às vezes, eu me distraía e era o chefe. Me distraía porque ia pensando. Ainda que a gente ocupe recursos mentais, mesmo eu, combinava a lembrança com o cansaço, para não me esgotar.

E pensava que cada passo que eu dava era uma lâmpada da árvore de Natal na casa de um rico. Uma lâmpada, outra lâmpada, até quebrar todas as lâmpadas da árvore de Natal... Nos primeiros anos, como curiosidade, pusemo-nos a observar o camponês. Vamos ver se enfeitam o rancho. Se se sente o cheiro do Natal na montanha. Você sabe que na cidade tudo é diferente. As luzes, a propaganda, os rios de presentes, os cartões, as festas. O Natal tem seu cheiro. Dezembro, em seus últimos dias, tem um aspecto particular, as pessoas estão mais alegres, mais bonitas, no Natal e no Ano Novo. As casas, nossa própria casa fica diferente. A própria casa da gente, ainda que seja a mesma casa de todos os dias. Queríamos ver se na montanha, ao sair do mato para o rancho, respiraríamos dezembro, respiraríamos esse sentimento que brota em dezembro. As pessoas sempre compram algo, ainda que apenas uma coisinha. E inventa alguma coisa, a criança celebra o Natal. A criança tem brinquedos. Tem que haver uma pobreza extrema para que não se tenha o Natal.

13

Poucos dias depois do Natal aconteceu algo belo. Como eu estava doente, fiquei encarregado do rádio. Responsável por ouvir todas as notícias dos jornais radiofônicos e, ao cair da tarde, de transmitir as mais importantes a toda a tropa formada, para que estivesse informada; também devia fazer uma pequena análise das notícias que considerasse mais importantes. A gente está sempre contribuindo, está sempre trabalhando e eu, contente, porque estava fazendo alguma coisa.

De repente, ouvi que algo estranho estava acontecendo na estrada para Masaya, que estava interrompida, com a Guarda disposta, de prontidão. Percebi que era algo sério, fui procurar Modesto, lembro-me de que estava na cozinha: "Irmão, irmão, está acontecendo alguma coisa grave em Manágua, dizem que não se pode passar pela estrada e que a Guarda está de prontidão". Claro, eles já sabiam que haveria um golpe da Frente na cidade, nós é que estávamos por fora. Sabiam que tipo de golpe seria. Sabiam que era um assalto a uma festa, para capturar reféns... Estou falando do golpe de 27 de dezembro de 1974.

Que casas, que embaixadas ficam na estrada para Masaya? Não sei, não sou de Manágua... Que casas, que embaixadas ficam lá? Acho que René Vivas é de Manágua... O assalto à casa de Chema Castillo. Exultávamos na montanha com a expectativa da notícia. Pouco depois ouvimos o comunicado da Guarda e as rádios se calaram. Tinham-nas cortado. Aí foi a confusão total, quem terá sido, o que terá sido. E começou um período de angústia... Deus meu, que se saiam bem esses filhos da puta. O que terá acontecido? Sabíamos que era um golpe... E, pouco depois: quartel general, quartel general da Guarda Nacional informa que está tomada a casa de Chema Castillo, que o mediador é o bispo e que identificaram Carlos Agüero como sendo um dos que estão lá dentro... Bem... Aí percebi que não era Carlos Agüero, porque vi Rodrigo rindo maliciosamente com René Vivas, e aí o identifiquei, eu sabia que Carlos era claro, alto e que tinha olhos azuis... Ah, então, este danado é Carlos Agüero!... Sim, é ele... e comecei a ligar um monte de coisas que me tinham dito. Eu não o localizava e naquele momento percebi que Rodrigo era Carlos Agüero. E o dia inteiro especulamos sobre os acontecimentos de Manágua, e como eu era responsável pelas notícias, ficava grudado no rádio... quais são as novidades... quais são as novidades... continuam negociando... vão transmitir uns comunicados da Frente... e vêm os comunicados. Filhos da mãe!, dizíamos, leram o comunicado na marra. Assim é que queríamos vê-los, filhos da mãe. Era uma euforia no acampamento, foi alegríssimo, os coitados dos vigias quando iam levar-lhes a comida: "Que aconteceu, irmão?, conta..." E a gente começava a contar-lhes tudo, mas isso era proibido e a gente voltava... "conta mais, conta mais", "não, de tarde eu conto..." Até que saíram os companheiros... não me lembro se atiramos, se fizemos descargas... o fato é que para nós o dia 27 de dezembro foi um estímulo moral extraordinário, exultamos porque veio a público para o mundo a denúncia de todos os assassinatos de camponeses ocorridos na montanha, os nomes de onde nós tínhamos estado, Zinica, Waslala... Sentíamos que já não estávamos sós, que os lugares por onde a guerrilha passava estavam ficando famosos, que estava sendo denunciada a repressão que havia na montanha.

Uns quatro dias depois, vimos que começava o movimento no quartel general, na tenda de Rodrigo e Modesto; reuniões com Arcádio, com outros. De fato, Rodrigo saiu com cinco homens... Uns seis dias depois, chegou um camponês: "Dizem que atacaram o quartel de Waslala, que houve um tiroteio... que há um monte de mortos da Guarda". Rodrigo tinha saído para atacar o quartel de Waslala, esse era o plano. Pelas contas, infligiram à Guarda 11 baixas. A Guarda, que nunca imaginou que atacariam um quartel tão inexpugnável, que nunca fora atingida na montanha, de repente começava a levar chumbo. Foi uma loucura ali dentro, mataram-se entre eles mesmos, e os companheiros retiraram-se em ordem, vitoriosamente. Justiçaram alguns juízes de *mesta*, e a guerrilha começou a viver momentos ótimos, que só foram turvados pela morte de Tello.

Uns três dias depois da volta de Rodrigo ao acampamento, apareceu um comunicado da Guarda, dizendo que na zona de Zinica, ou de Cusulí, perseguindo o bando que assaltara o quartel de Waslala, a patrulha encontrara resistência de um homem armado e que o homem morto no combate fora identificado como René Tejada Peralta. A Guarda capturara um colaborador nosso que contara que havia um guerrilheiro em sua casa; Tello estava com outro companheiro que conseguiu sair vivo dali, descalço. Por volta de 6 da tarde, pensando que era o colaborador que lhe trazia comida, porque deram a senha e tudo... começaram a voar tiros. E como estava meio escuro, já escurecendo, no primeiro tiro, acertaram um tiro de Garand na cabeça de Tello, logo ele que era tão desconfiado.

Vou contar o que senti quando ouvi a notícia de que Tello tinha morrido: senti medo, quando Tello morreu. Senti medo porque eu copiara Tello, de alguma maneira; ensinara-me a cair, as posições deitadas, ensinara-me o que fazer quando a Guarda chegasse, o que fazer quando a Guarda fosse se aproximando. Tello ensinou--me o que fazer no combate, o que fazer em uma retirada, como mandar nos homens na hora de um combate contra a Guarda... E, de repente, o homem que caiu é Tello, justo ele, que me ensinou tudo... Houve momentos em que pensei: tudo o que ensinou não adianta, porque se ele não aplicou, se não usou; então, essa merda é pura teoria, aqui não se diz nada, que guerrilha é esta em que cai primeiro o melhor de todos, aquele que me ensinou. Quando Tello caiu, eu já me sentia mais valente, um pouco mais forte, um pouco mais capaz, superior ao estudante, ao político, ao dirigente estudantil da universidade, superior a tudo isso, já um guerrilheiro, que carregava, que caminhava, que dominava o fuzil, que dominava as armas. E, de repente, Tello cai: então, o que nos ensinou, para que, caramba, nos ensinou? O que ganhamos com seus ensinamentos, se o mataram logo de cara? Nem sequer matam um companheiro dos que treinamos juntos, pois poderíamos dizer: não assimilou os conhecimentos que Tello lhe transmitiu. Não, foi Tello que morreu, Tello logo de cara; e me senti superfrágil, como se a Guarda fosse invencível e como se nossa guerrilha fosse apenas uma caricatura, um arremedo, apenas boas intenções, sonhos sem nexo, guerrilhas sem nexo... Essa era nossa sensação naquele momento.

Lembro-me de que, naquela tarde, passou um helicóptero por cima do acampamento. Era o helicóptero que levava o cadáver de Tello para que o identificassem em Waslala; ainda não sabíamos de sua morte. Apagamos o fogo correndo, achando que era conosco. Estávamos dispostos a combater naquele momento se, por acaso, a Guarda chegasse. Redobramos a vigilância, deixamos as mochilas prontas... E não houve nada. "Se esses filhos da puta tivessem vindo, nós acabávamos com eles", dizíamos. E ficamos sabendo depois que Tello tinha morrido. Nunca perdoei Tello por ter-se deixado matar com uma bala, daquele jeito. E naquela tarde em que soubemos, fui para minha rede, para minha barraca, para pensar em tudo aquilo; e pensei em León, nos bairros, na universidade, e também que a guerrilha era uma merda. Eu não assimilava a morte de Tello. Os estudantes atiravam pedras, mas o que os estudantes sabiam sobre o que era o combate, sobre o que era a Guarda? Eu, que fora um dos principais dirigentes estudantis, que agora já estava treinado, sentia lá no fundo que quem me treinara era o primeiro morto, uma pessoa que sabia mais que eu e, portanto, mais que Subtiava, do ponto de vista militar, e mais que a universidade, e mais que todos os companheiros legais e clandestinos da Frente Sandinista.

Foi como se a montanha também tivesse ficado com medo. O vento da montanha se acalmou e as árvores deixaram de balançar e houve uma quietude, uma calmaria acolhedora, não sei se era eu que estava com muito medo, mas me lembro de que as árvores deixaram de se beijar, não se movia uma folha e aquelas árvores, tão altas, o mato agachado e nenhuma folha se movia, como se tivesse caído uma couraça na montanha, tudo quieto, não como sempre, quando se sente que o movimento das árvores, que é violento, como se estivesse se defendendo do vento ou enfrentando quem sabe o que com os ramos, como se espantassem a morte ou o perigo com os ramos... E os pássaros deixaram de cantar, como se tivessem ido embora por temor... tudo ficou tétrico, esperando o momento em que chegassem e nos matassem a todos. Não sei, não consigo explicar o que foi que aconteceu ali. Todos os companheiros comentando, não sei se os companheiros que treinaram comigo também sentiram medo. Para alguns, foi como se a morte de Tello não tivesse doído tanto. Talvez não fosse isso, mas como Tello fora muito duro conosco, talvez pensassem algo como porque não foi duro quando chegou a hora, como fazia conosco, como recriminando-o, perguntando-lhe onde estava o que nos ensinara. Até o ruído do córrego, que era permanente, cessou, como se tivesse chegado seu momento, como se fosse acontecer algo com aquele barulho permanente, porque se uniu às árvores que não se moviam, aos animais que se foram, que não cantavam e houve um silêncio até nos movimentos dos companheiros na guerrilha e não se ouviam as risadas dos que estavam na cozinha moendo o milho ou preparando a comida. Para mim, parecia mentira que Tello tivesse morrido... Bem, quer dizer que não era certo que a posição de joelhos no chão era como ele dizia, e não era certo que a gente devia se mover dessa ou de outra forma no combate. Tudo aquilo era pura teoria e a Guarda, com sua força, com seu poder, anulava tudo. Teriam algum valor os conhecimentos que nos transmitira, ou não? A Guarda dava conta deles, ainda que a Guarda não soubesse tudo o que Tello sabia, e já de entrada acertara uma bala nele. Então, a Guarda é mil vezes superior, a Guarda ri dessa merda, ou a Guarda ignora isso, ou, ainda que a gente saiba tanto, nos matam. Então, o que a gente sabe não serve pra nada? Se para se defender da Guarda não serve, então, como fazer para acabar com ela, para aniquilá-la, como vamos dar fim à Guarda, como vamos acabar com a ditadura, se a Guarda não está nem aí se sabemos atirar assim ou assado, e combater de um modo ou de outro... Senti-me impotente; já não em função da carga, porque sabia que conseguia carregá-la, que conseguia caminhar, que conseguia subir, que conseguia passar fome, que conseguia estar só, mas a confiança de combater, de aniquilar o inimigo me abandonou, e isso era o mais importante. E eu que me sentia o representante de um monte de gente, dos bairros, da universidade, eu que me sentia preparado...

Eu não compreendia a morte de Tello, ainda que desde o princípio tivesse na cabeça suas palavras, de que havia gente preparada para a guerrilha se ele morresse. E eu pensava: se esse danado nos preparou como se preparou a si próprio, se vamos ser como ele, se vamos combater como ele combateu, ou se os conhecimentos que temos não valem nada para a Guarda, não a neutralizam, não servem para nada, vão matar todos. E também Tello admirava o Che e Tello admirava Carlos Fonseca. Talvez não tenham matado Carlos Fonseca porque não entrou, pensava eu. É impossível, esta guerrilha filha da puta com este inimigo tão potente... E como sobreviveria o Che, se os que o mataram foram treinados pelos *rangers,* que foram os mesmos que treinaram os que mataram Tello. Pensava se o Che não teria sido um Quixote, como Tello, como nós; a própria Frente Sandinista talvez fosse um Quixote também. E se o movimento estudantil, o movimento dos bairros não seriam apenas outros movimentos mais, como muitos que existem em diferentes países da América Latina, sobretudo no Cone Sul, que têm um momento de auge e depois morrem, e se Cuba não seria uma exceção, porque ali havia Fidel, Raul, Camilo e conseguiram a vitória porque o inimigo não tinha experiência, porque o imperialismo não tinha mostrado as garras. E que se todas as canções, toda a literatura revolucionária produzida na América Latina não servia senão para revestir, para dar um banho intelectual a uma eventual teoria revolucionária que, na prática, não tinha nenhum resultado e que a América Latina não tinha possibilidade, e que íamos falhar, perder, como tinham perdido os colombianos, os venezuelanos, os guatemaltecos.

E o que é que salva a gente nessa hora? Porque depois a cabeça se acalma, esses sentimentos vão embora e a gente começa a refletir maduramente, com calma, e nos salva o fato de que a FSLN inculcou em nós um capricho histórico, uma teimosia infinita, sem limites; e, de repente, o cérebro começa a funcionar: aqui pode morrer um monte de gente, mas temos que continuar lutando para derrotar o inimigo; porque, definitivamente, ser guerrilheiro, estar contra a Guarda, ainda que a gente morra, ser guerrilheiro é uma atitude moral e, se a gente morre, morre com uma atitude moral de dignidade. Nossa morte é, em si, um protesto. Então, a morte de Tello era um protesto, e íamos morrer protestando, ainda que a Frente Sandinista fosse apenas mais um movimento guerrilheiro, que um dia seria esmagado pelo imperialismo e pela ditadura de Somoza, forças que já esmagaram tantos outros em todo o continente. Não era importante o fato de Tello ter ou não aplicado seus conhecimentos e sim se o que nos ensinou era ou não correto; importante era o dever de morrer sonhando, importante era amortalhar sonhos, esperanças, ilusões e romper contra a montanha, romper contra o cego, romper contra tudo, mas romper no fim das contas... Romper! Isso era importante, lutar, ainda que para isso tivéssemos que acumular enganos sobre nossa própria formação militar, ou dúvidas sobre nossa própria capacidade militar; era preciso morrer e era preciso armazenar e amortalhar dúvidas e frustrações sobre nossa própria capacidade, mas era preciso juntá--las e arremessá-las contra o inimigo e contra a montanha, e fazer com que as árvores voltassem a se mover e o rio a recuperar seu som. Assim, o sentimento de vergonha vai embora. Nasce, lá no fundo, o sentimento de combate, de não esmorecer, ainda que à custa da morte. Nossa parte é levantar nosso morto, transformá-lo em bandeira e impulsioná-lo e impulsionar-nos junto com nosso morto, junto com todos os companheiros, com os animais, fazer com que a montanha fique do nosso lado, fazer com que as árvores movam-se outra vez. De tanto pensar, porque anoiteceu, dormi com raiva; e no dia seguinte amanheci com raiva, com vontade de combater, com vontade de pôr-me à prova contra o inimigo e de pôr à prova todos nós; e com vontade de morrer e de que nossa morte servisse de afronta ao inimigo. Isto é, amanheci com vontade de viver para morrer e com vontade de morrer para viver.

Dizia que não queria apenas morrer para viver; lutar para viver pela América Latina, para viver e morrer pelos índios, para viver e morrer pelos negros, para viver e morrer pelos animais, para viver e morrer por meu pai que era um filho da puta, mas que era muito querido... pelos estudantes, por Subtiava, por tudo... As ilusões que sempre conservei de modo egoísta desde que vim da cidade para a montanha e que nunca transmiti a ninguém; andei na lama, fartei-me de lama, me enlameei todo, caguei na lama, chorei na lama, meti as pernas na lama, a cabeça na lama, a lama penetrou em todas as partes de meu corpo, até no pênis havia lama; mas é que na montanha havia algo que eu nunca disse a ninguém, que ninguém soube, acho que só confessei uma vez a um companheiro, com uns tragos a mais, mas isso foi em 1978; isto é, mantive o segredo guardado durante quatro anos e era que eu queria viver, porque fui para a montanha levando nas mãos um punhado de ilusões de que nunca me desfiz, que nunca empalideceram e que nunca perdi; e mergulhei inteiro na lama, mas tirava a mão e ali havia um punhado de ilusões. Era essa merda que eu queria dizer...

E me lembro de que, uns três dias depois da morte de Tello, achamos que a Guarda ia encontrar o acampamento. Então, subimos o leito do rio. Estávamos comendo uma vaca. Isso da vaca era bom demais. E, de repente, chegou um colaborador que era "Evélio" e disse: "Companheiros, a Guarda está vindo para cá, quem os guia é fulano de tal", que era um camponês nosso vizinho que a Guarda tinha agarrado e levado. Foi dada a ordem: vanguarda, centro, retaguarda, e eu com os grandes estragos da leishmaniose nas pernas, no momento da retirada do acampamento. Deram instruções a Flávio para que me fizesse curativos e mais curativos... a duras penas a bota entrava. Eu andava louco para combater, louco para morrer enfrentando a Guarda... começamos a subir pela quebrada. Quebrada acima significa o sentido oposto àquele em que corre a água. Uma quebrada de uns 15 metros de largura, cheia de pedras, mas que ia serpenteando pela montanha bruta, a montanha que além de estar aliada à Guarda, porque estava quietinha, porque deixou de mover-se, há três dias que não se move, esperando o momento da chegada da Guarda para começar o tiroteio. Alinhamo-nos todos, formamos, com vanguarda, centro, retaguarda, e começamos a caminhar... e foi como se a montanha percebesse que não era uma brincadeira o que estava acontecendo e começou a mover-se; claro, a montanha estava confiante porque tinham matado Tello, então não se movia, como se estivesse do lado da Guarda. Estava incólume, esperava, para ver o que fazia; e quando começamos a caminhar em formação de combate quebrada acima, naquela retirada, mas esperando enfrentar a Guarda, a montanha começou a se virar, sacudiu-se, como se sacudíssemos a montanha, como se lhe disséssemos: bom, filha da mãe, o que acontece com você? E começamos a caminhar com Rodrigo à frente da vanguarda, Modesto no centro e Aurélio Carrasco na retaguarda. Um camponês ia no centro, assim como Modesto, que era o chefe do centro, e eu, que estava doente, também ia no centro. E havia um monte de pedras dentro do rio, a água era cristalina e a gente ia vendo as pedras, metendo-se entre elas, caindo; de cara todos os meus curativos se molharam, a água entrava pelas feridas e aquela água, dentro das feridas da lepra, começou a fazer alguma coisa. Como se a água fosse aliada da Guarda. Começou a fazer doer a ferida, a me foder como queria, por puro gosto... minha própria carne resistia, como se também lutasse com a água e como se, à medida que eu ia esquentando, a ferida fosse esquentando e eu ia sentindo cada vez menos, segurando nas pedras, mas sentindo menos. Naquela hora, tanto fazia morrer, porque Tello morreu, e aqui vamos provar, filho de uma puta, quem sabe mais... quem falhou. Eu sabia que tinha balas no fuzil e, à medida que ia caminhando, comecei a sentir uma vontade, uma raiva de combater, de enfrentar a Guarda com tudo e a lepra com tudo e a fome que tínhamos com tudo o que nos tinham feito deixar, a carne... com tudo; e a morte de Tello, bom, quem era o filho da puta que podia combater ou quem tinha razão... um desafio à história. E comecei a sentir um ódio que se traduzia em milhões de minúsculas explosões atômicas pelos poros. Tinha o cérebro comprimido de ódio. E com as mãos enrugadas eu pressionava o gatilho, esperando que a Guarda aparecesse; eu sabia que ia morrer, por que não ia conseguir atravessar aquele rio, mas não ia me acovardar com as balas. E uma vez que íamos subindo por um lugar com uns 30 metros de pedra para cima, uma cachoeira que tínhamos que transpor, da corrente que vai para o centro da montanha, disse a Modesto, que ia à frente, para cima: "Ouça, Modesto, você não me disse que devíamos trazer o manual de alpinismo", porque eram uns 30 metros e eu via que Modesto ia subindo com dificuldade, subindo aquela cascata... E saímos, e continuou a marcha e estávamos estropeados dentro d'água e estropeados na sombra. E eu disse a Modesto: "Olhe, Modesto, se eu morrer diga a meu filho (já sabia que tinha um filho) que teve um pai que foi revolucionário, que cumpriu seu dever e que deve se orgulhar de seu pai por toda a vida". E sabe o que fez Modesto, no meio da marcha, quando eu lhe disse aquilo? "Vou lhe dizer, vou lhe dizer" e fez assim, um gesto em minha cara molhada, porque uma coisa não tinha a ver com a outra, cada um tinha que ir cobrindo sua retaguarda, porque a montanha, embora começasse a se mexer, podia dar para trás, a montanha que era nossa protetora, que nos ajudava, que nos escondia, que nos guardava em suas entranhas, mas como tinha ficado tão quieta com a morte de Tello, eu desconfiava que ela já... podia estar do lado da Guarda... mas quando começou a se mover ao nos ver em disposição de combate, pensei que estivesse se animando, não é? Voltando à sua posição normal, mas ainda pensava: dane-se a montanha, vai que é aliada da Guarda, disse isso a Modesto. Caminhamos, e a Guarda não chegou.

Depois que saímos da quebrada, a montanha compôs-se, como se readquirisse sua confiança em nós, como se quisesse saber quem podia mais, ou quem tinha razão, ou quem tinha a força. Mas acabei desconfiando que a montanha não estava pensando em quem tinha a força, nem em quem tinha o poder de destruição, e sim, acabei pensando que a montanha inclinava-se a favor de quem andava dentro dela, em suas mãos, cem anos de vida. Às vezes tinha vontade de dizer: "Olha, montanha, se você é pedra e vegetal inanimado, você aqui não apita nada, você aqui não raciocina"; porque eu tinha a impressão de que ela começava a discernir, começava a pensar, como se uma força interna fizesse com que ela pensasse, tomasse partido e discernisse... por conta de quem está esta filha da mãe? Tinha vontade de dizer-lhe: "Você aqui não apita nada... Você é vegetal, rocha, você protege quem se abriga aqui"; porque cheguei a pensar que ela protegia a Guarda, que ela tinha a ver com os sinais dos tempos, e que tomava os sinais dos tempos a favor da Guarda, a favor do *status quo*, talvez de medo de que não a violentassem, por uma questão de sobrevivência da própria montanha: bom, você é um ser inanimado, mas, aqui, nós somos os humanos, os racionais, os que temos alma e consciência, mandamos em você e a dominamos e a governamos, porque você é natureza. Você aqui não manda nada. Eu sabia que dentro da questão do discernimento, da razão e do discernimento, da razão e da inteligência, nós éramos mais inteligentes, mais cultos e mais astutos que a Guarda; então ela não tinha porque tomar aquelas atitudes. E foi como se ela se convencesse do que eu dizia, e do que eu pensava; convenceu-se quando viu nossa disposição de combate, depois da morte de Tello, que talvez, não apenas para mim, mas também para a montanha, era um símbolo, porque Tello podia ser um símbolo para a montanha, porque vivia com ela. Estou certo de que viveu com ela, que teve relações com ela, gerou filhos de Tello, a montanha tomou Tello como a medida das coisas e, quando Tello morreu, ela sentiu que ia acabar. A montanha sentiu que já não tinha nenhum compromisso, que o resto era bobagem. Mas, quando viu a disposição de combate do grupo de homens marchando ali, em seu solo, em seu coração, sentiu como se Tello não fosse o fim do mundo, nem o começo, que fora seu filho. Que Tello fora seu filho, ainda que tenha sido sua vida, ainda que tenha sido um amante secreto, ainda que Tello tenha sido seu irmão, seu animal, sua pedra, ainda que Tello tenha sido seu rio. Ela foi obrigada a perceber que Tello não era o fim do mundo. Teve que perceber que Tello era o começo do mundo, porque, depois dele vínhamos todos nós, com os dentes rangendo, com as pernas amarradas, com leishmaniose, com os dedos enrugados postos no gatilho, com as mochilas carregadas, nós, que podíamos incendiar seu coração.

Foi como se percebesse que tinha se equivocado, que não devia ter ficado quieta naquela tarde em que Tello morreu e que, ao contrário, tinha que ter continuado a mover-se, ainda que por neutralidade; mas nós a dobramos, fraturamos a neutralidade das grandes árvores, dos rios, devolvemos, porque o ruído mudou depois de nós, porque possuímos o rio e imprimimos a esse rio nosso próprio ruído, diferente do ruído que ele lhe imprimira quando eu estava em minha rede, ouvindo e pensando que aquele ruído do rio era um ruído que estava acompanhando alhures o silêncio das folhas das árvores quietas. Então, foi como se ela percebesse que se equivocara, não havia mais remédio; nós a persuadimos à força. Quando a Guarda andava por ali, a montanha percebeu seu equívoco.

E, por fim, saímos da quebrada. Eu estava com as pernas arrebentadas, pelas batidas nas pedras; e como lamentei, quando saímos da quebrada, que a Guarda não tivesse aparecido, porque estávamos quase certos que íamos enfrentá-la, que ia nos preparar uma emboscada, e tínhamos uma boa disposição anímica, quase com vontade de enfrentar a Guarda, por causa da morte de Tello, e por todos; então, quando saímos da quebrada, ficamos alegres, porque íamos descansar; principalmente eu, que estava mal das pernas. Como se, ao mesmo tempo, sentíssemos uma espécie de tristeza, como se tivéssemos perdido a oportunidade de provar, de uma vez por todas, de vingar a morte de Tello, mostrar à montanha, ao rio, às pedras, perder a oportunidade de mostrar quem era quem, ou de morrer protestando no rio, protestando à bala no rio, como tinha morrido um monte de guerrilheiros em toda a América Latina, em quebradas, em combates. Mas a Guarda não veio, andava por outros lados, procurando-nos, ou seguiu-nos e perdeu a pista, porque vínhamos pela quebrada. O fato é que saímos da quebrada sem combater; foi bom, porque íamos descansar; lembro-me de que o companheiro que compartilhava a barraca comigo ajudou-me a pendurar a rede porque na montanha dormíamos de dois em dois, geralmente; quando a coluna era muito grande, para não deixar muita pegada, dormiam dois em cada barraca. Assim, o companheiro que estava comigo ajudou-me a pendurar a rede, lembro-me de que não houve ordem de mudar de roupa porque estávamos em estado de alerta.

14

No dia seguinte, mudamos de lugar e fomos para uma *fila*. Uma *fila* é um pico de montanha, até o alto; mas, em vez de subir, porque por cima, ao longo do cume é mais fácil caminhar, caminhamos "fraldeando", como dizíamos, porque a Guarda, em geral, batia os cume buscando rastros, já que presumia que os guerrilheiros caminham sempre pelas partes mais altas. Caminhamos todos, naquela ocasião, pelas encostas da serra, o que, claro, era mais difícil, porque é preciso ir pondo um pé mais em baixo e outro mais em cima, e a gente encontra precipícios, barrancos, cipós, árvores grandes caídas, que é difícil ultrapassar porque a gente não pode subir nas árvores, tem que procurar o lado da ramagem caído para passar por cima de todas as folhas, em cima de todos os galhos: a mochila engancha, o fuzil engancha, é uma luta, e como a gente está cansado e está andando de lado, desliza, cai, deixa rastro, tem que ficar de pé, apagar o rastro.

Esse cume da cordilheira era uma zona extremamente fria. Chegamos a um lugar e acampamos em um *cachimbero*; um *cachimbero* é um mato, uma vegetação de mil tipos de plantas e capim, arbustos, árvores, cipós, mudas, espinheiros. Acampamos ali, naquela encosta, totalmente inclinada: já para colocar as redes nas árvores era muito difícil; e depois de deitado na rede, se a gente se virasse para um lado, encostava a mão no chão, mas, se se inclinasse para o outro lado, olhava para baixo e via o despenhadeiro, e para ir de uma tenda a outra era preciso andar com muito cuidado ou a gente caía; as barracas tinham sido postas a uns 15 ou 20 metros uma da outra, não sei, 15, 10, 20, não sei quantas barracas, não me lembro agora. Acampamos ali por vários dias, talvez 15. Imagino que estávamos esperando que a Guarda terminasse de varrer a zona, certamente era essa a decisão de Modesto e de Rodrigo, porque não havia ordem de passar à ofensiva guerrilheira; no momento estávamos em uma atitude mais defensiva. Quando saímos apressadamente do acampamento, tínhamos enfiado na mochila um pedaço de carne cada um, além de leite em pó; era apenas um pouquinho de carne, um pedacinho de cinco centímetros de largura, porque a gente cortava a carne em tiras, pedaços grandes. A primeira coisa que consumimos foi a carne, porque estragava e não sabíamos quanto tempo ficaríamos ali, e quanto tempo estaríamos isolados da população que, seguramente, já fora reprimida.

A gente comia a carne quase crua, só colocávamos em um girau, salgávamos e, no momento de comer, levávamos ao fogo, mas não assávamos, só passávamos pelo fogo, chamuscada, mais ou menos.

De noite, fazíamos fogo para chamuscar a carne; buscávamos água a cerca de um quilômetro dali, despenhadeiro abaixo; levávamos vasilhas e, na volta, caminhar com uma vasilha, encosta acima, naqueles precipícios, era um verdadeiro malabarismo; éramos especialistas em malabares, coisa de circo; perto de nós, os equilibristas não eram nada. Fazíamos proezas para que a água não derramasse e pudéssemos sobreviver.

A água que sobrava, depois de lavar a carne, nós tomávamos, como sopa, achando-a deliciosa. Fazia muito frio e a água da "sopa" era quente. Não podíamos ficar perto do fogo, porque o fogo ficava num platôzinho de cerca de um metro quadrado, e não podíamos agrupar-nos; além do mais, era perigoso. Estando na rede, quando não era nossa vez de cozinhar, olhávamos de longe o fogo onde estavam cozinhando. Depois de algum tempo, a gente ouvia, no escuro, lá longe, a palavra de ordem: a comida, companheiros! Em um tom quase gutural, de garganta; e descíamos, devagar, meio às cegas, para trazer, cada um, sua comida. Ali no cume, passamos fome, mas não como a fome que passamos depois.

Lembro-me de que, depois de uns quatro ou cinco dias, a carne apodreceu. A fome aumentava e a ração diminuía. A carne já estava com bicho, começava a feder, a apodrecer, e era tanta a fome que achávamos o fedor bem gostoso; parecíamos animais, cheirávamos o fedor da carne, que gostosa, porque era comida, ainda que estivesse podre, achávamos o fedor bem gostoso, óbvio que depois soltávamos uns peidos com um cheiro horrível. Dava vontade de vomitar. E, quando a carne acabou, começamos o leite em pó. A ração era, primeiro, de três colheradinhas e a comíamos assim mesmo, em pó, porque não podíamos descer de dia para trazer água, devido ao barulho do cantil, que ia batendo nos galhos, fazendo ouvir o barulho do metal. A gente chegava com nosso cantilzinho, que já estava todo amassado, pegavas as três colheradinhas e ia para a barraca; aquilo era quase um ritual. Chegávamos à barraca, nos fechávamos em nós mesmos, e nos sentávamos para tomar nosso leite. Aquele momento nos dava também algo para fazer, era uma atividade deliciosa, porque era a comida. Pegávamos a colher e a colocávamos no cantil, apenas a pontinha da colher para apanhar um pouquinho de leite e começávamos a comer o leite com a ponta da língua e dos dentes; e como eram apenas três colheradas, claro que dava uma fome horrível, três colheradas no café da manhã, três no almoço, e aquele frio; era proibido puxar o cobertor e cobrir--nos, porque em qualquer emergência de combate perderíamos os cobertores. Era um frio insuportável e eu me lembrava daqueles filmes mexicanos com uns índios metidos nos seus ponchos, todos tristes com o frio, miseráveis, sem expressão, uns rostos tristes, resignados, não consigo explicar como. E, depois no jantar, a mesma coisa e depois, no outro dia, eram duas colheradinhas e depois uma colheradinha; a gente fazia milagres, como a colher não é plana e tem a ponta curva, não cabe em todos os cantinhos que os cantis amassados no fundo e nos lados têm; como é difícil tirar o que fica grudado ali, usávamos as unhas, raspávamos, e depois passávamos as unhas pelos dentes, até diluir na saliva o pouquinho de leite. A última parte da operação consistia em passar os dedos pelas gengivas para tirar o que havia ali e tornar a chupar.

Guardo uma imagem que nunca esquecerei: com o passar dos dias, sem combater contra a Guarda, esperando sabe-se lá o que, sem muito conhecimento da tática e da estratégia da guerrilha, com frio, destruídos e tudo o mais: Modesto lendo a *Economia política*, de Ernest Mandel. Talvez alguém até tivesse um livro perdido por ali, mas nem nos ocorria lê-lo, não nos sentíamos capazes naquele momento, pelo menos pessoalmente, de lidar com aquelas bobagens, ou não bobagens, mas de ler um livro, ora, de teoria revolucionária. Portanto, Modesto era esse tipo de gente: passava o tempo lendo, estudando. Às vezes nos reuníamos de tarde, ali na encosta, na tenda de Rodrigo, que era muito tranquilo para conversar e estava sempre ensinando. Com Modesto a gente conversava menos e, além do mais, ele era mais complicado, sua maneira de falar... Modesto era um companheiro extraordinário, mas acho que o filho da mãe era tão arguto, tão inteligente que, às vezes, era difícil entendê-lo; agora eu o entendo um pouco mais, naquele tempo quase não compreendia nada do que dizia; o que sabíamos era que ele sempre tinha razão, porque o que ele dizia estava certo, mas eu não o entendia, mas achava que estava certo. Rodrigo sim, eu entendia, compreendia o que estava dizendo. E eu acho que Nelson Suárez era mais inteligente do que todos nós, porque Nelson entendia Modesto; era camponês, e sempre se deram bem. Rodrigo era totalmente compreensível quando falava, assim conversávamos de tarde, depois de vários dias, quando percebemos que o perigo era menor; estávamos sempre falando do Vietnã, de política internacional, ou contando histórias, dando risada, Rodrigo estava sempre educando, até que fomos embora dali.

Mudamos de zona, uma zona longe dali, e começamos a caminhar, se não me engano, durante várias semanas. E, então, lembro-me de que ao chegar ao novo ponto houve uma reunião do estado maior da guerrilha que operava naquela zona. Começamos a caminhar no rumo de Yaosca, Cuscawás, El Chile, para aqueles lados, vindos de Las Bayas e Waslala. No caminho, não me lembro em que dia, Modesto disse-me que iam me mandar para a cidade, para cuidar da leishmaniose e ver o apêndice. Mas acho que foi durante aquela marcha de várias semanas, buscando uma nova zona, que apareceram as famosas *Repodral*; parece que as tinham pedido e apareceram de repente, na mão de um contato. Só tenho imagens confusas, não me lembro bem daquilo. O fato é que as injeções de *Repodral* têm que ser dadas três vezes ao dia, durante não me lembro quantos dias, tipo três dias. Era engraçado, porque naquele tempo tínhamos poucas condições de higiene, além do que estávamos caminhando por zonas muito perigosas; de forma que me davam as injeções antes de começarmos a caminhar, deitado, e quando já estávamos andando para um descanso, imagine, voltavam a me dar a injeção. "A injeção, Eugênio!" Então, vinha o doutorzinho, Edwin Cordero, eu tirava o cinturão e com tudo e mais a mochila pendurada, fuzil, pegava a seringa, sem álcool, nem algodão, nem nada, e *pam*, injetava, isto é, meio selvagem, felizmente o doutorzinho tinha boa mão e quase não doía nos primeiros dias; mas quando já tinha levado várias e quando chegávamos de noite no acampamento, dá para imaginar como doía ir caminhando, caminhando com a dor na bunda e caminhando com a dor da leishmaniose, é indescritível; e com fome, e com a morte de Tello por cima, porque nunca conseguimos esquecê-la... A sensação da pessoa, quando lhe dão uma injeção, é uma sensação de ser um animal, como a gente não se deita, nem vê o algodão branco com o álcool, só vêm as lembranças, e eu me via indo passar férias na fazenda de meu tio Victor, que dava injeção nas vacas enquanto caminhavam, ele as seguia para dar-lhes a injeção enquanto estavam soltas, ou quando estavam amarradas; era disso que eu lembrava, sentia-me vaca, ou cavalo, com a morte de Tello pesando.

O doutorzinho pedia que eu deixasse a bunda mole e quando me dava a injeção eu procurava relaxar para que não doesse, mas quando a agulha penetrava retraia o glúteo, por desforra, ou por bronca, porque estavam me dando injeção. E, então, quando me davam essa injeção as circunstâncias eram as da vaca de meu tio Victor, porque quando me davam a injeção eu estremecia, como a vaca estremecia . A vaca de meu tio Victor se afastava depois e já estava boa, afastava-se com seu bezerrinho, e iam para o curral felizes, em nada lhes importando que as tivessem furado. Mas é que, no meu caso, furavam-me a cada momento e depois eu tinha que caminhar, não podia resolver a morte de Tello e além disso, não sabia se Cláudia tivera menino ou menina, porque tinham me dito que tinha um filho e eu não sabia se era menino ou menina, e aquilo ficava na minha cabeça.

Por fim, chegamos a um ponto que não era propriamente um acampamento, via-se que era um pouco mais afastado, isto é, uma zona na base da montanha. Não era totalmente montanha, mas tampouco era como o campo da zona Oeste da Nicarágua, porque os campos do Norte do país são diferentes. Ali eu tive uma de minhas grandes alegrias: quando fomos nos aproximando do ponto, disseram-me que ali estava o Gato Munguía. Puta merda! Era algo assim como o grande reencontro dos dois, não sei se era o retorno dele, ou meu retorno, ou o encontro dos dois, acho que não era a volta dele, nem a minha, era o reencontro dos dois. O Gato!, eu disse, e o Gato também sabia que eu estava chegando, o Gato que fora para mim algo tão extraordinário, como eu já disse antes, pois os três amigos do coração eram Leonel, Juan José, éramos cinco, Leonel, Juan José, o Gato, Camilo Ortega e eu. Eu tinha esperança de encontrar Camilo ali, na montanha, porque Camilo, nas manifestações, quando corríamos porque a Guarda nos seguia, tinha umas pernas compridas, porque era magro e alto, quando Camilo corria, vá saber por que, porque não fora treinado militarmente, ou talvez tivessem-no orientado, corria sempre curvado, e eu pensava: puta que o pariu, Camilo, o Gato, Leonel, Juan José e eu na montanha! E pensava, se algum dia estivermos na montanha, Camilo e o Gato na montanha, eu e Juan José na montanha, vamos fazer guerrilha, eu pensava, esse Camilo fodido é magro e pula qualquer tronco e o Gato, com seus dois olhos verdes, eu achava que podia ver melhor e pegar melhor. Sentia naquele tempo que os cinco, juntos, éramos invencíveis. E me dizem que o Gato estaria ali e eu me perguntava, como estará, será o Gato chefe de pelotão, pode ser, porque está preparado, o Gato esteve em Cuba e se o Gato esteve em Cuba e era dirigente estudantil e há dois anos está na montanha, certamente é chefe.

Era o reencontro com o Gato, ou o reencontro com o mistério, ou o reencontro com o que era certo, uma das duas coisas, mas meu encontro com o Gato era o encontro de alguma coisa. E eu me lembrava de todas as camisas que o Gato tinha e de todas as calças que o Gato tinha... e eu me lembrava de todos os sapatos que ele tinha e de todas as suas namoradas e me lembrava de todas as formas de sua cara, ou dos trejeitos de seu rosto. Lembrava-me bem de seus olhos, lembrava-me de tudo o que ele dizia. E chegamos, já de noite. Vi na escuridão quatro ou cinco guerrilheiros. Eu sabia que o Gato chamava-se Ventura e, onde está Ventura, perguntei. Disseram-me que Ventura estava dormindo, onde estará dormindo? Levaram-me a um lugar no acampamento, ali estava Ventura dormindo. Estava em uma rede; já era verão, porque me lembro que havia folhas secas, eu andava, devagar para não despertar o Gato, embora, de toda forma, fosse despertá-lo, mas ia devagarzinho para que não percebesse que tínhamos chegado. E a gente anda devagarzinho nas folhas secas que fazem um barulho danado e denunciam a gente. Eram umas três da manhã e cheguei à rede do Gato. Dormindo em sua rede baixa, pertinho do chão, a um palmo do chão. Não estava coberto porque estávamos no verão e havia uma lua filtrada por entre a pouca vegetação do lugar. E vi o fuzil do Gato, um AR-15, a arma do Gato era melhor do que minha carabina M-1, claro, ele era melhor que eu, era mais velho que eu. Coloquei-me ao lado do Gato e senti o mesmo cheiro que eu tinha, o mesmo cheiro da minha mochila, o mesmo cheiro de minha rede, de minha coberta, porque o Gato estava enrolado na rede; mas tinha um cheiro também um pouco diferente, o cheiro do Gato era diferente do meu e deixe-me dizer-lhe que eu estava nervoso, porque não sabia se o Gato ia ficar feliz em me ver, não sabia se ia sentir o que eu sentia, e estava nervoso, porque não sabia como ia reagir, porque se dissesse apenas: "E aí, como vai?" Eu não tinha ideia do que o Gato ia dizer. Então, depois de olhar a rede por um tempo, sentir os cheiros e lembrar de mil coisas e de dizer-lhe mentalmente, você viu em que nos metemos, ou já viu até onde chegamos, toquei nele, disse-lhe "Ventura... Ventura... Ventura" e o Gato acordou, "Ahaaaaaah?" disse, "Ventura, sou eu, Eugênio", quando eu disse Eugênio, o Gato ergueu-se violentamente e ficou sentado na rede, como acordando... Quando ouviu... "Eugênio" deve ter pensado que estava sonhando; suava e então... disse-lhe "Gato, sou eu, Eugênio", e peguei sua cabeça na penumbra da lua e ele me disse... "Magrela!" disse-me e me abraçou e eu o abracei e ele caiu da rede e caímos os dois abraçados no chão. E então ficamos os dois deitados no chão, porque eu estava de cócoras, observando-o e ficamos os dois no chão e eu sentia todo o cheiro do Gato, e ele me disse: "E você, como está?" como se me dissesse como passou, depois que fui embora, como passou depois de fazer tantas coisas lá e tantas coisas aqui e agora, tantas coisas que você viveu aqui, como está agora, que estamos nos vendo de novo, depois de tudo, então? E ficamos assim, um bom tempo, meio caídos os dois no chão, abraçados e depois nos levantamos, e o Gato sentou na rede e eu sentei na frente dele e havia tantas coisas para dizer, e não sabíamos o.que dizer. E vi, na penumbra, que o Gato tinha barba: eu também tinha barba, mas era menor, a do Gato era um pouco mais cheia, uma barba ruiva, e fazia que se visse menos sua boca, e eu notava que tinha sempre os olhos verdes, perguntou-me por Cláudia "E a Cláudia?". "Não sei, dizem que tenho um filho, e você, e a Suzy?" perguntei-lhe, "rapaz, já não temos nada". "Como, já não há nada?" disse eu, "não", disse ele, "é que ela está lá e eu aqui, já não há mais nada". "Mas você está com o anel", disse-lhe, porque a Suzy tinha lhe dado um anel, tinha comprado dois anéis: o dela, por dentro, dizia Suzy e a data em que tinham começado a namorar, e o de Edgard dizia Edgard. "Sim", disse ele, "mas é que eu estou aqui e ela está lá", "tem um namorado, um marido, sei lá..." "Não brinque, e, então, porque você usa o anel?" "É que o anel não sai, ainda que ela tenha namorado", disse-me.

E ficamos em silêncio e depois começamos a rir e dissemos coisas sem sentido, soltas; não incongruentes, mas falávamos de forma desordenada, pequenas coisas, e depois parece que dormimos, e amanheceu o dia seguinte. E no dia seguinte, fomos os dois os primeiros a nos levantar, como se não pudéssemos dormir pela vontade de conversar, ou pela vontade de nos ver. E nos vimos no dia seguinte e eu comecei a lhe contar. "Depois", disse-me, "contaram-me que você teve problemas quando chegou, que a montanha foi difícil para você, ou me contaram, simplesmente, que você tinha tido problemas". "Para mim, no começo, foi muito duro"; e ele me contou que para ele também havia sido muito duro, e foi uma conversa mais suave, mais fluida, mais tranquila. "Parece", disse-me, "que vão te mandar para a cidade". "Quem?", perguntei, "você, vão te mandar". E depois me disse: "Eu acho que está bem assim, que você rende mais na cidade do que aqui". "Não, cara, digo-lhe, já estou em boas condições físicas". "Sim", disse-me, mas aqui, agora, não se trata de condições físicas, e sim de ver onde nós podemos, do ponto de vista político-militar, render mais; acho que você é necessário na cidade, e acho que é uma boa decisão mandá-lo para lá". "Bom, se me mandarem para a cidade, que mandem, está bem, vou para onde me mandarem, mas já tenho condições há tempos para estar na montanha, já demonstrei isso". "Não, cara", dizia-me, "não insista na questão das condições físicas porque não se trata disso agora, trata-se de onde estamos melhor situados".

De fato, no dia seguinte, chamaram-me para uma reunião onde estavam Modesto, Rodrigo e o Gato; o Gato ficou calado. Eles escolheram Rodrigo para dizer-me, eu tinha certeza, naquele momento, que era uma decisão o fato de Rodrigo dizer-me. Com tudo aquilo, não sabia se iam me mandar de volta devido à leishmaniose ou porque também estava com apendicite; às vezes, tinha ataques de apendicite, ou porque iam racionalizar os quadros ou porque estavam me solicitando na cidade, ou o quê. O fato é que me chamaram e Modesto ficou quieto, Edgard ficou quieto e a reunião foi aberta por Rodrigo. "Olha, Eugênio, nós pensamos, estivemos te observando, vimos tua capacidade, vimos teu moral, vimos tua rápida capacidade de adaptação, mas a montanha é apenas uma escola, onde muitos companheiros da cidade virão para se formar e terão que se ir depois, e a montanha, neste sentido, é uma grande escola, onde também formamos homens; e depois reforçamos a cidade com homens sólidos que ajudem a desenvolver a cidade, porque a montanha não é tudo, necessitamos do trabalho na cidade e no campo...", deu-me todo um esclarecimento, dizendo-me um monte de coisas e acrescentou: "Queremos te dizer uma coisa: o Eugênio que chegou não é o Eugênio que está voltando; você vai para a cidade, e os companheiros vão posicioná-lo onde acharem melhor". Então, passaram pela minha cabeça muitas coisas... Por quê? E pensei: bem, se vão me fazer voltar para a cidade, será para León? Mas em León me conhecem, eu não poderia andar nem uma quadra em León, ou três quadras, não poderia parar de carro em nenhum farol em León, porque um policial me reconheceria, podem reconhecer-me, ou um guarda. Mas eu não pediria para não descer, porque sempre estaria onde me dissessem que deveria estar...

O fato é que me informaram que iam me fazer descer. Permita--me dizer que me apavorei, porque já tinha me apegado ao meio, ao pessoal, tinha adquirido confiança em mim mesmo, tinha aprendido tantas coisas na montanha, que me dizia: não posso abandonar os caras, não posso descer, não posso deixá-los na lama, na trilha, não posso deixá-los na solidão. Mas já era uma decisão do alto comando naquele momento, e me fizeram descer. Foi um verão, em meados de abril de 1975.

15

Comecei a descer com Juan de Dios Muñoz e Valdivia, José Dolores Valdivia, que se chamava Faustino, Silvestre. Faustino iria até certo ponto e eu continuaria descendo; Faustino ia se transferir para Cuá, para abrir uma nova zona, ou uma nova rota, não sei bem. Caminhamos vários dias, até que chegamos de noite a um ranchinho, e foi nesse ranchinho que conheci Francisco Rivera. Juan de Dios eu já conhecia, estava com o Gato naquele acampamento, conhecia Juan de Dios Muñoz porque ele me fizera subir a montanha quando cheguei, em 1974. Chegamos a um rancho, demos a senha e responderam; entramos, era um ranchinho pequeno, assim como este quarto, de uns cinco por cinco metros, a cozinha, uns banquinhos, com uma mesa pequena, rústica, uma rede, uma cama, o fogão e outro banquinho perto do fogão, esperando que o café ficasse pronto. Vi que ali estava um homem claro, de olhos azuis, boa aparência, com um chapéu; quando entramos, não se moveu; depois, quando Juan de Dios disse "Rômulo, este é Eugênio", disse-me: "Você é Eugênio?... muito prazer, companheiro", e me estendeu a mão. E, pronto, permaneceu sentado. "E como foi a viagem?", perguntou, "tudo bem, companheiro". "Companheira", dirigindo-se à mulher, "parece que isso aqui está querendo esquentar"; parecia atarefado com o café preto e pondo, atiçando a madeira no fogo e fumando: "Como andam os rapazes?", perguntou-me; "bem, companheiro". Tinha a maneira de falar dos camponeses e parecia um homem da cidade; à beira do brilho do fogão parecia uma espécie de *cowboy* estadunidense, com o chapéu, porque tinha olhos azuis, era branco, de traços finos, e com um chapéu meio texano. Ora... esse homem, pensava eu, tem tipo de texano e fala como camponês. Estivemos ali um bom tempo, conversando, e ele falando como camponês, perguntando coisas e dizendo coisas. E, depois, fomos todos nos deitar fora do rancho, numas redes, a uns 500 metros. Conversamos no dia seguinte e fomos embora, continuamos descendo... continuamos descendo. E em todo o trajeto em que ia descendo, quando pensava no que era um fato irrefutável, que estava indo para a cidade, minha cabeça era uma mescla de informações que se processavam; por um lado, eu deixava o que naquele momento mais queria, meus irmãos da montanha; e, por outro, ao mesmo tempo, também estava me aproximando do que mais gostava, que era a cidade, e meus irmãos de cidade. E, então, a grande incerteza, para onde iriam mandar-me, e a cidade e a luz elétrica, e de novo as cores, os carros, e o ruído dos rádios, ver televisão, e açúcar sempre, açúcar, em todas as três refeições, e tomar sorvete e o *Pop's* e o *Chip's* e de vez em quando, o cinema. E os carros.

Nunca entendi, no fim das contas, se gostei ou não gostei da montanha, porque sentia deixá-la e ao mesmo tempo a odiava – cheguei a odiar a montanha –, ou se gostava dela, não sei que droga era que estava me acontecendo. O fato é que ia pensando de novo na cidade, iam me operar e, depois, que iria fazer? Vão mandar-me para outra cidade, vão fazer-me subir de novo a montanha, irei para o campo, e a cidade e as moças, veria Cláudia. E sim, ia fazer amor e me entusiasmava a ideia de fazer amor com Cláudia, ou com qualquer outra mulher, a sensação, novamente, de beijar uma mulher, de acariciar uma mulher, de passar a mão por todo o corpo de uma mulher, de derramar-me sobre uma mulher e pensava nas companheiras clandestinas que haveria naquele momento e ia analisando-as, qual delas eu mais gostaria de ver, se Cláudia não estivesse, ou se Cláudia já não me quisesse, que mulher seria? Ou que mulheres poderiam existir, e como eram essas mulheres que podiam existir que eu não conhecia, porque já havia exatamente um ano que não passava a mão no rosto de ninguém, nem ajeitava o cabelo de ninguém. Ninguém para me dar um beijo, ninguém com quem estar despido e de quem sentir a pele... E todas essas ideias me vinham à cabeça. A universidade de novo, e se iria passar pela universidade e quem estaria na universidade. E se me encarregassem do movimento estudantil? Quem seria do movimento estudantil e quais seriam as novas moças do movimento estudantil? Será com uma dessas que vou estar de novo? Será que vão me mandar para outra cidade, e não haverá moças, tomara que haja uma companheira... sei lá eu... Assim ia sonhando no caminho e, depois, assim que acabava de pensar em tudo isso, pensava outra vez na montanha. E se me matarem na cidade? Pensava, e se me reconhecerem e me matarem, e se me pegarem vivo? Vão me pegar morto...

Até que chegou um momento em que trocamos de roupa, tiramos a roupa da guerrilha, fiz a barba, deixando só o bigode. Antes, quando eu era legal, não usava barba nem bigode. E continuamos descendo até que chegamos a um ponto, acho que foi Cuá, por ali, por Cuá, onde pegamos um veículo de transporte coletivo. Depois de tanto tempo, ouvi o primeiro barulho de carro, e pensei: conheço isso, isso é um veículo. Com que segurança disse isso: isso é um veículo, conheço esse barulho. Eu estava curioso para saber se ia reconhecer os veículos, e como ia comer, se conseguiria comer com garfo e colher, e com faca, depois de tanto tempo comendo com a mão, comendo como um selvagem e com atitudes de selvagem. Pegamos um veículo e subimos em uma caminhonete com um monte de gente, passageiros que iam para um povoado por ali, e eu olhando as pessoas, fingindo-me normal, olhando toda a gente, olhando os homens da cidade vestidos de todas as cores. As pessoas que estavam no veículo eram uma mescla de cidade e campo: não estávamos totalmente na cidade, estávamos entre o campo e a montanha, e durante todo o caminho ia pensando nas coisas que já contei. E pensando em que uma vez fizemos manifestações com ramos de pinheiro, com velas e que depois que vim do Chile, onde ouvira uma palavra de ordem assim: "Quem não pular é *momia*", *momia* no Chile queria dizer burguês, no tempo de Allende, e lembrei-me daquilo em uma manifestação e disse: "Quem não pular é sapo", porque na Nicarágua os sapos eram os somozistas e todo mundo, umas três quadras de gente, começou a pular na manifestação... "quem não pular é sapo, quem não pular é sapo, quem não pular é sapo..." E todo mundo começou a pular e depois a Guarda foi me procurar de noite, em casa; lembrava-me disso, e eu não sabia se era o mesmo que fizera as manifestações pulando e que estivera na montanha, e que estava descendo e que não sabia o que ia acontecer depois e a grande incerteza, o que seria decidido lá embaixo, e me lembrava também que uma vez fizemos uma manifestação e eu disse: "Cada estudante... uma lata" e pusemos cartazes na universidade "cada estudante, uma lata..." e todos os estudantes começaram a levar latas velhas e latas de lixo para a universidade e fizemos a manifestação com latas e a caminhonete num salto só, levantando a clássica nuvem de poeira que produzem os veículos no verão quando passam por estradas de terra.

Estava longe de León e já começava a respirar León, porque o pó entrava em meu nariz e nos ouvidos e na garganta, e o cabelo começava a ficar castanho, os pêlos dos braços, louros, o bigode, e isso me lembrava León; ainda que estivesse a centenas de quilômetros, respirava León, cada vez com maior intensidade, porque cada vez o sol era mais forte, o ar mais quente, o terreno mais deserto. Respirava León porque as pessoas no veículo começavam a pôr lenços na cabeça e na cara para se protegerem do pó, como fazíamos em León com turbilhões de pó, quando houve a erupção do Cerro Negro, em 1971.

Naqueles dias, como aproveitávamos tudo contra Somoza, na escuridão forçada do turbilhão de pó, enquanto chovia cinza sobre

León, o Gato e eu aproveitávamos que todo mundo punha lenços na cabeça e íamos com a cara coberta ao Mercado Central e começávamos a dizer, enquanto andávamos no meio das cestas de mariscos, ostras e verduras: "Que barbaridade, que barbaridade, castigo de Deus, castigo de Deus, este é um castigo do Senhor porque não derrubamos Somoza!" "Deus vai continuar nos castigando porque ainda temos Somoza no governo!" e passávamos por onde estavam as vendedoras de carne e de refresco, "castigo de Deus... castigo de Deus!" e os vendedores de roupa "castigo de Deus!" e os sapateiros e as vendedoras de cerâmicas "enquanto não derrubarmos Somoza isso vai continuar assim!" e as pessoas, que estavam furiosas porque o pó sujava tudo e porque as vendas tinham diminuído e logicamente procuravam em quem descarregar sua cólera, ouviam-nos, porque lhes dávamos alguém em quem jogar a culpa; e começavam a dizer: "Esse filho da puta que nos traz as maldições", "tem mal agouro, é porque anda com a Dinorá". E aproveitávamos as circunstâncias para fazer propaganda contra Somoza e contra a Guarda.

Andar naquela caminhonete era ir correndo, pulando e cavalgando na máquina do tempo, em sentido regressivo; à medida que a gente avançava e ia mudando a topografia que a gente tinha se acostumado nos últimos meses, e ia vendo uma nova topografia que já se parecia com a que a gente tinha visto sempre, desde pequeno, de novo o medronho, o *jiñocuago*, as mesmas pedras, os iguanas, os lagartos, a terra quente; então, à medida que a gente ia percorrendo o caminho para baixo, fui associando ideias com relação ao passado. Não apenas com relação ao passado mais recente, quando me meti na montanha, mas o passado de minha adolescência, ao passado de minha infância; porque quando via os medronhos e via o marmeleiro, por exemplo, lembrava que no quintal de minha casa havia marmeleiros e que meu pai cortava os seus galhos para nos bater quando estávamos aprontando. Então, diante do marmeleiro a gente volta, com uma velocidade extraordinária, à infância.

Depois de umas oito horas de viagem, já de tarde, chegamos a El Sauce, onde íamos tomar o trem. Lembrava-me do trem de

León, quando subi pela primeira vez... Também a ideia do trem me remetia à minha infância... Aquela descida da montanha de carro era um ir e vir constante na minha própria história, com uma velocidade, com uma agilidade de macaco; você sabe que os macacos passam de um galho a outro muito rapidamente; com essa mesma velocidade, a gente vai retrocedendo da infância para a montanha, da montanha para a cidade, e assim por diante, são malabarismos, acrobacias mentais, fugazes sobre os pedacinhos de minha vida anterior à anterior.

Havia pouca gente nas ruas de El Sauce e começamos a caminhar buscando o caminho da estação. Pouco depois, desembocamos em uma esquina e vi o grande trem parado, grande, negro e velho, o mesmo trem, exatamente o mesmo trem da minha infância. Senti como se a dialética tivesse parado; porque era o mesmo trem, com as mesmas varandas, as mesmas pessoas, as mesmas vozes... "água gelada... água gelada... porco com mandioca... porco com mandioca..." as mesmas vendedoras com seus tecidos, os carregadores subindo com sacos, pesando a carga com a balança, subindo-a nos carrinhos de mão para pô-la no trem; outros bebendo *guaro*, os bolinhos jogados ali na estação, meninas inocentes pedindo esmola, putas paradas na esquina, os bilhares na outra esquina; enfim, todo o ruído da mesma estação que eu já conhecia, as pessoas com suas galinhas nas mãos, com suas brincadeiras, com suas sacolas, com frutas, as camponesas das comarcas com as bochechas vermelhas porque estavam no povoado, os lábios recém-pintados daquele vermelho vivo que as camponesas usam; o monte de velhas gordas com seus aventais, espantando o cachorro, alguém caindo do cavalo, porcos comendo a merda das crianças na rua, os donos dos porcos amarrando-os para levá-los para o trem, e as vendedoras espantando os porcos pequenos e sem rabo, porcos negros, capados e inteiros, e outro infeliz, meio-bruxo, tirando a sorte com búzios e os camponeses zonzos, com cara de susto e o carro do alto-falante parado, anunciando uma pomada que cura tudo, até as dores; e o guarda ali, o mesmo guarda na esquina, que não se metia em nada e, enfim...

Estávamos indo comprar as passagens e o cheiro de urina ali no corredor onde se vendem as passagens e o homem que vende as passagens, o mesmo homem com cara de cachorro que, de longe, via-se que era um dedo-duro, estendendo-nos os mesmos bilhetes de sempre com aquele tipo de tesourinha que faz um buraquinho nos bilhetes. E, depois de um tempo, o mesmo apito, *piiiiiii*, da partida, e todo o mundo apressando-se para acabar de comprar suas coisas e o fiscal fazendo as crianças descer do vagão e "espera um minuto", a que estava comprando e "passa-me a água gelada" e o virado com porco e mandioca, e um correndo por seu troco que estava ficando para trás, e outro, que estava na janela, a mão estendida, "irmão, o troco, o troco..." outro ainda que tem que dar o troco parece que não alcança a janela, até que o outro lhe dá um grito, "o troco, filho da puta", aí passa o troco, o mesmo pequeno truque de sempre.

E logo o trem começou a andar; efetivamente, íamos em direção a León e a máquina do tempo correu mais rapidamente ainda, já não sentia o pó, porque começamos a ver algo que há muito tempo não via: os algodoeiros brancos. O algodão e de novo as lembranças, os *trailers* saindo nas madrugadas ainda escuras com um mundo de cortadores de algodão e as mulheres com camisas de homem e com chapéus de homem; todo mundo indo colher algodão e meu pai, que sempre se enfurecia porque os operários que trabalhavam em seu negócio iam para a colheita do algodão, quando lhes pagavam melhor; as descaroçadoras de León trabalhando: eu quase sentia a penugem do algodão no nariz. E o trem continuava correndo com o mesmo barulho, chegou a uma estação, e o apito, e outra vez a água gelada, e a loteria, e os cães, e o povo que subia e o fiscal brigando outra vez. E, de novo, a campainha na outra estação, e o trem correndo, não sei por que, parece que eu começava a sentir mais opressão em meu peito, e, quando o trem foi se aproximando de Malpaisillo, comecei a sentir que ia ficando com um mal-estar, estava mais inquieto, você vê, à medida que me dava conta de que tinha que enfrentar León de novo, encontrar-me de novo com um passado que me é incerto. Ia ficando mais nervoso, estava mais arisco, inquieto, mais tenso, não

A MONTANHA É ALGO MAIS QUE UMA IMENSA ESTEPE VERDE | 147

conseguia explicar a mim mesmo o que me acontecia, o que era que estava me acontecendo, porque me sentia atrevido, de forma que quando o trem começou a apitar ao chegar a Malpaisillo, quem sabe por que agarrei com as mãos, com os braços a janela, porque eu estava sentado do lado de fora, na beira da janela, agarrei-a, agarrei--me no assento, com uma sensação de que poderia ser catapultado para a frente; e não era que eu quisesse regressar, não, mas era uma sensação de que uma força que eu não dominava me atirava para León. Quando o trem parou na estação de Malpaisillo, não fomos os primeiros a descer: esperamos que o povo se aglomerasse para nos misturar um pouco, no meio de todo o burburinho, com todos os vendedores de água gelada, os vendedores de verduras, os vendedores de roupa, os vendedores de tudo.

Ali na estação, comecei a sentir uma espécie de nudez. Como estivéramos tanto tempo na montanha, sem contato com as pessoas, escondidos, vendo sempre apenas nós mesmos, sem nos aproximar sequer dos ranchos, porque nem todos estavam autorizados a chegar até os ranchos, não estávamos acostumados a que as pessoas nos vissem, sempre ocultos no mato; não nos deixávamos ver. Depois, compreendi que a gente não apenas se acostuma a não ver as pessoas, como se acostuma a que ninguém nos olhe; a gente se acostuma a estar sozinho, não é verdade? Senti-me nu em Malpaisillo, no sentido de que todo mundo me via, nu no sentido de que caminhava para frente e não tropeçava em nada, sentia-me nu, sem proteção, senti-me em campo aberto, na praia, sei lá eu, como que desprotegido, não tinha que ficar levantando os pés para saltar os obstáculos do terreno ao caminhar, andava normalmente sem ter que afastar os galhos e ia descobrindo que as árvores na montanha e a topografia na montanha vêm a ser, em alguma medida, como roupa para a gente, proteção para a gente, e ocorreu-me que talvez me acontecesse ou eu sentisse o que senti quando fui para a montanha, mas agora em outro sentido.

Já nas ruas, fiquei com medo, porque sou de León e viajara eventualmente a Malpaisillo em várias ocasiões; portanto, havia gente que me conhecia, companheiros de escola, gente de Malpaisillo que morava em León; e, entretanto, o fato de ser conhecido me dava uma sensação de nudez, porque sentia que qualquer um podia me ver, qualquer um podia me reconhecer; e a sensação de nudez foi ainda maior, porque na montanha a gente anda com uma pistola, ou com arma longa, com fuzil, ou com a submetralhadora, com carabina, e com um monte de balas no fuzil, e nos carregadores e na mochila, às vezes reservas de comida, a gente é autossuficiente no ambiente; e a gente sente a proteção da arma longa, porque, na montanha, a gente dorme com a arma, caminha com ela, toma banho ao lado dela, faz exercício com ela, arma gelada, arma azeitada, arma no ombro, arma na mão, arma com sarro, arma apoio, arma limpa, arma molhada, arma, sempre a arma pendurada, no ombro ou na mão. Na montanha, a arma torna-se um pedaço da gente, como um membro a mais, e um dos membros mais importantes porque, na hora de uma queda, a gente protege mais a arma do que a própria mão. Então, às vezes, a gente prefere quebrar a mão que quebrar o fuzil. Na montanha, é mais importante a arma do que qualquer parte do corpo; e a gente começa a se apegar à arma e, em geral, põe apelido nas armas, não é? Por exemplo, Aurélio Carrasco chamava sua Garand de "o garanhão", outro companheiro tinha uma carabina de culatra negra que chamava de "a negra". Eu usava uma carabina M1 e como sempre dormia com ela e às vezes ficava na rede, dormindo com minha carabina, eu a chamava minha "pelúcia".

E quando desci em Malpaisillo, sentia-me desprotegido sem minha pelúcia, porque minha pelúcia garantia-me a oportunidade de morrer combatendo com uma boa capacidade de defesa.

Eu estava tenso, mas queria fingir ser um homem normal, co-mum; usava um chapeuzinho, um par de botinas, uma calça jeans e uma camisa simples; descera da montanha com bigode, a cara já estava um pouco alterada, barbeado, mas com bigode; mas meu grande temor era que alguém me reconhecesse. Fingia ser normal, mas ia vigiando as reações das pessoas; assim, dissimuladamente, prestava atenção às pessoas com que cruzava e que me olhavam,

A MONTANHA É ALGO MAIS QUE UMA IMENSA ESTEPE VERDE | 149

para ver se me reconheciam; e, infelizmente, alguém me reconheceu e então, quando me reconheceram, senti uma descarga pelo
corpo, não sei, uma coisa no estômago, ia sair correndo, queria sair
correndo. Será que vai me cumprimentar? Vai me chamar? Apenas
consegui caminhar mais rápido, até chegar à estrada que vai para
León. Lembro que nos escondemos, mais ou menos uma hora,
esperando que fossem denunciar, e que a Guarda viesse, mas nada
aconteceu. Pouco tempo depois, decidimos caminhar pela estrada,
em direção a León; ninguém me reconhecera, nem tampouco a Juan
de Dios Muñoz, que estava comigo, ou, se nos reconheceram, não
se atreveram a nos denunciar.

Durante o trajeto a pé pela estrada eu sentia uma grande curiosidade – ou alegria – porque ia ver os companheiros, mas o certo é
que já não estava muito entusiasmado; já tinham acontecido coisas
demais para que eu pudesse entusiasmar-me tanto. Alegrava-me
pensar que veria os companheiros que estavam na cidade, em
especial Ivan Montenegro, mas já não era aquele encantamento,
aquele entusiasmo, como quando fui para a montanha, era diferente, muita gente tinha morrido... já sabíamos que se morria,
já sabíamos que se sofria, que havia tristezas, além de alegrias.
E digamos que o que mais me entusiasmava era a oportunidade
de poder conhecer minha filha ou meus filhos porque, agora me
lembro, o danado do Rodrigo, antes de descer, dissera-me: "Fe-
licidades pelos gêmeos". A companheira estava com uma barriga
grande e parece que alguém, um mensageiro, fez comentários lá
em cima, que estava com uma barriga grande e que talvez fossem
gêmeos e, de boca em boca, até chegar à montanha, alguém disse
a Modesto e a Rodrigo que eram gêmeos. Então tinha começado
lá em cima toda a brincadeira: "Credo, Eugênio... quanta potência,
que barbaridade!" e toda a brincadeira que se faz quando a gente
tem gêmeos. Até que chegamos a pé, a um lugar perto de Telica,
a uma casinha, onde encontrei um companheiro que se chama
Francisco Lacayo, que tirou minhas dúvidas: "Eugênio, você sabia
que tem uma filha?", disse-me, "não, homem", disse-lhe, "não são

gêmeos?"... "não, homem, é uma menina, e se parece com você".
Que alegria! Quando me disseram que não eram gêmeos homens,
e sim uma menina, senti uma grande ternura, quando me disseram
que era uma menina. Nunca tinha pensado no fato de que podia ter
uma filha, uma mulherzinha, e então, quando me disseram que era
uma menina, não sei, senti uma ternura muito especial, senti-me
tão delicado, tão terno, entende? E, claro, eu já estava pensando em
pedir um encontro com Cláudia para compartilhar a criança, para
ver a criança. E vieram nos buscar, mandamos um mensageiro a
León e vieram nos buscar; disseram-nos que ia chegar o regional
em pessoa, até o ponto de encontro, na estrada. O chefe da regional
era Ivan Montenegro. De fato, de noite, apareceu em um táxi Ivan
Montenegro; o do táxi era um companheiro e, imagine a alegria
de ver o gordo, que nos disse, um pouco nervoso: "Subam, subam,
subam". Subimos e nos dirigimos a León. Quando cheguei a León,
sentia-me, sabe como? Como nos pesadelos em que sempre aparecia
León, como se sonhasse que de repente estava em León, que todo
mundo estava me vendo, e que eu estava desarmado, que a Guarda
me seguia e que eu atirava, e que a arma não funcionava, que eu
atirava e os tiros não chegavam, e que os tiros acertavam os guardas,
mas não lhes acontecia nada, ou não morriam, ou o cano da arma
dobrava, esse era meu pesadelo quando eu pensava em León. Então, quando ia entrando em León, de carro, de noite, eram umas 8
horas da noite, pelo sangue de Cristo!... a mesma avenida, a mesma
avenida Debayle de há muito tempo, o hospital, o mesmo *drive-in,* a
estação... viramos na estação; o fim do parque San Juan; deram-me
uns óculos escuros, imagine, para que ninguém me reconhecesse.
E eu via as pessoas, que barbaridade, já não era só a sensação de
nudez que eu sentia, era maior, sabe como me senti? Como se
estivesse clandestino, entrando em León. Isto é, isso para mim era
inconcebível, inimaginável, a preocupação permanente, a maior
expressão de insegurança física, a mais concreta possibilidade de ser
morto ou capturado. Realmente, era estar totalmente descoberto,
estar em terreno totalmente descoberto; então, até certo ponto era

uma loucura, mas era necessário fazê-la, e entrei em León. Procuramos ir pelos arredores, margeando a cidade, até que chegamos ao aparelho. Era uma casa em Subtiava, de um companheiro alfaiate, que já não sei como se chama, não me lembro com muita precisão do endereço, mas era em Subtiava, a umas duas quadras, ou a uma quadra, da rua Real. Depois, a maior alegria, desço e vejo "Chiricuto", Luis Guzmán, Quincho Ibarra, Jorge Sinforoso Bravo, que até então eu não conhecia pessoalmente. Chamaram para jantar, tomei banho, deram-me roupa de cidade, eu queria tudo, queria chocolate, queria *popsicle*[*], queria o doce do Prío... Enfim, o que eu não queria? De tudo. Parecia mentira, estar ali, de novo no coração de León, sem que nem a Guarda, nem a segurança de Somoza, nem meus amigos, nem minha família, soubessem.

16

Depois de uns quatro dias que estava ali, chegou uma ordem de Pedro Aráuz, membro da Direção Nacional: tinha que me dirigir a Ocotal, iam me operar primeiro e depois me enviariam para o Norte. Naquele tempo, o chefe da regional era "Pelota"... Pelota, que era Manuel Morales Fonseca, e havia Bayardo Arce ali, na mesma regional. Saímos a pé, o dia já clareando, lá pelas cinco da manhã; iam nos pegar a umas duas quadras da casa. Você imagina? Ivan Montenegro, Quincho Ibarra, que era o presidente do CUUN, e eu, os três andando pela rua, numa hora em que já há casas abertas e os padeiros já estão entregando pão e pessoas vendendo manteiga! Eles, que eram menos queimados, iam pelos lados e eu no centro, para me esconder um pouco dos olhares, porque íamos pelo meio da rua, era uma rua empedrada, de terra, e eu pensava: que barbaridade! Isso é o fim do mundo!... e claro, reconheceram-me imediatamente, e eu notava que as pessoas ficavam com os olhos arregalados quando me viam, alguns até me deram adeus... mas Subtiava era uma zona combativa, um território politicamente

---

[*]   Sorvete caseiro (N.T.).

liberado quase por completo; me fizeram subir em um carro, que eu não lembro quem dirigia, e fomos embora pela estrada León-San Isidro. Na bifurcação de San Isidro havia outro carro, entrei, sem nada, apenas com minha 45, com uma cartucheira de reserva e um pouquinho de balas. E reconheci o tipo que dirigia o novo carro, e que grande alegria, era Toño Joaquín, o doutor Antonio Joaquín Toledo, dileto filho de Nova Segovia. "E aí?" disse-me, surpreso, porque ele achava que eu estava na montanha, "como vai, Magrela? Filho da puta, você está mais gordo", "não enche, como posso estar mais gordo?", respondi-lhe. "É que estou te achando gordo", disse-me. Por estarmos há tanto tempo sem nos ver, ele me achava gordo; eu estava era inchado, de tanto milho, porque o milho incha, inchado de tomar refresco de milho, e estava mais branco, claro, não tomava sol; estava era pálido.

Levaram-me para Ocotal e começaram a fazer os preparativos para a operação. Eu estava com medo, porque pensei que iam me operar em alguma casa clandestina, algo assim, algum médico amigo em algum hospitalzinho guerrilheiro; eu ouvira falar dos Tupamaros, que tinham clínicas e outras coisas sob a camuflagem de salões de beleza, e eu achava que já tínhamos todos esses recursos. "Quando será a operação?", perguntei. Disse-me: "Temos que ver primeiro como está o hospital de Somoto, porque tenho que te operar em Somoto", "como, vão me operar no hospital de Somoto?", disse-lhe. "Pois sim, e onde você acha que vamos te operar?" "Estava só perguntando..." disse-lhe, "curiosidade minha, só queria saber em que hospital vai ser". Ora, caiu-me a alma aos pés. Então íamos para Somoto... eu já conhecia sua esposa, era um velha amiga, chama-se Luisa Molina. Pensei que ficaria hospedado em sua casa, mas não, levaram-me para ficar em uma casa em frente. E eu, com uma grande esperança de ver Luísa... mas ela estava em Estelí.

No dia seguinte, perguntei a Toño: "E aí, o que aconteceu com o hospital?" "Rapaz", disse-me, "sabe, é que temos que conseguir isso, porque temos que ver quais são as enfermeiras que vão cuidar de você e temos que buscar a anestesista". "E a anestesista e a enfermeira são companheiras?" perguntei-lhe. "Não, nenhuma das duas. Mas Saul e eu somos os médicos, não há problema. Além do mais, não se preocupe, vou dizer que você é um primo meu, e que ficará lá apenas o tempo indispensável, digamos três dias, que depois vamos te trazer para cá". "Tudo bem, então", disse-lhe, sem imaginar que ia me acontecer o que me aconteceu.

No dia seguinte, disse-me: "Vamos, então, irmão", e me internou no hospital, lá pelas cinco da tarde. Eu levava uma granada e pensava: "Deus meu! Que incrível seria se me encontrassem e se a Guarda chegasse para levar-me operado, tirando-me daqui sem um tiro! À força, com empurrões e operado: não vou poder ficar de pé, não vou poder me defender, e se cair a ferida vai abrir, e os guardas vão pisar nela, vão sair as tripas..." e o pior não era pensar que iam me fazer isso, e sim a ideia de sentir-me impotente diante dos filhos da puta; então pensava: se a Guarda vier, o que vou fazer é deixar a granada e a pistola embaixo do travesseiro; abri assim os dois cantinhos que ficam dobrados, endireitei-os e só faltava puxar o anel, mantendo a granada bem na beirada; então, quando a guarda vier, pensava eu, tiro a granada e a lanço no quarto e voa a Guarda e voo eu, mas esses cachorros não vão me maltratar, não vão me assassinar operado, e só me lembrava de Enrique Lorente, que era epiléptico. Para provocar sua epilepsia na prisão, batiam-lhe na cabeça, torturavam-no, batiam--lhe e, saído do ataque, batiam-lhe de novo; e o torturavam depois que passava o ataque, e tornavam a provocar a epilepsia; essa sensação horrível de maltratar a gente nessas condições me aterrorizava, me aterrorizava. Eu tinha combinado com Toño que, depois que me operassem, ele ficaria comigo enquanto estivesse dormindo, e que teríamos sempre um veículo ali, para alguma emergência.

E chegou a enfermeira, e disse-me: "Tire a roupa, porque temos que limpá-lo". Então tirei as meias, os sapatos, a calça, a camisa, e pronto. E ela me disse: "Tire a cueca, que temos que raspá-lo". "Isso não é o doutor que faz?", perguntei, inibido. "Não, não", disse ela, "sou eu e ande depressa". Filha da mãe! Porque, se essa mulher me tocar, pensava eu, vou ficar duro, e a mulher vai pensar que sou um tarado (como ela iria saber que havia um ano que eu não tocava em uma mulher, que uma mulher não punha a mão em mim?); e, por azar, era uma morena muito linda: só de vê-la vou ficar duro!, pensava, que vergonha. Não tinha jeito, tirei a cueca e ela, bem séria, com todos seus instrumentos ali, com os estojos, as bandejas, com um monte de frasquinhos de cor, *mertiolate,* álcool, iodo, sei lá eu, gaze, tesouras, algodão... fiquei nu e pus as duas mãos embaixo da cabeça, deitado na maca. Vou fechar os olhos, pensei, mas reconsiderei em seguida: se eu fechar os olhos, essa mulher vai pensar que estou pensando em alguma coisa ruim; mas fechei os olhos, porque assim não via e corria menos risco de esquentar, só indecisão em minha cabeça. Então veio a mulher, pegou uma gilete de barbear e começou *ra, ra, ra, ra, ra,* e pegava os meus genitais e os levantava, tocava-me por baixo e depois pegava o pênis, assim, e o punha para o outro lado... Ai, Deus meu! Já estava sentindo esquentar; e comecei a pensar na lama da montanha, lembrar-me de quando ia caminhando no barro e caía, quando ia buscar lenha, quando estava cansado e tinha que subir uma encosta, imaginava que dava um passo, outro passo, e outro passo, e outro passo pela lama... mas a mulher segurava, assim, com o dedo, com a mão delicada, feminina, o meu pênis, e fazia assim, e depois passava a mão por baixo daqui, dos testículos, com um algodão úmido, e começou a me encher de *mertiolate,* eu sentindo um friozinho gostoso, não aguentava mais, não aguentava e depois deixava de pensar e sentia o que ela estava fazendo, e sentia, e imaginava suas mãos com unhas pintadas, e sentia sua pele em minha carne, em meu pênis, segurando nele, esfregando-o, movendo-o e voltava rápido a pensar na montanha e agarrava a cabeça, mexia no cabelo, fechava os olhos e os abria de novo... estava pedindo o impossível, a coisa vinha para cima, levantando-se e eu via que a mulher já não estava me limpando: jogou fora os algodões e vi que começou a pegar o pênis e começou a mexer nele... e, em determinado momento, disse a mim mesmo: "Homem, sou um idiota! Estou esquentando e que vou fazer? Se não posso me aguentar, se sou um cristão, comum, pois vou ficar duro, duro, duro, que vergonha..." Eu não achava o que fazer, ali na maca, nu e completamente duro, nervoso e com vergonha: e a mulher começou a rir e disse-me: "Não se preocupe, jovem, nós estamos acostumadas com essas coisas". Que merda, pensei, essa mulher filha da puta tocou-me intencionalmente, senti que me limpou e tudo, mas depois desconfiei que estava me acariciando quando passou sabão em mim, e você sabe o que é, passarem sabão e água em seu pênis quando há tempo a gente não faz amor, que venha uma mulher, com sua linda mão, com suas unhas lindas, sua mão linda, macia, e começa a tocar seu pênis e os genitais, o púbis e tudo isso, é de matar. Então, depois de um tempo, chegou Toño Joaquín e começou a dar grandes gargalhadas: "Ah, ah, ah, ficou duro, magrela filho da puta!" "Sim, irmão", disse-lhe eu, "que cagada, que vergonha, que lhe disse a companheira?" "Não, irmão, esquece essa merda" disse-me... "você acaba de me fazer perder 50 pratas", "como?" disse-lhe eu, "que merda é essa?" "Sim", disse ele, "é que apostei com a enfermeira que você não ia ficar duro e ela disse que sim, que ia conseguir". Percebe? O filho da puta do Toño Joaquín, para fazer uma brincadeira comigo, apostou que eu não ficaria duro, pura sacanagem, e claro que a mulher ganhou e me provocou para ganhar a aposta. Com razão, eu sentia que estava me tocando mais do que era necessário.

Puseram-me a bata cirúrgica e deixei minha pistola, com medo, minha pistola e minha granada, na cabeceira, sob o travesseiro, e levaram-me para a sala de cirurgia. Eu nunca tinha sido operado na vida; e me deram uma injeção, dizendo-me que começasse a contar, um, dois, só cheguei até três e *pum*, adormeci; e aí, quando acordei, estava no quarto de novo, coberto e com minha bata de hospital, meio idiota, babando; ergui-me pela metade e vi o monte de gaze... Bem, garoto, aqui começa o problema... Deus meu! Que não venha essa Guarda filha da puta, ou vão matar-nos todos, mas a mim não vão pegar! E se a Guarda vier e eu estiver dormindo, vão me matar, porque eu sentia dor no apêndice e não podia ficar em pé. Então perguntei a Toño: "Como estão as coisas? Tudo calmo?"

"Tudo calmo, não se preocupe", disse-me, "não há problema, tudo controlado, mano". "Aqui, preste atenção" disse-lhe, "cuidado uma merda, mano, vão me levar, os filhos da puta". "Não, não se preocupe, aqui não há nada... e sabe o que mais, magrela?" acrescentou, "vou até Estelí, dar um jeito na Luisa, porque estamos brigados", disse-me. "Mas você volta para dormir aqui?" "Sim, vou dormir aqui, não se preocupe".

E Toño foi embora, não se reconciliou com a Luisa, ficou bebendo *guaro* em Estelí porque estava muito bravo, brigou outra vez com ela, e voltou para Somoto; mas, como estava muito bêbado, não quis continuar dirigindo e parou para dormir na estrada; então, claro, não prestou atenção onde estava parando para dormir, e era diante da entrada de Condega. Claro que os guardas notaram o carro e foram ver, bateram e bateram no vidro até que ele despertou, e perguntaram-lhe o que estava fazendo ali, começaram a revistar o carro e encontraram a pistola que ele usava, com os números apagados, livros de literatura revolucionária de todo tipo e claro que o levaram preso. E eu, sem saber nada disso, até o dia seguinte, em que chegou uma companheira com dois companheiros, lá pelas 6 horas da tarde, dizendo-me: "Companheiro, vista-se, vamos embora". "O que houve?" perguntei. "Capturaram Toño Joaquín ontem à noite e não sabemos o que vai dizer, porque estava muito bêbado".

E agora? pensei. Vesti a camisa e me ajudaram a colocar a calça e me puseram os sapatos, porque eu não podia me abaixar. "E qual vai ser a história, para sair daqui?" E não tinham história. "Então, disse-lhes, a história vai ser esta: uma vez que conseguirmos sair para o corredor, vou me pendurar em vocês dois, assim, nos ombros, como se estivesse bêbado e vocês vão me levar segurando-me pela cintura, como se eu estivesse caindo de bêbado; irei falando como um bêbado".

Assim foi: puseram-se na beira da cama, sentei-me, pendurei-me neles, no pescoço de um deles, e com a outra mão segurei na cintura. E começamos a caminhar; levavam-me pendurado, e assim saímos do hospital. Puseram-me em um jipe Willys e tocamos para Ocotal.

Ainda não tinha defecado nem uma vez desde a operação, imagina? Tinha urinado, sim, mas não tinha defecado; levaram-me para uma casa em Ocotal e depois, de noite, enquanto escurecia, tiraram-me do povoado, porque ali a repressão era intensa. A partir de então começou uma tortura horrível; levaram-me para uma fazenda, no mato, de verdade, a estrada ruim e o jipe saltando, um caminho pedregoso, acidentado, horrível; por mais devagar que o veículo fosse, cada pedrinha me doía na alma, na ferida, porra, cada pedrinha doía a ferida, precisaria ter vindo voando para que não doesse; se em uma boa estrada e em um bom carro teria doído, agora imagine em um jipe Willys sem amortecedor, um jipe Willys velhinho, dirigido por um velhinho, que, agora me lembro, o bandido do Pelota o chamava de "Fitipaldi", como apelido, era motorista de Pelota e como o jipe chegava até 50 quilômetros por hora, e o velhinho só ia a 30, Pelota o chamava de Fitipaldi, o nome do piloto brasileiro. E ali eu eu, no jipe de Fitipaldi e com Fitipaldi, com Fitipaldi no leme, e claro, parecia longe para mim, porque sentia que cada pedra batia na ferida, era como se a pedra, depois que batesse na ferida, voltasse; e eu dizia: Deus meu! A que horas vamos encontrar uma blitz da Guarda aqui e eu que não posso descer do jipe! Se nos pararem e um guarda me mandar descer, tiro a pistola e atiro, e sempre com a granada pronta para ser lançada; esse era meu consolo, atirar a granada para que morrêssemos vários, os guardas e eu, e não ir sozinho, não dar minha vida àqueles bandidos.

Demoramos umas duas horas para chegar, ou três horas; a noite estava avançada; era um lugar ali em Macuelizo, perto do povoado, em um sítio de um companheiro que se chama Teófilo Cáceres. Seu pseudônimo era Fidel, porque era parecido com Fidel Castro, alto, empertigado e narigudo. Ali começou para mim um pesadelo: ainda não conseguira defecar, e havia quatorze horas que fora operado. E ali, no sítio de Fidel, tinha que defecar e não havia banheiros nem latrinas; para fazer as necessidades fisiológicas os camponeses da casa andavam uns 150 metros até um barranco. Eu mal podia andar, e assim foi a primeira vez: dois companheiros tiveram que me levar, baixaram minhas calças e depois, estando eu pendurado nos ombros deles, tive que cagar em pé. Era uma situação muito incômoda e desagradável... a gente se sente animal ou vegetal. Não dá para sentir-se gente naquelas condições.

A outra parte era o curativo nas feridas, todos os dias, e as injeções; Pelota e outro camponês daquela zona, que se chama Manuel Mairena, cuja mãe é uma camponesa, faziam os curativos, todos os dias, e me injetavam antibióticos para evitar que a ferida infeccionasse, porque não havia nenhuma condição de higiene; então, além da dor da ferida, e da grande fragilidade que eu sentia, já não aguentava as nádegas, de tanta injeção.

Uns oito dias depois, quando já estava passando o tempo de tirar os pontos da operação, pudemos regressar a Ocotal, aproveitando que a repressão diminuíra. Levaram-me para um aparelho, para tirar os pontos. Saul, o outro médico que me operara junto com Toño, teve que fazer um cortezinho de uns dois centímetros, com uma gilete desinfetada, para tirar os pontos, porque o pedacinho de linha visível apodrecera de tanto passar algodão com álcool na ferida; e tinham feito uma costura muito moderna, os pontos sob a pele. Aquela foi uma dor gratuita, adicional.

Levaram-me para aquela casa; chegamos a ter muito carinho por ela; aquelas duas casas, digamos, porque eram duas famílias que viviam frente a frente, na mesma rua; era um conjuntinho de segurança, porque as duas famílias tinham relações de trabalho e mantinham clandestinos em uma e outra. Em uma das casas viviam três velhinhas, cada uma mais linda que a outra, a mais moça com uns 60 anos; as três eram mensageiras da Frente. Nunca as pegaram, porque a Guarda nunca imaginou que aquelas velhinhas fossem mensageiras da Frente; tinham todo o sabor tradicional da conspiração do povo do Norte da Nicarágua, desde o tempo da luta de Sandino. Falavam murmurando e em voz baixa, e assim contavam todas as histórias da guerra de Sandino; parecia que estavam falando do último contato que fizeram ontem à noite; para elas, nosso assunto era uma continuação e se sentiam como naqueles tempos, da mesma forma como conspiravam com os maridos e com os irmãos, em seus sítios; agora era conosco, na cidade. Aquelas velhinhas gostavam de nós como se fôssemos seus filhos, como revolucionários, era um carinho místico, bem desprendido, sempre vinham até o quarto onde estávamos trazendo alguma coisa: chegava uma e deixava ameixas para nós, chegava outra e nos trazia mangas, outra, rosquinhas; e cada vez que elas chegavam nos alegrávamos porque, além do mais, fazíamos agrados, brincávamos com elas, adoravam a gente. Nós as apelidamos de Reis Magos, porque cada vez que chegavam traziam presentes.

A outra família era composta pela esposa, por ele, um velho revolucionário, velho sandinista daqueles tempos, e duas ou três filhas. Jogador de rinha de galos. Ali, naquela casa, a gente também roçava nas moças; a mais velha, que era namorada de Leonel Espinoza (Marino), Pelota apelidou de Marina; todas eram muito lindas. Àquela casa eu sabia que vinha uma moça do Pacífico, para fazer contato com Pelota; não sabia quem era, mas suspeitava que fosse Luisa, a do Toño, mas não podíamos vê-la e eu tinha vontade de dizer-lhe: Luisa, Luisa, Luisa, aqui estamos, porque ela era de temperamento muito alegre e éramos muito amigos e com certeza seria uma alegria nos ver; mas nunca foi possível. Depois, estive vários dias em outra casa, onde uma companheira-professora, que também me fazia curativos, muito heroica e de quem guardo lembranças muito lindas, chama-se Rosário Antúnez; foi capturada várias vezes, torturada pela Guarda; mataram sua filha de 15 anos em Nova Guiné; ela está viva, trabalha com a Frente em Ocotal.

17

Estando ali, na casa daquela professora, depois de uns 20 ou 30 dias da operação, mais ou menos, a Direção Nacional propôs a criação de duas grandes escolas guerrilheiras, para estimular o treinamento militar e reforçar em homens e em qualidade os diferentes setores de trabalho, inclusive a montanha; de forma que uma das escolas foi em Macuelizo, um pouquinho depois da fazendinha para a qual eu fora levado depois da operação. A escola chamava--se Julio Buitrago e tinha 30 alunos; era o mês de junho de 1975. Avisaram-me que eu ficaria vinculado à regional, e que seria uma escola para homens que também iriam para a montanha. E que iria para a escola, para participar do treinamento do pessoal, dando-lhes conhecimentos básicos sobre a luta guerrilheira, graças à experiência que tinha e ao tipo de treinamento que recebera. Nomearam-me responsável militar da escola; Manuel Morales e Bayardo Arce eram o primeiro e o segundo chefes da escola, Augusto Salinas Pinell era o responsável logístico, porque trabalhava naquela zona, organizando clandestinamente os companheiros do setor. Aquela escola foi para mim um grande aprendizado, porque comecei a ver refletida minha própria experiência em nível de massa, em nível coletivo, em 30 companheiros; ali estavam Jorge Matus, que morreu na guerrilha; Marcelino Guido, que agora é capitão e segundo chefe de ordem interna da segunda região militar do Ministério do Interior; dois outros companheiros, cujos nomes não lembro, mas cujos rostos tenho bem presentes; alguns caíram, outros ficaram vivos; havia ali todo tipo de gente, estudantes, operários, camponeses.

À medida que transcorria o primeiro dia da escola e eu ia notando as limitações dos companheiros, percebi que meu processo na montanha não era um processo único: todos os companheiros passavam pela mesma coisa. Claro que ali, naquela escola, as condições eram um pouco distintas, porque não era a selva, mas pinheirais, bosques de pinheiros, já bastante dizimados pelas companhias madeireiras estadunidenses. Em vez de uma vegetação espessa e cerrada, era agora uma vegetação muito rala, era quase como estar frequentando uma escola em um parque, no descampado; tínhamos que camuflar as barracas e os utensílios do acampamento para que não fossem vistos pela aviação, porque era desprovido de árvores. Havia um morro, que chamam de El Copetudo, bem distante – e o acampamento no alto do morro. Ali comecei a ver os companheiros caírem, frustrarem-se, levantarem-se; ali vi mostrarem seus problemas e suas debilidades, corrigirem-se; ali vi o desenvolvimento desigual dos homens quanto à sua capacidade. Claro que me empenhei para dar-lhes o melhor do que sabia e, nesse sentido, René Tejada sempre esteve presente em mim: ele já tinha morrido, eu estava marcando o espírito de Tello na escola. Aquela escola foi fechada em 14 de julho de 1975; tinha começado mais ou menos em 14 de junho. Lembro-me de que havia um surdinho, gritavam para ele e nada, percebemos que era surdo; então Pelota dizia... "Este cara é surdo, é sorvete, é sorvete... *ice cream, ice cream*"; o apelido que lhe demos foi *ice cream*. Havia outro que era asmático, e levou para o acampamento suas injeções de aminofilina, então Pelota dizia: "Vejam, é asmático, Aminofilina, vamos chamá-lo de 'Aminofilina'"... não, melhor, Amin, em vez de Aminofilina... Amin, Amin, Uganda... Uganda! Porque Idi Amin era o presidente de Uganda e assim, desse jeito, Pelota batizou todo o mundo. Depois, percebemos que Carlos Fonseca ficava bravo com essas coisas, dizia que não éramos um bando de delinquentes para dar aos outros aqueles nomes. Entende? Não lhe parecia correto chamar as velhinhas sandinistas de Reis Magos, nem o velho chofer de Fitipaldi, nem o surdo de *ice cream*, nem o asmático de Uganda. O comandante Fonseca não gostava daquilo.

Depois de uns dez dias que a escola tinha começado, começaram a chegar informações sobre gente esquisita na área; parece que eram oficiais do serviço de informação militar da Guarda que tinham detectado o tráfico de veículos, as passagens de noite por ali, sinais e mais sinais. A Guarda demorou e pudemos terminar a escola; mas, um dia, nos disseram que a Guarda já tinha entrado; e nós com 30 rapazes que nunca tinham atirado em sua vida, que não tinham experiência de caminhar, que só de caminhar até o acampamento tinham chegado com os pés arrebentados e tinham caminhado apenas umas oito horas, essa era toda sua caminhada, mas, para eles, isso era sabe-se lá o quê, eles sentiam-se "guerrilheiríssimos" naquela altura. E assim, com aquela gente que nunca tinha combatido, que não sabia caminhar, que não sabia carregar, com poucas armas, armas de caça, só duas ou três armas de guerra em todo o acampamento, com munições contadas, em terreno descoberto e bem povoado, sabíamos que, se a Guarda chegasse, seria um desastre para nós. A escola fora feita ali porque não havia outros lugares com melhores condições. E chegou a notícia de que a Guarda estava ali! Decidiu-se que Manuel e Bayardo desceriam para a cidade porque nós não podíamos buscar combate, tínhamos apenas um contingente que devíamos devolver à cidade, para que aquela gente fosse mandada para a montanha. Pelota e Bayardo deviam procurar recursos para que as pessoas descessem imediatamente, evitando um enfrentamento. E mandar veículos, procurar casas na cidade para alojá-los ou transferi-los depressa para outros Estados, e ver como estavam as estradas e como estavam as *blitz* na cidade e a vigilância para fazer toda a operação. Mas, a única coisa que conseguimos foi que Bayardo e Manuel pudessem sair porque, depois, ninguém pôde descer: começou o cerco da Guarda. Eu era o responsável militar pela escola e Augusto Salinas Pinell, responsável pelo grupo, porque já terminara a escola, a escola terminou no dia em que a Guarda entrou, ou no dia anterior, algo assim.

Começamos a descer e quando já tínhamos descido um pouco, ficamos perto do rancho de um colaborador, esperando o contato que chegaria da cidade para levar a gente pelo mato e depois pela estrada. E aí valeram as lições de Tello: ele morreu porque estava a uns 500 metros da casa de um colaborador, a Guarda chegou até o colaborador, levou-o preso, e o colaborador entregou-o. Então, coloquei vigilância para a casa do colaborador, porque se a Guarda chegasse iríamos embora antes que o colaborador nos entregasse; ainda que não nos entregasse, era preciso tomar medidas de segurança. De fato, um pouco depois, o vigia que estava mais acima disse-nos que havia uns 40 ou 50 guardas na casa do colaborador e que estavam o levando preso; dei imediatamente a ordem de retirada mas, àquela altura, já havia patrulhas por todos os lados, um cerco completo sobre a zona; eram patrulhas da Guarda que estavam entrando, para tentar entrar em contato conosco. A Guarda estava com todos os seus equipamentos: tinha helicópteros, aviões, tudo; já sabia da escola e ia estourá-la. Assim, decidi mandar um companheiro, veterano de Raiti e de Bocay, Heriberto Rodríguez, para encabeçar a retirada para um setor onde tínhamos outro colaborador, o setor onde estava Augusto Salinas Pinell naquele momento, porque me deixara no acampamento para ir buscar contato com outros colaboradores que pudessem nos ajudar a descer. Enquanto o pessoal preparava-se para a retirada, fiquei com outros companheiros decididos para conter a Guarda em uma emboscada, porque se ela chegasse ao lugarzinho em que estávamos, que era uma grota pequena, uma quebrada seca, poderíamos contê-la com a emboscada. Mas pudemos nos retirar sem problemas e estando já em outro ponto fui buscar outros contatos, para ver como desceríamos, pois compreendemos que da cidade não podíamos esperar nada. Éramos um monte de homens armados e tampouco poderíamos passar se não fosse em combate: seria preciso enfrentar a Guarda em condições desiguais. A verdade era que não sabíamos o que fazer: a situação estava extremamente difícil, a gente tinha que ver como sair para a cidade, era preciso que nos arrumassem veículos, ainda que só até certo ponto, casas na cidade para abrigar toda aquela gente...

Saí com Manuel Mairena, vestidos de civil, apenas com arma curta, para buscar contato na casa de Fidel, onde estivera antes, operado. Deixei instruções com Heriberto Rodríguez para que se dirigisse com os companheiros para outro ponto, onde nos encontraríamos. Caminhamos durante todo o dia e, quando nos aproximamos da casa de Fidel, entramos em uma quebrada seca, arenosa; saímos da grota lá pelas quatro da tarde, entre quatro e cinco da tarde. E eu disse a Manuel: "Você vai fazer o contato, porque você é daqui, eu irei em seguida; qualquer coisa, voltamos para trás". Não sei o que aconteceu, mas quando íamos caminhando, ouvimos de repente uma voz dizendo: "Olha lá um dos filhos da puta!" Então Manuel me disse: "Irmão, vamos voltar que acabam de nos descobrir". Retrocedemos, demos dois tiros e começamos a correr; a Guarda já estava na casa, mas dentro, os filhos da puta, emboscados; havia uns homens vestidos de camponeses, guardas também, fora, junto com um traidor, um informante do lugar, que conhecia Manuel Mairena e sabia que ele andava conosco, clandestino. Começaram a mandar uma saraivada de balas em cima de nós e nós apenas com a pistola e um carregador sobressalente, correndo em passo tático veloz, voando, em ziguezague sobre a quebrada, até que chegamos a um ponto em que vimos que já podíamos sair do leito da quebrada. Saímos, mas outros grupos de guardas tinham avançado correndo por outro lado e começou uma caçada. Não havia mato, era meio deserto, uma vegetação baixa, arbustos, alguns outeirinhos. E a Guarda, dividida de dez em dez, de cinco em cinco, de oito em oito, com suas metralhadoras, com seus Garands, com seus fuzis, com armamento moderno e também com granadas. Então saíamos do outeirinho e nos detectavam e corríamos de novo e aquilo era nada mais que uma caçada, como se a gente pegasse um par de animais e começasse a caçá-los; estávamos assustados, mas eu estava também com raiva, podia morrer sem muito problema, mas tinha raiva de nos liquidarem daquele jeito. Houve um momento em que nos cortaram a retirada, mas não perceberam que tinham nos cercado. E eu disse a Manuel, no ouvido: "Ponha a arma com o gatilho para trás, tire o seguro, e só dispare quando eu disparar". Os guardas começaram a rastrear todo o setor; nós agachados entre quatro arvorezinhas, dessas baixinhas, pequenas, de cócoras, porque de cócoras pelo menos a gente pode saltar; e, dessa posição tão precária, víamos os guardas que estavam lá em cima, na beira; mas eles não nos viam. Decidimos escolher cada um, um guarda do grupo e apontávamos para eles com o cano da arma, seguindo seus movimentos daquele matinho, de maneira que, se um guarda nos visse, disparariamos, e sairíamos correndo; isso se antes eles não nos acertassem uma bala. "Esses tremendos filhos da puta estão aqui", diziam, "onde estão esses filhos da puta? Não podem estar longe!" Em suas falas faziam referência a outras patrulhas que estavam por ali, na quebrada, ou ao lado. "Estes estão aqui", diziam. "Aqui! Vamos por aqui, de frente" e iam de frente, e passavam rente de nós, perto do matinho e nós ali escondidos. Naquela altura, já eram umas seis

A MONTANHA É ALGO MAIS QUE UMA IMENSA ESTEPE VERDE | 165

da tarde e já começara a escurecer, a ficar um pouquinho escuro. Puta que o pariu, como eu queria que escurecesse! Então escureceu e eles não se foram; sabiam que estávamos ali, mas não sabiam onde. Lá pelas sete, oito da noite, eu disse a Manuel, no ouvido: "Vamos começar a sair... mas preste atenção: primeiro você põe a mão no chão, e quietinho, com a mão em câmara lenta, tira as folhinhas e deixa só a terra, tira os pauzinhos. Quando tiver tirado as folhinhas e os pauzinhos da terra, põe um pé e depois com a outra mão adianta mais um pouquinho, tira os pauzinhos e a terra e põe o outro pé, para ter certeza de não fazer barulho, porque aqui um *clis*! neste silêncio nos delata e como é de noite o que vão fazer é disparar umas rajadas indiscriminadamente em nossa direção e nos matar". Assim estávamos, começando a tirar os pauzinhos e as folhinhas, quando ouvimos alguém tossir e sussurrei a Manuel: "Vamos aguentar um pouco mais, porque quanto mais tempo passar pode ser que acabem indo embora e mesmo que não forem, quanto mais tempo passar, mais cansados irão ficar e vão dormir". Continuamos de cócoras; e já estávamos com as pernas adormecidas, mudávamos o peso do corpo de uma perna para outra, dormiam as duas, dormia uma, horrível, sabe? Não podíamos nos mexer, estávamos quase abraçados.

Por volta das três da manhã iniciamos uma tentativa de sair, mas não pela quebrada, porque sabíamos que iam emboscar a quebrada, e sim pelo mato; e conseguimos, saímos, por fim, e fomos dar na cidade. E encontrei a cidade sitiada, consegui chegar à casa daquele senhor que jogava nos galos e quando entrei, lá pelas cinco da manhã, ele deu um salto e me disse: "Criatura, o que você anda fazendo na rua?" "Ora, procurando contatos" disse-lhe "porque estávamos lá dentro e a Guarda nos cercou, os companheiros ficaram esperando que a gente vá tirá-los de lá". "Ai, meu filho, vão embora, que Ocotal inteira está presa", disse, "estouraram e capturaram todos os colaboradores". A situação em Ocotal era realmente dura: a Guarda ocupara a cidade e as prisões eram feitas em massa; Guillermo Cáceres Bank, o companheiro motorista do veículo, que chamávamos carinhosamente de Fitipaldi, tinha sido pendurado pelos dedos dos pés e surrado no quartel. Todas as estruturas, as casas de segurança, a rede de colaboradores tinham sido estouradas. Estávamos horrorizados. Aquilo me chocava, fazia-me muito mal, porque o povo voltara a acreditar e as coisas não iam para a frente. O fato é que fomos para outra casa, conseguimos fazer contato com Bayardo e Pelota e os companheiros disseram-me: "Aqui não podemos fazer nada... estamos fritos, sem nada. O regional aqui na cidade está acabado, não podemos nos mexer. Se vocês saírem da cidade, já vai ser um êxito, um êxito! Voltem para lá". "Você, Omar, responsabilize-se, com Salinas, pelo pessoal", disseram-me. "Veja como tirar aquela gente, pela estrada, por onde quiser, mas tirem o pessoal. Aqui está um pouco de dinheiro e aqui estão estas latas". O pessoal estava morrendo de fome lá em cima.

Então, saímos de novo, de noite, margeando o povoado, com medo das patrulhas que andavam passando pente-fino na região, com os grandes sacos levando um pouquinho de comida, em latas, sem veículo. "Só falta a gente não os encontrar" pensava eu, porque havia a possibilidade de que a Guarda tivesse estourado o resto dos colaboradores na região, e que já não pudéssemos retomar o contato com os companheiros. Conseguimos chegar ao ranchinho de dom Bonifácio Montoya, que foi um dos primeiros guias da FSLN: contou-nos que fora guia de Carlos Fonseca. Era um bom velhinho! Alto, magrinho, claro, olhinhos azuis, meio louro, meio castanho, bem lindo! Tinha 82 anos e a pureza de uma criança. Vivia em seu ranchinho miserável, pequenino, com sua velhinha que não me lembro como se chamava, que também era clarinha, de olhinhos azuis, camponeses do Norte da Nicarágua, sandinistas do tempo de Sandino, os dois.

Nós o encontramos vindo da quebrada buscar água com um balde, e caímos em cima dele... "Dom Bacho, dom Bacho!". "Rapazes! Venham para cá, entrem no rancho!" disse-nos, logo que ouviu que o chamávamos. "Cuidado, estão nos vendo lá de fora, a Guarda anda por aí". "Viram o pessoal?" perguntei-lhe. "Como não! Estou com eles no mato", disse-nos. Era um cume pelado que

A MONTANHA É ALGO MAIS QUE UMA IMENSA ESTEPE VERDE | 167

só servia para as cabras, os garanhões. Deu-nos café preto, e nós lhe perguntamos: "A Guarda não veio ao rancho?" "Não", disse a velhinha, "e se a Guarda vier, nem que seja água quente eu jogo neles". Aquele velhinho, dom Bacho, era uma página da história. Salina Pinell contou-me que, quando chegou pela primeira vez a dom Bacho, em nome da Frente, o velhinho alegrou-se logo de saída: "Veja", disse, "veja, eu sabia que voltariam, porque eu tenho umas coisas enterradas para vocês, que deixaram da outra vez"... "E o que é?" perguntou-lhe Augusto, "uma coisa dos estadunidenses que eu tenho ali, que vocês deixaram da última vez que passaram". E foi procurar debaixo de um tronco e desenterrou um pequeno saco militar, um saco do tempo da ocupação *yankee*, que a gente pegava com a mão e se desfazia, e dentro do saco, um monte de balas de Enfield. Percebe?... O velhinho tinha guardado tudo e todos os dias tirava-os para tomar sol, porque sabia que um dia os sandinistas voltariam.

"Se vocês me ajudarem, eu os levo até onde estão os rapazes", disse dom Bacho. E o carregamos, quase não podia andar de tão velho, e começamos a subir com ele, levando-o quase no colo entre Mairena e eu. Encontramos apenas uma parte dos companheiros, morrendo de fome; em uma das marchas, como era tanta gente e só havia Heriberto Rodríguez como chefe da coluna que havia fraturado a perna na marcha, e como havia apenas um guia, ou nenhum, não tenho certeza, uma parte ficou para trás, e se perdeu, porque se alguém deixa de ver o companheiro que vai na frente, se não conhece o terreno, perde-se e se desgarra, e a partir daquele momento procura como escapar por si só. Mataram três ou quatro companheiros e os outros conseguiram chegar à estrada; pegaram um ou dois, um deles em Estelí, um rapaz extraordinário que fora dos melhores na escola. Salinas, Mairena e eu nos responsabilizamos por buscar uma forma de tirá-los dali.

Já no monte dividimos entre os companheiros as coisas de comer que levamos, as latas, mais umas mangas que tínhamos colhido na terra de dom Bacho, dom Bacho que havia oito dias que comia apenas mangas, não tinha comida. Ali estavam os companheiros ocupando cada um suas posições, nos desfiladeiros, 15 ou 18 companheiros, no máximo; à medida que a gente ia subindo o morro via que estavam posicionados, com suas armas, suas 22, seus Enfields, com o que fosse, nos desfiladeiros; para desalojá-los a Guarda teria precisado de aviões, porque era muito difícil arrancá-los dali. Estávamos dentro do cerco da Guarda, movíamo-nos dentro daquele cerco e o negócio era sair dali, porque a Guarda estava dispondo patrulhas de um lado a outro, procurando nos localizar, para depois apertar o cerco. Salinas contou-me que eles conseguiram chegar ao cerco porque dom Bacho os tinha guiado por um trecho em que a Guarda não estava, pois havia espaços entre uma patrulha e outra e como dom Bacho conhecia bem o terreno sabia como passar perto de uma patrulha sem ser visto pela outra.

Então nós chegamos e vi aqueles rostos cheios de esperança, impacientes, pensando que tínhamos todas as possibilidades de saída. Comemos um pouquinho ali e começamos a pensar; bem, dissemos, aqui há duas coisas: ou tentamos romper o cerco da Guarda, ou esperamos que a Guarda faça contato conosco e morremos todos nesse cerco. Essa era a alternativa, mas se decidíssemos sair, para onde iríamos? Quanto mais nos expuséssemos mais a Guarda poderia nos avistar, porque o terreno era descampado, pastos, zonas totalmente descobertas, milharais, vegetação rasteira, um ou outro bosquezinho de pinheiros, minúsculo e ralo... era difícil sair dali. A decisão final foi sair pela rodovia Panamericana, e ali cada um arranjaria roupa civil com os colaboradores daquela região, da margem da estrada, pegaria um transporte coletivo e iria embora; não havia outra coisa a fazer. A missão era salvar o pessoal para que voltassem para as cidades, havia outros companheiros que estavam destinados à frente da montanha, outros iriam para as estruturas da cidade; outros até voltariam legais para suas casas, para continuar trabalhando. De forma que planejamos com dom Bacho e com seu filho, porque dom Bacho também tinha seus filhos envolvidos como colaboradores, como sair dali de noite. Sem lanterna, imagine, na-

A MONTANHA É ALGO MAIS QUE UMA IMENSA ESTEPE VERDE | 169

queles precipícios. Por sorte havia uma boa lua, o que era ao mesmo tempo uma vantagem e uma desvantagem; uma vantagem porque permitia ver por onde andávamos e ajudava os guias, dom Bacho, a orientar-se; e uma desvantagem, porque a Guarda podia nos ver. Começamos a descer, eu na vanguarda; mas Augusto me tirou dali e me colocou no centro. Lembro que, de tarde, antes de partir, antes da marcha, mudamos os nomes de guerra; eu me chamava Eugênio e, como esse nome já estava queimado, tornei-me Juan José: foi ali que comecei a me chamar Juan José; porque o inimigo conhecia alguns nomes de guerra e se tratava de não dar informação operacional ao inimigo. Estabelecemos as regras da marcha e partimos, sem lanterna, cada um com um fio de náilon amarrado atrás, porque eu temia que durante a marcha nos perdêssemos e assassinassem os rapazes, como tinham assassinado os outros que tinham se perdido. Então, amarramos em cada um um fiozinho de náilon, no cinto, atrás, para que o de trás segurasse o fio e não se perdesse. Já tínhamos dado as palestras de caminhada noturna na escola; eles sabiam mais ou menos as normas da marcha noturna. O que fizemos foi torná-las mais severas, porque era uma marcha noturna com possibilidades reais e imediatas de um enfrentamento. Determinei que eu cobriria a retirada em caso de combate, para que Augusto, que conhecia o setor, se retirasse com o pessoal; mas ali foi que ocorreu a discussão sobre quem iria na vanguarda e quem cobriria a retirada. Augusto insistia em que eu não deveria ir na vanguarda e sim ele; que, de qualquer modo, ele tinha que cobrir a retirada porque conhecia o terreno e, como restava um guia, que era Manuel Mairena, eu devia ir com a tropa. No fundo, acho que o que ele queria era que não me matassem e que se alguém caísse que fosse ele, pela amizade que tínhamos desenvolvido durante o período da escola. Augusto era uma pessoa extraordinária: professor em Somoto, um professor rural, que estudara na escola normal de Estelí; aquela prática de professor de escola deu-lhe uma personalidade especial. Era um companheiro tranquilo, sereno, muito fraterno, muito doce, com dom de comando, mas dom de comando como de professor com seus estudantes, ensinava os camponeses a ler usando a parte de trás das folhas de bananeira: a gente risca e ficam letras. Nunca perdeu sua vocação de professor e, por isso, eu sempre o nomeava responsável de alfabetização dos camponeses onde chegávamos, porque sabia que ele se realizava como professor. Esse era Mauricio, incapaz de ofender, sempre desapegado de tudo e sempre ensinando alguma coisa, valente, não fumava, gostava de doce, de balas, tinha aspirações literárias, fazia pequenos poemas que me mostrava, sempre falava de sua garota, porque tinha uma filha; de sua mulher falava pouco, fundamentalmente falava de sua filha, lembro-me até do número de sua calça, que era 32.

Começamos a descer os desfiladeiros no escuro, sem muita carga, mas muito fracos fisicamente, porque já estávamos há 10, 15 dias vivendo de doce, alguns enlatados, mangas, não havia água naquele morro, tínhamos que buscá-la de noite, a ração era meia tigelinha por dia, uma fatia de manga, uma coisa assim; essa era a ração diária de comida. Dessa forma, os companheiros estavam fracos, todos estávamos fracos, mas em meu caso mais acostumado a isso que os outros, recém-chegados da cidade para o curso. E começavam a cair, rolavam nos desfiladeiros, uma descida muito tensa porque em um deslize a gente morria e, se a Guarda estivesse perto da beira do morro, poderia ouvir, até porque a gente também podia provocar um escorregamento de pedras. O fato é que conseguimos descer o morro e começamos a caminhar por uma parte descoberta. Parece mentira que caminhamos três horas agachados, a gente cresceu ali, não podemos nos queixar, os companheiros cresceram, claro também que nossa vida ia embora. Augusto dizia que a coisa era sair dali para ter melhores oportunidades de combater, no futuro. E assim fomos passando e passando, um lugar depois do outro, caminhando durante toda a noite. Dom Bacho foi até certo ponto, depois seguimos com Pastor, o filho dele. Nunca tinha visto homens com tanta fome caminhar tão rápido de noite, e também tão desenvolvidos moralmente, como eu estava dizendo. Lembro-me de que cruzamos umas duas vezes uma estradinha que ia de Ocotal para os lados de Macuelizo; cruzamos o caminho em formação de cunha, que tínhamos praticado recentemente, com as armas bem-posicionadas; havia moral, grande moral, apesar da dificuldade da situação; exercíamos permanentemente um trabalho político pesado sobre o pessoal e isso, claro, ajuda muito.

Às cinco da manhã, cansados, chegamos, por fim, a um morro que tinha o nome singular de la Senhorita, um morro pedregoso, mas cheio de mato, pequeno, um pico pequeno, que está a uns 200 metros da rodovia Panamericana, perto do povoado de Totogalpa, já ao sul de Ocotal, para os lados de Estelí.

Ali tivemos que decidir: lançar ou não o pessoal na estrada, de dois em dois, para que pedissem carona, para que tomassem um ônibus, para que começassem a andar. Já passáramos o pior, estávamos fora do cerco, pensávamos, a pior coisa seria jogar esses rapazes na estrada, nós também, e nos matarem. Com a experiência que acumulamos da vida legal, esse riquíssimo ano na Pablo Ubeda, na montanha, em meu caso particular, atirá-los assim pela borda era uma decisão arriscada, porque podiam matar aqueles moços que estavam recém-treinados. Pensamos e pensamos e, por fim, decidimos que ficassem ali, enquanto Manuel Mairena e eu nos metíamos de novo em Ocotal, para ver se podíamos conseguir um veículo que nos levasse a Estelí; uma vez em Estelí, cada um podia procurar transporte para Manágua.

Os colaboradores de Totogalpa estavam levando alguma comida para os rapazes, mangas e coisinhas assim, uma galinha para 15 homens, uma galinha por dia, dez tortilhas para 15 homens o dia inteiro, porque também não podiam ir diariamente ao morro, com a repressão em toda a área.

Nós os deixamos ali na Senhorita e, de madrugada, voltamos para Ocotal. Eu me lembrava de um homem com quem tinha falado, que ainda não era companheiro, mas eu iria procurá-lo, porque não tínhamos mais a quem recorrer; era um carpinteiro que tinha uma carpintaria pequenina; Manuel Mairena e eu nos escondemos embaixo de uma mesa; ele empilhou umas caixas em volta da mesa, no chão, para que não nos vissem. Chegavam os clientes, ninguém sabia que estávamos ali, não podíamos dar um peido, não podíamos fazer nada, nem fumar; e eu além do mais com a dúvida se o carpinteiro iria nos delatar, devido ao terror que havia. Mandei fazer contato e o homem, para que a gente fosse embora, foi buscar o contato, e encontrou a professora Antúnez, que se mexeu e conseguiu outro contato, mas as estruturas estavam muito frágeis, todas as casas tinham sido esvaziadas porque estavam caindo todos os colaboradores e só restava uma casa que não se tinha usado até então, obtida por Mónica Baltodano, que naquele momento estava na regional. O colaborador era um homem muito nervoso, mas ainda assim não tínhamos outro recurso senão tomar a decisão heroica de nos meter, todos, na única casa que havia e que era a dele. E qual não foi o susto do homem quando durante a noite apareceram Bayardo Arce, Manuel Morales, Mônica Baltodano, Manuel Mairena e eu, o regional do Norte em peso... queria nos botar para fora, mas não sairíamos. Agora não me lembro bem, mas me parece que se disse que Bayardo iria a Estelí, não sei se para procurar um veículo ou porque era necessário desocupar Ocotal, que se transformara em uma gigantesca ratoeira. O fato é que Bayardo saiu com um homem em uma caminhonete, sabe Deus como a conseguiu, convenceu o dono, não se sabe como, e saiu Bayardo da casa para ir a Estelí. Tinham um plano: se fossem parados na *blitz* que havia na ponte, o homem jogaria a caminhonete em cima dos guardas e, em seguida, atirariam para fugir; mas o homem, sabe-se lá por que, acovardou-se, não sei por que, desceu quando lhe deram alto e mandaram que descessem; obrigaram Bayardo a descer e começaram a revistá-lo, e quando tocaram em sua pistola, ele agarrou o Garand do guarda, ficando o guarda com a pistola e Bayardo com o Garand e o outro rapaz disparou no guarda e pulou a ponte e Bayardo correu para o lado de Ocotal, sob uma saraivada de balas; e assim que pôde sair da estrada, escondeu-se. Os guardas começaram a procurá-lo, com todos os jipes que tinham, não sei quantos, um ou dois, seja lá o que for, cercando o lugar em que

A MONTANHA É ALGO MAIS QUE UMA IMENSA ESTEPE VERDE 173

tinha se metido e começaram a caçá-lo; mas foram tão covardes diante da atitude de Bayardo que iam com cuidado e diziam uns aos outros: "Lembrem-se que está com um Garand, está com um Garand esse filho da puta", porque tinham medo de entrar no mato e encontrar Bayardo ali, o primeiro que entrasse ia... O fato é que Bayardo ficou ali, aguentou e, de madrugada, ouvimos bater na porta... *pam, pam, pam, pam*... é a Guarda! dissemos, porque já tinham passado patrulhas da Guarda de jipe pela rua, e a pé pela calçada, batendo nas portas, insultando; assim, quando bateram na porta, três ou cinco minutos depois que passara a última patrulha, pusemo-nos em guarda, cada um em sua posição; mas nisso entrou Bayardo, eu vi a cara de espanto do pobre dono da casa, apavorado, porque Bayardo tinha a cara toda inflamada, sabe, machucada, toda a cara, a boca, os lábios inflamados, talvez da queda que levou na luta com o guarda.

18

Manuel Mairena e eu voltamos para o morro la Senhorita com algum dinheiro para que os companheiros comprassem comida, e pudemos planejar a saída. Por sua conta, os que estavam no morro tinham conseguido, por meio de um colaborador de Totogalpa, que levassem Salinas Pinell para conseguir carro, o que ele conseguiu, porque, como estudara ali, tinha alguns contatos, conhecia gente; então, apareceu com uma caminhonete. Fizemos umas três viagens e outros ficaram vestidos de civil na estrada; lembro-me de que pegaram dois companheiros de saída, dois dos melhores homens, parece que os capturaram em um ônibus em Estelí, porque viram suas botas militares, fizeram-nos descer e os assassinaram; um deles era moreno, forte, estudante secundarista, não me lembro como se chamava.

Augusto tinha que preparar condições para o pessoal em Estelí. Mairena e eu saímos do morro para Estelí por último, na caminhonete de um colaborador de Palacagüina. Deixaram-nos em casa de Gilberto Rivera, mas qual não foi nosso susto quando demos com uma festança: eu ia como criador de gado, com botas de couro e jeans, um casaco e uma *pialera*, que são as cordas de couro com que laçam o gado, minha granada e minha pistola. Gilberto teve uma grande surpresa quando nos viu, porque todas as rádios já tinham anunciado os combates de Ocotal, que não existiram, mas como haviam usado helicópteros, aviões, isso e aquilo, e a grande exibição de guardas e os *piripiii*, os comunicados da Guarda e as mortes informadas depois dos combates, que não eram os companheiros que tinham sido assassinados, então o homem surpreendeu-se; mas não se acovardou. "Aqui não podem ficar, mas vamos procurar alguém, um contato, para que os levem", disse-nos e nos colocou no quintal da casa e nos metemos por uma cerca até uma pequena vala que passava perto do muro do quintal da casa, onde havia um matinho. Mairena e eu entramos pelo meio da pequena quebrada, porque havia menos luz e havia mato. As pessoas, depois de cada música, saiam para o quintal e chegavam perto de onde estávamos, e claro que, depois de umas duas horas de dança, os briacos começavam a mijar e a vomitar e qual não foi o meu susto quando um filho da puta, lá em cima da quebrada, com o pau de fora – ia urinar em cima da minha cabeça... e não podíamos fazer barulho, nem Manuel nem eu, nos acertaram umas quatro mijadas, não estou mentindo, nem estou exagerando; e nos acertaram umas duas vomitadas; depois da primeira mijada, o que fizemos foi colocar o saco de corda que levávamos e assim aguentamos as mijadas e os vômitos seguintes. Em Estelí o ambiente estava extremamente tenso, mas não se via a ocupação militar que havia em Ocotal. Dessa forma, na madrugada chegou o contato, mas não havia veículos para nos transportar e fomos desde a entrada de Estelí até a igreja do Calvário a pé; foi Juan Alberto Blandón, um companheiro que caiu na insurreição, em 1978, que nos levou. Era uma da manhã e as quadras nos pareciam longas; lembro-me de que, no trajeto, ouvimos o ruído de um jipe que ia atravessar a rua em sentido contrário e nos escondemos; ao levantar a cabeça um pouquinho vimos que era a Guarda, mas por sorte não nos viu, com o aspecto que tínhamos! A Mônica sempre me dizia que eu aparentava o que era, uma cara de guerrilheiro, coitadinho, como se tivesse sido feita sob encomenda. Chegamos à igreja do Rosário. Estelí inteira estava quieta, adormecida, em silêncio e, quando entrei na igreja, o silêncio multiplicou-se, pela quietude, pela santidade do templo, pelo que você quiser, pelas imagens imóveis, por estar fechado, pelas cortinas que não se moviam, pelo branco das paredes, pelos bancos, porque havia mais de um ano que eu não entrava em uma igreja, porque parecia oco, porque as cúpulas não falavam, porque os vidros das janelas não se moviam e estavam frios... E, de repente, entrei ali, e ali também parecia que o tempo parara, porque era uma calma alheia à tensão de Estelí e uma calma que nada tinha a ver nem com El Copetudo, nem com a caminhada, nem com a Senhorita, nem com nada, como se não houvesse tempo ali, como se tudo estivesse despido, sem ouvido; a gente ouvia a respiração, ouvia nossa própria presença. E nos recebeu um padre jovem, se não me engano chamava-se Julio López, era um padre muito querido em Estelí, muito revolucionário; abrigou-nos na casa paroquial, onde já estavam Maurício e Heriberto Rodríguez; só faltavam Bayardo, Pelota e a Mônica, que estavam em outra casa em Estelí. Sentíamo--nos tão excitados que não conseguíamos dormir; lembro-me de que tomamos banho e o padre me deu um pouquinho de vinho; eu me senti um selvagem, porque o quarto dele era um quarto bem limpinho, com uma cama de dois colchões, cômodas muito lindas, seus livros, o missal, um tapetinho, seus armários com as batinas, todas limpas, o banheiro muito lindo, limpo, e nós ali dentro do quarto, nos sentindo como animais raros. Então, ele nos disse: "Tomem banho, comam, aqui tem vinho", e começamos a conversar com Maurício e Heriberto, contando tudo o que acontecera, se foi denúncia, se não foi denúncia, se tinham informação, se não tinham informação, se estávamos infiltrados, como caiu o regional, como massacraram a gente, lamentando a perda dos companheiros...

O quarto do padre era um prolongamento da calma da igreja, quanto à limpeza, ao frio; sentiam-se essas correntes de ar dos filmes, e era parte da igreja porque havia até um Cristo, o Cristo clássico, com a coroa de espinhos, com a carinha de lado, que tem umas gotas vermelhas de sangue na testa, que correm para baixo, essa imagem que sempre dá na gente uma espécie de sensação de paz. As igrejas, com todos os santos, têm uma atmosfera de paz e o quarto do padre também tinha uma atmosfera de paz, uma espécie de paz dos séculos, como se as igrejas tivessem concentrado esse vazio de som, a extinção de milhões de vozes, de milhões de homens dormindo, descansando, mortos, quietos; é a paz dos espíritos extintos, da paixão adormecida. E, ali no quarto do padre, eu sentia aquele vazio de som, de vozes, o que era um grande contraste com a situação de onde eu vinha, com tudo o que havia acontecido, com a caça armada pela Guarda contra Manuel Mairena e eu, com o atropelo da noite, com a fuga dos rapazes da escola, com a ocupação militar de Ocotal. Não sei se foi por entrar na igreja e no quarto do padre, a igreja pequenina dali do Calvário de Estelí tinha calado os pequenos séculos que tínhamos vivido em El Copetudo, na Senhorita, em Ocotal, ou se o quarto do padre tinha concentrado a paz da proteção clandestina... Como quando a gente não quer falar alto, como se não quiséssemos violar o silêncio que havia ali, o silêncio dos séculos, do que aconteceu antes de nós, como se não quiséssemos ferir o vazio com a presença do absurdo de nossa teimosa solidão, consciente e necessária. E tudo isso me balançava, independentemente de crer ou não em Deus, é uma questão tão reservada, tão íntima, como os chinelos do padre na beirada do tapete, eram uns chinelos peludinhos, que não falavam, apenas figuravam como testemunhas mudas do peso de um homem que vive neste mundo.

Naquela casa, fizemos contato com Bayardo: veio nos ver com Pelota. Ficou decidido que não podíamos ficar todos ali e, além disso, era preciso continuar o trabalho, não se podia perder um minuto. Pelota e Bayardo, em coordenação com Pedro Aráuz, que era membro da direção, resolveram que eu iria para o campo, simplesmente abrir frentes para desenvolver a guerra; começar sem nenhum ponto de partida, sem saber em que parte do campo, se não existe nada... Mas acontece que um moço, professor de um instituto de Condega, de sobrenome Aguilera, originário de Somoto, tinha ficado comprometido por alguma razão e decidiram passá-lo à clandestinidade; tinham conseguido uma casinha para ele, de um homem cujo sobrenome era Zavala, que era meio cristão; tinham perguntado ao homem se poderia esconder um rapaz perseguido pela Guarda, por uns dois dias, algo assim, e o homem aceitou simplesmente por um senso de caridade. O homem vivia no limite da fazenda de gado de René Molina, um esbirro da ditadura. Assim, levaram-me até o homem, sozinho; Salinas Pinell ficou em Estelí e Manuel também; mandaram-me sozinho para onde estava Aguilera, em San Diego. O dono da casa assustou-se quando viu outra pessoa enquanto, ao contrário, Aguilera alegrou-se. Aguilera tinha uma pistola com sua cartucheira e outra de reserva, que acho que era um 38; eu andava sempre com uma 45 que me acompanhou por vários anos, também com uma cartucheira sobressalente. No dia seguinte, o dono da casa perguntou-nos quando iríamos embora; não estávamos propriamente em sua casa, mas a uns 30 metros da casa, escondidos em outra casinha desocupada. No dia seguinte, olhei para ele e perguntou-me quando nos iríamos; respondi-lhe que não tínhamos vindo para ir embora, e sim para trabalhar com ele pela luta revolucionária, para fazer a guerra e derrubar a ditadura de Somoza. Então, o homem arregalou os olhos: "Não... não... não..." disse-me, "disseram-me que estavam perseguindo um rapaz e eu, porque sou cristão, recebi vocês aqui, mas o que está me propondo já é um compromisso, e eu tenho esposa e meus filhos e meu trabalho e não posso me meter nessas coisas, porque essas coisas não dão em nada... e eu o aconselho a não se meter porque vão acabar com vocês, olhe o que aconteceu em Ocotal, ao lado de Macuelizo". Não tinha nem a mais remota ideia que vínhamos daquelas bandas. Mas, para aquele homem, o simples fato de ter aceito o companheiro Aguilera foi um grande passo, porque havia terror em todos os arredores.

Bayardo mandou-nos um mensageiro, uma parente daquele senhor que trabalhava com a FER em Condega; respondi-lhe, pelo mesmo mensageiro, que a casa não era um aparelho, que o dono não ia além de seus sentimentos cristãos e que estava nos pressionando para que saíssemos; assim, na volta do mensageiro, vem Bayardo e me diz: "Olhe, não me venha com problemas, quero soluções de problemas; mas, de todo modo, o que vocês têm que fazer é crescer a partir daí, e abrir uma rota para alcançar Henry Ruiz na montanha, porque onde vocês estão vai chegar outra que estão abrindo uns companheiros por outro lado". Uma rota de mais de 300 quilômetros até onde estava Modesto! Esse filho da mãe está louco, pensei, não sabe o que está dizendo... Mas ainda que o que Bayardo mandava me dizer parecesse absurdo, eu estava bem consciente e convencido de que era preciso fazer a guerra, e que era por isso que estava clandestino e que era necessário inventar até o impossível para derrubar a ditadura de Somoza e libertar a Nicarágua. Então, comecei a trabalhar com o homem, disse-lhe que queria falar com ele, que íamos apenas estudar, que quando terminássemos de estudar uma cartilha iríamos embora. "Não, companheiro," disse-me, "eu sei mais ou menos o que diz a cartilha, não se preocupe, estou com você, eu entendo, estou de acordo com tudo, vocês buscam a justiça", disse, "mas, por favor, vão embora porque é um compromisso sério, tanta gente que mataram"... e depois disse "minha mulher está doente, a pobre vai ficar pior ainda"; ficar doente era ter um filho. Mas não íamos embora. "Então, companheiro", disse-lhe eu, "vamos fazer uma coisa: se quer que a gente vá embora, consiga-nos uma casa". "Como?", disse-me, "consiga-nos uma casa", disse-lhe, "porque, para onde iremos? Quem vai nos dar de comer?" "É que aqui todo o mundo é somozista," disse-me, aqui bebem muito, é só *guaro*, e são informantes; então, para que não fodam comigo e com você, é melhor que vão embora", "não, companheiro", insisto, "fale, vamos ver quem são os fulanos"; e comecei a tirar dele os nomes das pessoas que viviam por ali... e este homem, que tal é?" "É bom, mas toma *guaro*", "bem, mas também não é pecado tomar uns tragos", disse-lhe, "não é porque o homem bebe que é mau, fale com ele..." "Bem, vamos tentar...".

Um dia chegou e me disse: "Venho intimá-los a ir embora hoje à tarde". "Como?", disse-lhe eu, surpreso e com cara de bravo, com sentido de autoridade, procurando que ele aceitasse a minha autoridade, "e não lhe disse que fosse falar com fulano? E agora vem me dizer que devemos ir embora esta tarde? Não, não, não me venha com essas coisas, vá falar com ele, não podemos ir ao léu, porque se nos pegarem em frente de sua casa, vão dizer que estávamos aqui e vão matá-lo... e, além do mais, se é cristão, como quer que a gente vá embora?" Filho da puta, joguei pesado com ele e assim consegui amansá-lo.

Mas era angustiante, porque não crescíamos, não íamos para lugar nenhum, refugiados naquela casa; de forma que, em todo aquele tempo, como Aguilera, o meu companheiro, não estava treinado, comecei a treiná-lo naquele quartinho. Começamos a armar e desarmar as 45; com uma tranca como fuzil, ensinei-lhe a posição de joelho em terra, deslocamentos, deitado, arrastando-se, vanguarda e retaguarda; passava o dia inteiro treinando o pobre Aguilera em um chão de terra; era pura poeira, até que ficava louro de tanto pó. E aí voltou o dono da casa: "Imagine que não pude falar com o homem porque ele é informante; e agora sim, venho para lhes pedir que vão embora, porque já abusaram demais da minha confiança". E o homem endureceu. Então, eu endureci ainda mais: "Aí estão nossas duas sacolas; se você é cristão, danado, pegue as sacolas e ponha-as na estrada, que quando as puser na estrada, estará nos entregando para a morte como um cristão. Iremos para a estrada, para que nos matem". "Não," disse-me, "não quero ser o responsável pela morte de vocês". "Como não, se você vai pegar as sacolas e pô-las na estrada... Ou não e ficamos aqui". "Ai, é que a mulher é que está me mandando, está muito nervosa, não sou eu, se fosse por mim, olhe, se eu não tivesse mulher e filhos..." Bem, ficamos nisso; mas, por desgraça, um dia entre tantos, Aguilera pôs--se brincar com a arma e escapou um tiro... *bang*... o barulho da 45!

E, naqueles ranchinhos, todo mundo sabe quem tem pistola e quem não tem pistola, sobretudo daquele calibre. Então compreendemos que tínhamos que ir embora e decidimos ir a pé para Condega, para alegria do homem. Caímos em casa de uns Espinoza. Estou falando de agosto de 1975. Ali entramos de novo em contato com Bayardo. "Olha, irmão," disse-me, "estamos fodidos, vocês não podem ficar aqui porque não há aparelhos e temos que continuar o trabalho". "Não," disse-lhe eu, "não estou propondo ficar em Estelí ou em Condega; sou um homem do mato e já não me acostumo a andar pela cidade clandestino". "Olha," disse-me, "temos Toño, Antonio Centeno, um homem que foi administrador de uma fazenda entre Condega e Yalí, que se chama San Gerônimo. Esta fazenda é do pai da Luisa Molina e esse administrador é muito querido pelos peões. Assim, vão dar uma volta com ele, para que lhes mostre as casas dos peões, para ver se podem ficar ali". A proposta era absurda, mas era necessário ir em frente, era questão de audácia. Pusemos mãos à obra no dia seguinte. Chegamos a Yalí, entramos pelo lado de Los Terreros, por uns vales que há por ali. Deixamos os veículos e seguimos a pé. Começamos a subir com o pretexto de que éramos vendedores, que estávamos vendendo remédios; cada um levava sua sacola com a coberta, a rede e, além disso, um monte de pastilhas, cada um com seu chapeuzinho. Levávamos também uma *pialera*, como se na passagem estivéssemos comprando gado, ou porcos, qualquer coisa. Depois de caminhar umas seis horas, chegamos ao rancho de um dos peões conhecido de Toño, o administrador; ele usava o pretexto de visitar seus velhos conhecidos. Aguilera e eu ficávamos no mato, a uns 450 metros do rancho.

E chegava ele: "Como está?... como vão?..." "Que milagre, Toninho, que milagre você por aqui...!" "Sim, é que venho vê--lo, cumprimentá-los, não se pode esquecer as amizades"; "ah, Toninho, entre..." Havia uma seca filha da puta aquele ano; já não restava comida, nem milho, e as pessoas já tinham comido todas as galinhas; não havia feijão, só tortilhas de trigo horríveis, ruins, que eu nunca tinha comido. "Dom Toninho, como essa seca foi dura para nós, não há feijão, não há arroz, não há nada, as galinhas que tínhamos já comemos; ai, que vergonha! Mas vamos buscar um milhinho para fazer-lhe umas tortilhas". Então, lá pelas tantas, disse-lhes Toño: "Olhem, tenho uns amigos que quero que vocês conheçam", "Ah, sim? E onde estão? Na vila?" "Não, não, estão comigo, ficaram por aí", "e quem são?" "São uns rapazes boa gente, quero que os conheçam, quero que me acompanhe, você sempre confiou em mim, não é?"

Dom Pedro Ochoa, esse era o nome do homem que estávamos vendo. "O senhor sempre acreditou em mim, dom Pedro". "Como não, claro...!" "Acompanhe-me, então". E ali a amizade pesa muito, a palavra. Pedro Ochoa sabia que se tratava de algo anormal, intuía uma coisa esquisita, mas como eram amigos e Toño lhe fizera favores quando era administrador, isso ajudava a que tivessem confiança nele. Levou-o até onde estávamos. Claro, o homem deu um pulo quando nos viu com todo o jeito de homens da cidade metidos no mato, armados com pistolas, com um par de sacolas cheias até a boca de coisas, no chão uma lata aberta de sardinha que levávamos. "Estes são os amigos..." "Muito prazer", cumprimentou-nos. "Pois, olhe, companheiro," disse-lhe eu, "somos da FSLN..." Irmãozinho, aquela pobre gente quase morria quando lhes contávamos, porque eram recentes as grandes matanças da Guarda na montanha, a repressão de Macuelizo e os combates; então, nossa presença ali era sinônimo de desastre para eles, porque no começo, em algumas regiões, significávamos compromisso, desgraça e morte. "Pois andamos conhecendo gente", disse-lhe, "porque se algum dia passarmos por aqui e precisarmos de uma tortilha, já sabemos que conhecemos o senhor e passamos assim, escondidinhos, como estamos aqui, e o senhor nos dá uma pequena tortilha... nós comemos e continuamos nosso caminho, dessa forma temos colaboradores por todos os lados, mas andamos conhecendo esta zona, porque a gente tem que conhecer rotas, entende? Para evitar qualquer coisa, a Guarda, e assim eu já sei que estas rotas existem e que o senhor vive aqui". Eu não podia dizer-lhe que não tínhamos onde nos esconder, sem teto e inventando, imagine. E assim fomos, de um em um, de rancho em rancho, por aqueles vales, e os camponeses com aquele terror quando lhes falávamos e nos recebiam com aquela humildade e aquela pobreza, todos quase nus, magros, magros de fome, com uma tristeza horrível. Assim continuamos um percurso inteiro, desde Los Terreros até a fazenda San Gerônimo. Em uma dessas casas, Toño apresentou um camponês que se chama Moisés Córdoba, um homem de uns 30 anos. "Ah, vocês são sandinistas", diz-nos, sussurrando como com medo, mas também como um sabido, "cuidado que se os veem matam-nos todos; meu pai foi sandinista". Meu cérebro se iluminou, "e seu pai está vivo?" perguntei-lhe, "sim", disse ele, "mora ali naquela casa, com minha mãe, porque eu moro separado, em um ranchinho com a mulher, com os garotos, ali", "e não podemos falar com seu pai?", perguntei-lhe, "vamos ver se ele quer, perguntando-lhe, talvez, quando vocês passarem de volta conversam com ele". E assim continuamos caminhando, dormindo onde a noite nos alcançava, em todos aqueles vales. Depois, seguimos para Buena Vista, por todo o setor de Canta Gallo. Em Buena Vista falamos com outro companheiro que era do Partido Conservador, também tinha sido peão da fazenda, que se chamava Gilberto Zavala, parente daquele Zavala medroso e parente de outro Zavala que morava em frente de Gilberto; brigavam pelas terras, não gostavam um do outro. Dom Gilberto me dizia "Ai, aqui não podem ficar". "Não, não viemos para ficar," disse-lhe eu, "é que estávamos passando" e lhe contei a mesma história. "Porque eu," disse-me "não gosto dessa gente que mora em frente, são uns..." "Ah!" disse-lhe, "então o senhor também não gosta dos Zavala de San Diego?" "São os mesmos," disse-me, "a família não gosta de mim porque estamos um pouquinho melhor de vida do que eles, porque batalhamos, têm inveja de nós"; falou de uma senhora que lhe deixara umas terras e que os Zavala queriam tirar-lhe as terras. "Ah, como não," disse-lhe eu "não é que eles me falaram de vocês". "E o que lhe disseram? Falaram mal de mim?" "Não, olhe, mas eu acho que deveria resolver esse problema, porque eles têm muita liberdade comigo," disse-lhe "e talvez conversando se possa resolver, porque não é o caso de chegar a extremos, vocês têm seus filhos, não vão se matar, nada disso, porque a família fica na desgraça; eu o conheço, e sei que o senhor também é um bom homem; vamos ver as coisas com calma num dia em que eu passe por aqui, e verei como acerto isso". Então foi como se o homem quisesse, a ideia o entusiasmava, mas ao mesmo tempo nossa presença ali o aterrorizava.

Por último, fomos ver como comprar comida e sem saber nos metemos na casa de um juiz de *mesta*. Chamava-se Presentación Laguna; acho que o justiçamos depois. O homem olhava para nós de um jeito esquisito, e enquanto estivemos ali, o companheiro contou-me que era juiz de *mesta*, acabava de ficar sabendo. Vendeu-nos feijão com coalhada e tortilhas e quando já tínhamos comido, eu lhe disse: "Bom, amigo, já comemos; já lhe compramos, mas agora compre o senhor de nós". Era pura enrolação para que visse que éramos vendedores. Abri minha sacola e comecei a tirar minhas sardinhas, meus sucos, minhas *alkaselters*, pastilhas de *melhoral*, minhas aspirinas, meus leites de magnésia... tirei um par de pilhas novas, tinha uma coberta, a coberta era nova, como se tudo fosse para vender e eram minhas coisas pessoais. "E esses porcos, o senhor vende?" perguntei-lhe; e fui por aí, como verdadeiro comerciante; "e quanto tem de gado? Vende vivo ou morto?" Já tínhamos levado todas essas prosas, toda essa conversa e o homem entrou na minha, o filho da puta acreditou que eu era comerciante; a mulher também se animou: "E não têm roupinhas de criança?", perguntou-me.

Depois voltamos a pé, de noite, para a casa do Zavala de San Diego, e caímos em cima dele outra vez, e pusemos o dedo na ferida do medroso, aquele cristão de que já falei. Havia oito dias que tínhamos passado pela casa dele: "Abra, só estamos de passagem," dissemos, "estamos com fome, não tenha medo". Abriu por fim, e estando ali mandamos buscar a menina-mensageira e mandamos uma correspondência para Bayardo, informando que o giro tinha sido um êxito, que havia probabilidades de abrir o trabalho;

respondeu-nos que devíamos perseverar. Meu plano era passarmos várias vezes até consolidá-los um a um; e eu com a ideia que não me saía da cabeça do velhinho sandinista e com a ideia daquele homem que tinha o problema das terras e que, por meio desse litígio, eu poderia envolvê-lo. Bayardo mandou-nos dinheiro, e começamos de novo o giro, mas desta vez em sentido contrário.

A primeira casa era de um homem que se chamava Juan Canales, administrador de outra fazenda, "Darailí". Quatro anos depois estávamos agrupando cerca de mil homens naquela fazenda. Chegamos, pois, à casa daquele primeiro colaborador, batemos, já de noite, "quem é?" ouvimos. "Juan José," disse-lhe eu, "o vendedor de pastilhas", porque eu continuava aparentando ser vendedor de remédios. Então o homem abriu, e qual não foi meu susto quando vi um monte de gente em sua casa, deitados no chão, sentados, de pé; na véspera tinha morrido sua esposa, atropelada por um carro no povoado e já tinha passado o velório, o enterro, e todo o mundo estava na casa. Estávamos cansados de andar e já íamos embora, mas ele se acovardou e disse: "Mas, bem, quando é que se vão?", "amanhã", disse-lhe eu, "precisamos de umas tortilhas para continuar". Nos colocou em uma casinha vazia, que era uma espécie de galpão para secar o milho, levou-nos comida e, no dia seguinte, estávamos fritos, o monte de gente continuava ali. "Homem, e você não tem amigos para nos apresentar, para que possam nos ajudar?" perguntei-lhe. "Não, amigo," disse-me, "aqui as pessoas são muito maliciosas, têm a língua comprida, não é possível". "Como não, homem," disse-lhe eu, e insisti, até que soltou: "Vou tentar, um homem que é peão da fazenda em que trabalho," disse-me. Falou com ele, e o homem aceitou que passássemos por lá, mas não por sua casa, porque era pequena e estava ao lado de um galpãozinho interno, no caminho da fazenda Darailí, mas por um milharal. E ainda assim custou convencê-lo: "Nós nos metemos no paiol, ficamos quietinhos, não vamos fazer barulho, companheiro". "E se for alguém ao paiol e os encontrar?" disse-nos. "Não, homem, esse paiol não é seu? Quem poderia chegar?" E passamos ali uns três dias;

levava-nos comida, e foi uma sorte não nos denunciarem; enquanto não nos denunciassem havia possibilidade de trabalho político e, enquanto ele nos levava comida, havia possibilidade de falar meia hora com ele, de conscientizá-lo. Estava com os filhos doentes e, como tínhamos remédios e dinheiro, demos a ele dinheiro para os remédios das crianças e para que nos fizesse umas comprinhas. Então, era uma mistura de toda merda, ajudávamos a resolver o problema de seus filhos, o conscientizávamos, estava na miséria e lhe dávamos cem pratas, para que fosse comprar coalhada, e essa era a forma de fazer trabalho político com o homem. O fato é que ficamos com ele, foi quem nos mandou para adiante, para os vales de Buena Vista, El Robledal, La Montañita, Montañita com Juan Flores, com Laureano Flores, com Concho, que era um maneta, seu filho, a quem eu chamava "O espadachim manco".

Um dia o dono do paiol não apareceu; falhou quando se comprometera a fazer conosco o giro pelos morros, deixou-nos abandonados, não nos levou comida. Pensei, acovardou-se, ou vai nos denunciar, ou não vem para que a gente vá embora. Então, André, que era atrevido e andava contente comigo porque se sentia muito seguro por perceber que eu era um homem da montanha e estava com vontade de trabalhar, com vontade de fazer a guerra e de ser guerrilheiro, de derrubar Somoza, a Guarda, de lutar por justiça, disse-me numa manhã de neblina – quase não se via ao redor por causa da neblina: "Vamos, Juan José, vamos sair por aí, temos que encontrar esses ranchos..." "vamos, homem," respondi-lhe e começamos a caminhar pela manhã. Andávamos com bússola... isso fica, dizíamos, para o Norte, vamos por aqui; e nada, puta que o pariu! Lá pelo meio-dia, estávamos perdidos; olhávamos e víamos uma estrada, mas aquela estrada, qual seria? Eram vicinais... e essa outra? Qual seria? E olhávamos para elas, e subíamos nos morros para nos orientar, onde estávamos? Bom, amanhecemos ali e ficamos dormindo, havia uma quebrada e ficamos comendo pinhão; ali foi a primeira vez que André dormiu em rede e tudo aquilo; estávamos perdidos, mas não nos importávamos, sentíamo-nos diante da história, de frente para conquistar o futuro, com um moral extraordinária, e claro, eu tinha um ano de montanha e aquilo não ia me acovardar, depois de tudo o que tinha vivido; para mim aquela vegetação rala e baixa era uma brincadeira; além do mais, havia casas onde podíamos comprar comida, e se eu conseguisse comer uma sardinha por dia, teria um banquete diário... E amanheceu o dia seguinte e começamos a caminhar de novo e não acertávamos, procurávamos o morro de Canta Galo e não o encontrávamos, morro filho da puta, primeiro encontramos El Fraile, que é um morro que fica atrás do Canta Galo e, depois, procurando Canta Galo nos perdemos, saímos dos bosques de Ocotales, que são pinheirais de Darailí e de El Fraile, e entramos em uma região de montanha, com outro tipo de vegetação, de fazendas de café. Tínhamos passado perto de San Gerônimo, mas como não nos orientávamos, nem percebemos. No dia seguinte, amanhecemos molhados. Disse-me André: "Irmão, olhe lá um caminho, olhe lá uma casa, vamos até lá como se estivéssemos vendendo qualquer droga e perguntamos qual é a trilha que vai para El Robledal, como se vai para La Montañita, assim averiguaremos". Chegamos à casa e encontramos uma mulher sozinha; chovera naquela noite. Saímos empapados do morro, lá pelas seis e meia da manhã, e de repente, sem saber como, a mulher nos viu dentro da casa; não viu de que lado saímos, brotamos na frente dela, como dizem os camponeses... "Bom dia... como está, senhora, como vai?..." "Vou indo," disse, "e essas crianças, são suas?" e sei lá mais o que. "Sabe, é que andamos vendendo remédios, trazemos *alkaseltzer*, melhoral, não quer comprar? Temos também pilhas"... puxando o preço para baixo, para que comprasse. "É que estamos arruinados," disse ela, "houve seca e não temos dinheiro", "por favor, arrume uma comidinha para nós," dissemos para ela depois de um tempo, "mas não tenho nada". "O que a senhora tenha, aquele feijãozinho que está ali, um cafezinho preto" e aceitou; depois de comer, lhe dissemos: "Imagine que temos que ir para os lados de El Robledal, de La Montañita, de Buena Vista... esse é o caminho que passa por ali?" "não, esse caminho

A MONTANHA É ALGO MAIS QUE UMA IMENSA ESTEPE VERDE | 187

vai para lá, esse aqui cai na trilha, direto, este é uma bifurcação" e começou a nos dar todas a direções clássicas do morro... Já orientados, fomos em direção à trilha, em pleno dia. Teria sido impossível chegar pelo mato, com a bússola, não sabíamos usá-la. A bússola era boa, nós é que éramos péssimos para nos orientar; de maneira que a forma de nos orientar foi a conversa; passávamos pelas casas, oi, amigo... vende esse porco, amigo? Conversando, conversando... quando propunha comprar, dava-lhes um preço muito abaixo do real para que não vendesse, calculando inclusive sua pobreza porque eu sabia que podiam vender até mais barato devido à sua pobreza, mas dava um preço tão baixo para que não dissessem sim, e não comprar droga nenhuma... e assim íamos nós, eu e André. Até que chegamos a Buena Vista, e fomos à noite até onde vivia Gilberto Zavala e o homem, por fim, começou a corresponder-nos, independentemente de seu problema com a terra. Gilberto era do Partido Conservador, mas como o tal Partido Conservador não refletia seus interesses, assim como ele muitos outros camponeses conservadores tornaram-se sandinistas. E estivemos uns quatro dias ali, trabalhando com ele. A esposa não tirava o Cristo da boca, de susto. "Você precisa ver o estado dela, não dorme", dizia-me Gilberto, "com qualquer latido de cachorro de noite, quase morre de medo". Nós acampávamos em um cafezalzinho que Gilberto tinha a uns 200 metros da casa; "ela é muito boa", continuava ele, falando de sua esposa, "imagine que fala de você, pobrezinho desse rapaz que tão jovem anda por esses matos sem comer". Então percebi que ela tinha certa caridade cristã, que era uma mulher muito boa; mas, claro, com um terror muito grande; além do mais, era uma velha, assim como Gilberto. E disse-lhe: "Eu gostaria de falar com ela, com sua esposa". "Ai, não, ela morre, morre!" disse-me. "Não, diga-lhe que quero falar com ela". Consegui convencê-lo e ela, com mais medo do que outra coisa, aceitou falar comigo; assim, fui à casa deles de noite e começamos a falar coisas, generalidades... "Que linda sua virgem," "sim," disse-me, e como tinha outra virgem ali, que era a de Fátima, creio, "a virgem mais milagrosa é a de Fátima, porque essa sim, não falha, não é?" disse-lhe e então ela me disse "e você tem mãe, não tem?", "sim," disse-lhe, "minha mãe está na minha cidade"; "e ela trabalha em quê?", "não sei, porque antes eu a mantinha", "e você tem filhos?" "Sim, tenho uma filha", "e sua esposa?" "Está lá, a pobre..." "Coitado," disse, "de modo que você não vê nem sua mãe, nem sua esposa, nem sua filha?", "não", disse--lhe eu... "porque nós, os sandinistas, abandonamos tudo porque queremos que o povo se liberte". "Ahhhhhhhhh," disse ela, "é que a Guarda é cruel, não é verdade?" "Olhe," disse-lhe eu, "esta é minha filha". Quando estava em Ocotal tinham me dado uma foto colorida de minha filha pequenina, bem bonita que ela era. "Ah, que linda criança, se soubesse que o pai... verdade? Que horror! Verdade?... vai crescer sem o pai, se matarem você," disse-me. "Ai, queira Deus que não, que Deus não permita que esta criança tão linda fique órfã," disse. "E essa é minha mãe, olhe" e mostrei-lhe outra foto. "Veja a senhora, é bonita... ai, que barbaridade, ai Deus, cuide-se, por favor, cuidado para não lhe acontecer nada...!" "Com a ajuda de Deus e com a ajuda de todos vocês, pois, se sempre que passarmos nos derem uma tortilhinha, nos fizerem um cozidinho, pois quanto ao resto a gente tem se cuidado; não vê que nós não viemos de dia, só de noite, e falamos com vocês baixinho, entramos sem lanterna, e passamos devagarzinho para que os cachorros dos vizinhos não ladrem, nem nada, passamos rodeando o quintal das casas, a senhora vê como é".

Com o tempo, a velhinha passou a adorar a gente, tanto André quanto eu; e então, já na confiança, pedimos a Gilberto que mandasse buscar Moisés Córdoba em Los Planes e que fosse buscar Juan Flores, em La Montañita. Levaram-me os dois e tive uma reunião reservada com eles. "Olha..." disse Juan Flores, "passaram de novo". "Sim, passamos," disse-lhe "é que estamos conhecendo bem e queremos falar com vocês, já estamos há uns oito dias aqui, conversamos bastante com o companheiro". "Ah, bom!", disse, "e para lá, quando irão?" contei-lhes que havia oito dias que estávamos com Gilberto. Mas eu continuava com a ideia do velho sandinista de Los Planes, mas o velhinho continuava doente e optei por ir a La Montañita onde vivia Juan Flores. Antes de ir, consegui que Gilberto decidisse levar correspondência a Condega, onde estava Bayardo. E esta foi a mensagem que esteve na origem do que depois foi a unidade de combate "Bonifácio Montoya". "Irmão," dizia eu a Bayardo, "vamos começando esta merda, esta merda vai para a frente, e aqui a questão é 'Pátria Livre ou Morrer'. "E fui com Juan Flores, fiquei uns dias ali, a situação se complicou porque parece que o juiz *de mesta*, Presentación Laguna, suspeitou de alguma coisa, a Guarda estivera por ali, rastreando, uns guardas chegaram a San Gerônimo, algo assim, foram por Darailí e arredores. Estando em casa de Juan Flores, falei com ele, com Laureano, com Concho, conheci outras pessoas, o heroico Mercedes Galeano, que depois caiu em combate, que chegou a ser o responsável por todos os vales...

Quando acabei de fazer esses primeiros contatos, voltei para a casa de Gilberto, para o celeiro. Lembro-me de que voltei lá pelas nove da noite e ele ainda não tinha chegado do povoado com a resposta da mensagem de Bayardo. Eu estava um pouco preocupado com o trabalho, que começava, embora com timidez, a ficar com jeito de nascer, mas timidamente, e a Guarda já andava por ali; então, cheguei à cabana, deitei-me e comecei a pensar na montanha, em como estaria Modesto, como estariam os regionais da Frente no ocidente... no interior do país... e comecei a pensar em tudo o que ocorrera no Norte, em Ocotal, em Macuelizo, o que ocorrera em El Sauce, porque paralelamente ao estouro da escola em Macuelizo, tinham estourado a escola de El Sauce; comecei a pensar em Bayardo, em Mônica, em todos os companheiros de León e, claro, ao pensar em León, pensei em Cláudia...

19

Quando fui para a montanha estava apaixonado por Cláudia. O amor dela era, para mim, algo sublime, algo que não estava sujeito a medidas nem a grandezas, como dizia o Che; eu tinha colocado naquela relação o mais puro do construtor e do artista que o homem pode ter. Tinha construído, a partir da relação com ela, uma grande cidade, uma cidade muito bela; digamos que aquela relação entre Cláudia e mim era o princípio e o fim, o Alfa e o Ômega, de quanto sobre o amor o homem algum dia concebeu. Isto é, Cláudia, ou a relação com ela, converteu-se para mim em uma bandeira na montanha, em uma bandeira que levava com a mão erguida, que não se enredava nos cipós, que não caía, que não se molhava, que não se enlameava. Ou seja, depois dela, depois da relação de amor que tinha com ela, depois disso havia selva, depois disso estava o que minha mente não tinha absorvido, e minha mente antes de entrar na montanha não tinha absorvido, nem a floresta nem a selva, nem tinha absorvido a montanha. Então, deitava-me com meu estandarte, guardava-o, dobrava-o tranquilo, punha-o sob a cabeça como um travesseiro, e dormia. Isso me ajudava a seguir em frente, ajudava-me a viver, ajudava-me a ser melhor, sentia a honra de ser exemplo para ela, sentia a necessidade de ser exemplo para ela e para a menina que nascera; Cláudia era motor, segurança, confiança, balas, era ver na escuridão da noite, era mais ar nos pulmões, mais força nas pernas, era sentido de orientação, era fogo; nosso amor era roupa seca e quentinha, nosso amor era barraca, vitória, tranquilidade, era tudo... futuro... filhos... era o que meu cérebro podia processar.

E então, estava eu no celeiro, onde havia um pulgueiro horrível, abundante... e mosquitos porque estava chovendo e era inverno... e chegou Gilberto vindo de onde estava Bayardo e me entregou uma carta e vi que a carta dizia "pessoal para Eugênio". E li a carta. Na carta comecei a ler: "Magrela, como vai", algo assim, não me lembro bem, "Magrela, te admiro muito; Magrela, deixe-me dizer-lhe que tenho um profundo respeito por você; muitas das coisas que sei hoje devo aos seus ensinamentos, você foi uma das pessoas que mais influíram em minha vida e pelo mesmo carinho e respeito que tenho por você tenho que ser sincera, preciso dizer-lhe que estou apaixonada por um companheiro, que não te amo mais, agora o amo. Espero que você compreenda,

A MONTANHA É ALGO MAIS QUE UMA IMENSA ESTEPE VERDE | 191

deixe-me dizer-lhe que sempre hei de gostar de você, que sempre vou respeitá-lo e admirá-lo. Fraternalmente", e o nome de guerra dela. E lembro-me de que estava com fome, porque não tinha almoçado, nem jantado quando chegou a carta, que os camponeses ainda estavam com medo, que a Guarda andava rondando por ali, que umas malditas pulgas estavam me mordendo nos ovos e eu já não aguentava mais, estava com frieira e os pés ardiam. Havia sabe-se lá quanto tempo não escovava os dentes; e passava a língua pelos dentes e sentia a massa de comida armazenada e acumulada e sentia a língua grossa quando a passava pelos dentes. Estava um lixo naquele dia e uns contatos tinham falhado de tarde e para completar eu tinha perdido umas balas na caminhada, eu nunca perdera balas, estava descansando ali e me chegava aquilo. Vinha também uma correspondência de Bayardo Arce que só li umas duas horas depois, porque, quando comecei a ler a carta de Cláudia, fiquei nervoso, muito nervoso, me parecia injusto... isso não podia ser verdade... isso não estava previsto, era ilógico, não tinha cabimento... Como ela podia fazer isso?

Eu entendia que ela não ia ficar me esperando como na Idade Média, como o cavaleiro que ia para as Cruzadas e que depois de mil combates vitoriosos chegava a cavalo e se colocava diante do castelo, e ela aparecia com seu sorriso no balcão, tudo como num conto de fadas. Estava consciente de que não lhe podia pedir isso, mas tampouco podia conceber que ela me deixasse quando eu mantinha o estandarte limpo sem lama, quando eu andava com minha bandeira por todos os montes e, em silêncio, cada vez que subia uma encosta, a enterrava na terra e de noite a dobrava e dormia com ela e a via nas línguas de fogo das fogueiras e nas vitórias, e quando acertávamos, eu a via nas caminhadas, e não podia conceber aquilo. Percebe? E então senti como se o mundo desmoronasse. Já viu, quando a gente está no avião e o avião vira de lado, assim, de um lado, e a gente vê a superfície da terra como se estivesse virada, e os montes como se estivessem virados também, assim, e a água virada e os cachorros virados? Pois assim eu me senti, a terra girou, perdi o sentido do espaço, como se perdesse o equilíbrio, o sentido da gravidade, o da inércia, não sei quantos sentidos, todos os sentidos físicos do homem na terra eu perdi, mas não apenas o sentido físico do homem sobre a terra: mas também perdi o sentido do ser, do homem, da mulher, de um monte de coisas, lembrei-me de que, uma vez, dissera-lhe, antes de ir para a clandestinidade: "Olha, Cláudia, se algum dia me matarem, isso que vou lhe dizer não conte a mais ninguém: se me matarem um dia, só se as balas doerem muito ou só se a Guarda desfigurar meu rosto a tiros, vão impedir que ao morrer eu tenha um sorriso nos lábios, que tenha um sorriso no rosto, na cara; então, quando você ver o jornal *Novedades* ou *La Prensa* com a manchete: morre delinquente não identificado, e me ver e reconhecer minha cara, e meu sorriso no jornal, você sabe, saiba, que esse sorriso é seu, que esse sorriso é para você. E, quando os estudantes fizerem manifestações na rua, quando os estudantes fizerem assembleias na universidade em protesto porque me mataram, sente-se em um dos assentos do meio do auditório, ou detrás, e quando estiverem dizendo maravilhas de mim e quando estiverem dizendo que fui um homem que cumpriu seu dever, um homem que lutou contra a ditadura, um homem valente etc., fique quietinha e com o jornal na mão, olhe meu sorriso e pense que esse sorriso é seu, só seu e que ninguém vai tirá-lo de você. E quando você for às manifestações andando, ou correndo, quando a Guarda persegui-los, vá caminhando com meu sorriso, porque esse sorriso é seu. E ninguém vai poder tirar meu sorriso para dá-lo a você. Mas não diga isso a ninguém, nunca conte isso a ninguém, e se você morrer, morra também e antes de morrer leve também o meu sorriso e nunca conte a ninguém que esse sorriso é seu, que eu o tinha dado a você."

Pensei tudo isso quando li a carta e as pulgas filhas da mãe me picavam e picavam, esmerando-se e assanhando-se para picar-me mais e me mordiam já não apenas nos genitais e no peito, e nas pernas e nas frieiras, não apenas me mordiam os pés, mas eu sentia que todo o corpo era insuportável, que o pó de espigas me inco-

A MONTANHA É ALGO MAIS QUE UMA IMENSA ESTEPE VERDE | 193

modava quando eu estava deitado; levantei-me e não pude dormir. Passei uma noite cachorra e me virava e me levantava e urinava, e chorei naquela noite e não pude conciliar o sono, até que, quem sabe como, maldosa, maquiavelicamente, disse a mim mesmo: já sei o que vou fazer; ela me paga, de injusta que foi. E então decidi e disse: "Vou lhe mandar uma carta, e minha desforra vai ser que na carta vou mandar dizer que no dia em que eu morrer só se a Guarda me destroçar o rosto à bala vou deixar de rir e que o riso que ela verá no jornal não é dela, e que saiba e tenha certeza que esse sorriso do homem-protesto, que esse sorriso do homem-moral, do homem-consequência, do homem-amor, que esse sorriso do homem da montanha, que esse sorriso do sandinista, antes de morrer, já não lhe pertence." Essa era minha vingança íntima, minha maior lição, que esse sorriso será de outras, ainda que não haja outras, não importa que não seja para outras, o importante é que o meu sorriso, no momento de morrer, já não seria dela. Claro, com tudo o que aconteceu depois que li a carta e respondi pela volta do mensageiro, passei um período bem triste. Entristecia-me facilmente. Estava deprimido interiormente, mas ninguém sabia. Por fora, buscava ser exemplo de moral, de entusiasmo e assim era, mas também havia solidão; era a primeira vez que me sentia sozinho, só – ajude-me a dizer: solidão.

Quando a gente vai para a montanha nas condições em que fomos, sofre uma mudança violenta; inclusive, às vezes, traumática, porque, de repente, depois de ter estado na universidade, levando vida organizada, disciplinada (já estava há seis anos na FSLN) a gente começa a subir e em 24 horas está na periferia de Matagalpa, rumo à montanha. Então, para ir para a montanha, a gente comprou previamente uma dúzia de melhoral, uma dúzia de *alkaseltzer*, uma dúzia de aspirinas... não sei quantas cápsulas de tetraciclina, nossa garrafinha de álcool, algodão, agulhas de costurar, linha, botões, um par de pilhas, um par de sapatos... e, além disso, a gente vai levando a carteira de motorista, a carteira, nossos papeizinhos, nossa agenda, que sei eu... leva o cortador de unhas que há tempos tinha no quarto, a navalha que foi presente do irmão, o cinturão que a Luz Marina me deu, as fotografias... o lenço que a gente sempre usa, com aquele que ela te enxugava, com o mesmo que a gente enxugava as mãos... leva as cuecas de sempre, as roupas que usou tantas vezes, em tantas ocasiões, em tantos lugares, com as mesmas pessoas. A gente vai com as mãos de todos os dias, com a cara de todos os dias, com os olhos de todos os dias, com a dentadura de todos os dias, com o cabelo, com a expressão facial de sempre, com a mesma jaqueta, ou seja, a gente vai embora da cidade, do nosso mundo. Deixa o nosso presente, que se converte em passado no momento de ir embora, carregamos nosso presente quando vamos para a montanha mas, à medida que vamos caminhando para ela, vamos deixando nosso presente para trás... nosso presente vai se convertendo em passado. Mas, ainda que o presente se converta em passado, na realidade, a verdade é que quando nos vamos com nossa cabeça, com nossas ideias, com nossa vida fresquinha, que acabamos de viver todos aqueles anos e toda aquela vida, levamos a cabeça fresquinha do que a gente fazia: como passávamos a noite sem dormir, como amávamos, como brigávamos, como dormíamos, como comíamos, como nos divertíamos. Toda a informação vai fresca na cabeça, no cérebro, as belas lembranças... os companheiros... ela... os planos... tudo estava fresco; e embora a gente leve nosso presente, à medida que vai caminhando para a montanha, o presente objetivamente vai se transformando em passado, quando a gente leva todas as coisas para a montanha, incluindo a gente mesmo, incluindo nossa pele, incluindo as ideias de nosso cérebro, em boa medida todas essas coisas reafirmam em nós nosso presente. Nosso presente que já é passado... Dá para entender? Por quê...? porque já fomos embora. Ao caminhar para a montanha começa um processo de desprendimento forçado do presente. A gente vai empurrando contra a vontade o presente para o passado. É como ir se desprendendo da própria carne. E isso dói. Mas é preciso continuar caminhando para cima nesse processo de desencarnação, de morte lenta... e cada dia a gente vai entrando na montanha e, primeiro, a gente já não vê mais o tipo de gente que via antes... E, a partir dali, já não se vê mais o tipo de gente que via na cidade... deixamos de ver as coisas que víamos diariamente, as casas, as paredes, as janelas de vidro, o pavimento, a gente deixa de ver tudo, objetivamente fica tudo para trás, ainda que a gente o leve gravado na mente.

E, então, deixa-se de ouvir o ruído dos carros, das bicicletas, da televisão, dos rádios, os gritos dos vendedores de jornais, dos vendedores de chiclete. Deixa-se de ouvir os gritos das crianças no tom da criança urbana. Já não se vê o cinema, nem seus cartazes... e vai subindo... e já não se veem as cores... verde apenas... e já não se verá outra cor senão a cor que a gente usa... mas, além disso, começam a perder-se... a gente vai ficando cego de cores. Já não se vai sentir no paladar o sabor do chocolate, de trago de rum, do trago de vinho, do chiclete... À medida que a gente caminha para a frente, já não ouve música. As canções da moda naquele tempo, Camilo Sesto, Julio Iglesias, Leonardo Fabio, Nicola Di Bari... porque lá as rádios não chegam e as canções ficam gravadas em nosso cérebro... à medida que a gente vai subindo, a gente vai se desligando. À medida que vai penetrando na montanha, vai se isolando. Chega um momento em que do passado, no plano de vida, da sensação, não sei como dizê-lo, do presente que acabamos de deixar, de viver, já não resta nada, já não existe; é preciso resignar-se a não vê-lo de novo, a menos que algum dia a gente saia vivo, se a revolução triunfar. E eram 15 ou 20 companheiros os que estavam na guerrilha, lá em cima. Como faremos, quinze ou vinte companheiros na montanha, para derrotar a poderosa Guarda armada de Somoza? Às vezes, eu achava que iriam se passar anos e anos antes que chegasse o triunfo, e os anos transformam teu presente em passado, ainda que tua mente não queira aceitar isso. Da continuação de teu presente, de teu presente urbano, do presente de tua vida... de sempre... de quando a gente estava na cidade antes de ir para a montanha; a única coisa que fica daquele presente lá na montanha são as coisas, os objetos que a gente carrega, que sensorialmente estimulam as ideias e as lembranças que a gente leva na cabeça; ou seja, as coisas materiais que a gente carrega na mochila, mais as lembranças e as ideias, é o que reafirma o nosso presente, que já é um passado. Então, o que acontece? Um dia, a gente perde o lenço, esquece ele... puta que o pariu, o lenço!... onde deixei o lenço? E o lenço se perdeu... nunca mais vou ver o lenço... E a gente diz: puta que o pariu, era o lenço que ela tinha me dado... o lenço... o lenço... puta que o pariu! Perdi o lenço... que cagada... perdi o lenço... Arrancam de você um pedacinho do presente, é como se te arrancassem um pedacinho de identidade, da carne, do que você quer conservar.

Com o tempo, a roupa fica puída, a calça apodrece. Já não dá para usar, porque é um farrapo, ou temos que usá-la para remendo da outra calça que já rasgou. Com o tempo, puta que o pariu, o cortador de unhas, porque as unhas estão compridas e *pum*! Perdeu-se o cortador de unhas. Outro pedaço de pele arrancado...

À medida que a gente vai perdendo as coisas, ou elas vão se estragando, vão desaparecendo, os objetos com que a gente reafirmava nosso presente e nossa própria identidade, nossa consciência de existir, a consciência de que não somos um ser superposto, mas, ao contrário, temos história; mas no fundo é também nosso próprio sentido do tempo, porque à medida que as coisas vão se perdendo, o tempo vai passando, o tempo vai se prolongando... Bom, e quando é que vamos descer?... Será que vamos perder tudo?... O presente que já é nosso passado... e a revolução não triunfa... e a Guarda no rabo... e a fome... e tudo isso. Porque pode haver fome, mas, claro, se você tem tudo o que leva e há perspectivas, a gente aguenta e suporta melhor as dificuldades. Então, quando cada uma das coisas vai se perdendo é como se se desprendessem pedacinhos do nosso presente, a tal ponto que, por um momento, já não se sabe se a gente vai regressar, não se sabe se vai voltar e, em cada uma dessas coisas que se perdem, é como se te cerceassem, como se te cortassem, desprendessem pedaços da tua pessoa; e, com o tempo, que não perdoa, que não tem misericórdia, que vai transcorrendo invariável, a gente perde tudo... e perde a cabeça. A gente vai se perdendo, o físico vai se transformando: de tanto usar manga comprida, e nunca ver o Sol, porque a copa das árvores não deixa, e não ver o céu de ontem e não poder juntar a lua das praias de Poneloya que você viu sempre com a da montanha e associar teu velho presente com teu novo presente para poder sonhar e recordar, e associar ideias e dar a si mesmo continuidade histórica, porque na montanha não há Lua, não há Sol, não há estrelas, tudo é verde. O corpo fica branco--pálido, as mãos não são mãos, de tantos arranhões, de tantos cortes de espinhos, de cipós, de samambaias, de não se lavar, de não se banhar, e as palmas das mãos, grossas de tanto usar o facão, o machado e de puxar a alça da mochila, ou de pendurar a rede, ou de tirar as coisas quentes do fogo. Os dedos calosos... as mãos... o próprio corpo, do qual a gente é dono, que comandamos, começa a se transformar paulatinamente diante de nossos próprios olhos, sem que a gente possa evitar. Então, o próprio corpo abandona o próprio presente diante da nossa própria impotência, nosso próprio corpo transforma-se em um novo presente, que já é diferente do passado. E o pior é que a gente não vê a cara num espelho: vi minha cara pela primeira vez na montanha depois de uns cinco meses e houve um tempo em que passei cerca de um ano sem ver minha cara e, quando voltei a vê-la em um espelho, não era eu, irmão! Tinha bigode, eu que nunca tive bigode na vida, ou nunca tinha deixado crescer um; estava nascendo uma barba – que eu vivia tocando – mas que nunca tinha visto. A expressão dos meus olhos era outra, tinha a testa franzida de tanto me queixar dos espinhos, dos tombos que levava. A montanha sempre franze o cenho da gente e os maxilares se alargam um pouco para os lados. Você nunca reparou nas fotografias do começo da vitória? Tínhamos a testa franzida e os maxilares rígidos porque a gente cerra os dentes quando vai caminhando. Sempre estava enrugando as sobrance-lhas... assim... E o olhar vai mudando, a expressão dos olhos vai se tornando mais aguda, o esforço de ver de noite, o esforço de ver o inimigo que está de verde-oliva atrás do verde para que não te arme uma emboscada, o esforço de tentar ver e não poder ver coisas e pensamentos que vão se apagando, transformam o olhar, que se torna agressivo, sem deixar de ser limpo. Então, quando a gente se vê no espelho, percebe que já não é o de antes. Percebe que já está em outro lugar, que já é outro. É uma angústia aceita conscientemente; a gente se sente um elemento mais, mais um ser do meio, incorporado ali, que agarra e domina aquele meio, porque é racional, porque tem inteligência e que o domina para outra coisa, para usá-lo, neste caso, para a guerrilha, para a luta revolucionária. Então, quando a gente perde todo o material que levou e quando o próprio corpo, a própria matéria feito papa se perdeu, o último recurso da identidade que resta são as ideias e as lembranças que estão alojadas na cabeça e das quais a gente cuida muito bem, mima e conserva no centro do cérebro, porque são o alimento de nossas forças, são como o centro, a medula da vida no tutano da existência.

A ideia e a lembrança são o que há de mais íntimo no homem; onde ninguém pode imiscuir-se, nem pode imiscuir-se a inclemência da montanha, a única coisa que a natureza não pode transformar facilmente. A gente alimenta as lembranças e, quando deita na rede de noite, aconchega as lembranças, tira-as um pouquinho mais para fora do cérebro, gira com elas na cabeça, passeia um pouco com elas timidamente pelos olhos, talvez pela cara; mas eu nunca a vi. Assim, leva a lembrança para passear e antes de dormir a devolve ao cérebro devagarinho, como um caracol que se fecha de novo, a gente recomeça a reunir as ideias, talvez, não sei, o corpo também, e começa a encerrar de novo as ideias, a guardar as lembranças até que se cobrem e ficam quietinhas guardadas no cérebro... como se estivessem descansando... E a gente adormece. Digamos que o único cordão umbilical, o único fio que resta com o passado, ou com o presente que se transformou em passado – lembro como era incrível – é a ideia, a lembrança.

De modo que quando a gente recebe uma carta como aquela e estilhaçam nossas lembranças, é como se cortassem o único fio invisível que a gente conservava com nosso presente, como alimento, que agora se transformou, quer queira quer não, em passado. Então, quando aquela carta chegou, arrancou violentamente, desalojou do mais recôndito do meu cérebro, da parte mais íntima, uma das coisas que eu conservava como recurso. Aí, sim, a gente começa a sentir solidão, a sentir-se isolado e, então, se não tiver uma estrutura mental político e ideológica, ou deserta ou fica louco. Lembro-me de que uma vez escrevi um poema, que também mandei para Cláudia, depois da carta, como um arremate, como para lhe dizer que eu não ia morrer pelo que ela me fizera. Escrevi um poeminha que dizia:

Hoy que he te perdido
Me doy cuenta
que si no fuera *"plomo"*
fuera mierda

Esclarecendo para ela que *plomo* eram as iniciais de PÁTRIA LIVRE OU MORRER. Se eu não tivesse uma razão de ser, outra razão de ser, que era lutar pela libertação da Nicarágua, teria me transformado em um merda.

20

Mas, felizmente, não foi assim. No dia seguinte, saí cedinho do celeiro e fui para o cafezal lavar o rosto em um riachinho; acho que me penteei, me sentei embaixo de uma laranjeira, chupando laranjas. Com a navalha, fui soltando a casca do corpo da laranja e, ao separar a casca da carne, ao ver os pedaços que iam se rompendo, que iam se separando, cedendo pela força da navalha, da mesma forma eu me sentia, como se fosse igual, e as cascas da laranja eram as coisas em que eu não devia pensar. Quando acabei de descascar a laranja, sentia-me um pouco mais leve, menos pesado. A laranja ficou pelada e menor, reduzida; então eu me desprendia das lembranças e, ao desprender-me das lembranças, da mesma forma tirava a casca da laranja. Em alguma medida, depois de alguns dias, comecei a me sentir mais leve, a cabeça menos pesada e, por fim, depois de tudo, era como ter andado carregando um peso e estar me desprendendo desse peso, e já não tinha em cima de mim senão o peso da luta. E, bem, respirei fundo, enchi os pulmões de ar, senti na cara recém-lavada a frescura da manhã, firmei bem as pernas e, ao levantar-me, comecei a rir; eu sabia que estava começando outra etapa de minha vida ali, debaixo daquela laranjeira. Intuía, de repente, que o futuro estava apenas visível, como grudado nas gemas dos dedos e o que havia a fazer era cerrar os punhos para agarrá-lo. Era outubro de 1975. E disse a mim mesmo: aqui o que há a fazer é tocar em frente, vou fazer uma vida, e também vou pintar minha vida e vou pintar a história da minha vida da cor que mais me agrade e aqui cada um que pinte a historinha de sua vida da cor que lhe agradar; eu vou pintar a minha, e com as mais lindas cores; e enviei André para que chamasse Gilberto para que fosse a Los Planes, buscar Moisés Córdoba, e lhe dissesse que, naquela mesma noite, iríamos à sua casa. Gilberto contara a Moisés que tínhamos estado em sua casa, e que tínhamos estado em La Montañita. Parecia que todo mundo já ia se acostumando com nossa presença, como se sentissem que não estava sendo tão arriscado, ou que era arriscado, mas que não iriam matá-los naquele dia, talvez amanhã, ou que talvez nem os matassem, já estavam se abrindo e depois veio a amizade conosco; eu já tinha começado a brincar com eles, a conviver, a conquistar o carinho deles.

Chegamos naquela noite a uma gruta que já tinham escolhido para que acampássemos. No dia seguinte, ali estavam com o feijão quentinho, a tortilha que tinham conseguido no povoado; depois levaram-nos uma galinha que ainda tinham e, claro, começamos a conversar bastante com Moisés; e ali disse a Moisés que me levasse ao seu pai, mas fui fazer outra coisa; fiz contato com outros companheiros a quem Moisés me apresentou. Moisés, por causa de seu pai, tinha menos medo que os outros, ou estava mais consciente do que nós éramos, estava mais esclarecido quanto ao assunto, porque antes que chegássemos seu pai já lhe falara da luta de Sandino, ou seja, percorri umas três casinhas naqueles vales, e quanto mais gente ia conhecendo, quanto mais crescia meu trabalho político e aqueles cordobanos eram, digamos, os que tinham mais prestígio no vale, e o fato de que eles me apresentassem ajudou para que o resto do povo tivesse menos medo; porque os cordobanos, os filhos de dom Leandro, estavam "naquilo", ora, os outros podiam estar também. Passava o dia na rocha, à margem de uma quebrada, e ao escurecer ia para a casa deles. Nos ranchos, de noite, entre um café e outro, entre conversa e conversa, abordávamos os problemas econômicos que tinham e, por meio das conversas, ia se fortalecendo minha amizade; ao consolidar uma relação, meu interesse era traduzir essa relação e dar-lhe conteúdo político e vice-versa, fazer com que a relação política contribuísse para cimentar uma relação pessoal. A primeira coisa que lhes perguntávamos era se a terra em que viviam era deles e, sempre, a resposta era não, pertencia a gente rica... ou começavam a rir, como se estivéssemos brincando... ou baixavam a cabeça... porque, para os camponeses, a terra era um sonho. Um sonho de seus pais, um sonho dos avós de seus pais; então, o fato da gente perguntar se a terra era deles parecia engraçado, porque a terra nunca havia sido deles, nem dos pais, nem dos avós. E, claro, dirigíamos o trabalho político para o porquê de a terra não ser deles.

Os latifundiários, ou os pais, ou os avós dos latifundiários, vinham tirando a terra dos camponeses gradativamente, de forma que a geração de camponeses que nós conhecemos nos contava que seus bisavós haviam tido terra e que tinham contado a seus avós, e estes a seus pais... isto é, já havia uma geração de homens sem terra. Os latifundiários tinham se apropriado da terra por meio de um processo violento ou legal; ali nos Planes de Condega, onde vive Moisés, eram umas 75 glebas; havia, digamos, umas 25 casas. Eles tinham dado um bom nome a esse processo: "nos enchiqueiraram", diziam. Haviam nos enchiqueirado, reduzido, tinham nos rodeado de cercas. Então, aqueles camponeses trabalhavam a terra para o latifundiário, cuidavam do seu gado, e os que estavam enchiqueirados tinham que plantar em terras que o latifundiário vizinho lhes emprestava. A parte do tempo que sobrava era dedicada a plantar nas terras que o latifundiário lhes arrendava. Depois, quando vinha a colheita, tinham que vendê-la ao latifundiário. E, claro, tinham que comprar dele o sal, as limas, os facões, o melhoral, as pastilhas, em um armazém que o latifundiário mantinha ali.

Pegávamos nas mãos dos camponeses, umas mãos muito grossas, muito fortes, muito rudes, e lhes perguntávamos: "E esses calos, de que são?" e eles respondiam que aqueles calos eram do facão, do trabalho na terra. E lhes perguntávamos: se eles tinham esses calos porque trabalham a terra, por que a terra não era deles e sim do patrão? Buscávamos ir despertando no camponês o sonho que ele tinha. Queríamos fazer-lhe ver que, ainda que fosse um sonho perigoso, porque significava lutar, a terra era um direito deles, e começávamos a cultivar aquele sonho. Por meio do trabalho político, muitos camponeses foram assumindo o sonho, isto é, assumindo a posição de luta pela terra.

Havia outros companheiros que não moravam ali; eram rancheiros, como se chamavam aqueles a quem o latifundiário cedia terra no terreno de propriedade da fazenda. Dava-lhes um pedaço e ali o camponês construía um rancho, em dois dias, apenas com madeira e palha. Então, aquele companheiro era duplamente explorado, porque, embora os que estavam "enchiqueirados" fossem explorados, o problema é que o do rancho, além disso, vivia na terra do latifundiário. Por isso é que a terra era um grande sonho permanente dos camponeses. E nós estávamos sempre levantando a questão da luta pela terra.

Às vezes, nos partia o coração, porque víamos que o camponês amava a terra e tinha mais senso da terra como elemento. Assim como um marinheiro não pode viver sem o mar, ou um piloto sonha em voar, o marinheiro identifica-se com o mar, ou o piloto com o espaço, o camponês consegue desenvolver determinada identificação com a terra que é muito difícil encontrar em um homem da cidade; consegue determinada união com a terra, desenvolve uma série de sentimentos muito especiais, muito característicos com relação à terra. Inclusive, o camponês fala da terra como de algo sagrado, como se estivesse falando da mãe. Mas, às vezes, o camponês também fala da terra como se fosse uma mulher: "Eu consigo fazê-la produzir", diz, "eu pego na terra, e a limpo". Diz: "Aqui a tenho", e claro, com o maior carinho pelo pedacinho de terra que o latifundiário lhe dava para produzir... limpavam a terra, revolviam-na, semeavam, colhiam... O camponês corta a vegetação para semear, mas a gente sente que, embora seja uma coisa violenta, no fim revolver a terra é uma questão muito terna entre ele e a terra, uma relação de carinho muito particular. Então, o camponês, além de precisar da terra para fazê-la produzir e viver dela, tem a particularidade de amá-la como elemento material de sua existência.

Nunca prometemos uma reforma agrária aos camponeses, nunca prometemos! Nós os convidávamos a lutar e a combater para conseguir a reforma agrária. Nós os convidávamos a lutar pela terra e, claro, para o camponês isso era uma tentação grande demais! Como segurar-se e não combater por aquilo que, para ele, é mãe, mulher, meio de vida, carinho, sentimento, relação secreta, como é a terra? Era muito difícil que o camponês renunciasse ao combate, sobretudo quando a gente ia despertando nele o sentimento e a ideia da luta de classes.

O camponês não apenas consegue desenvolver, como dissemos, sentimentos afetivos, como seus sentidos, as questões sensoriais, são mais desenvolvidos com relação à terra... entende? Ele tem mais tato, seu tato é mais sensível com a terra, o olfato se desenvolve em função da terra. Ele diz: "Terra queimada, terra semeada, terra revolvida, terra molhada, o que for..." o maior crime da ditadura era negar a terra ao camponês, porque negar-lhe a terra era como mantê-los mortos, vivendo errantes por aí. O camponês sem terra é como um zumbi, está fora de seu elemento. Sem seu elemento, está desgarrado.

É por isso que animais do campo, mulher e filhos e terra constituem um elemento, um conjunto para o camponês, seu universo indivisível. Por isso digo que o camponês que não tem terra é um homem incompleto, um homem sem alma. A alma do camponês é a terra, é o elemento que lhe dá vida, que o move, porque ele a deseja não apenas para colher e para viver da terra, como os homens têm que viver da terra... mas também se apaixona por ela, mantém uma relação íntima com ela; e a mulher e os filhos são parte dessa mesma relação.

Depois de conversar bastante, lá pela nove da noite, voltava para a gruta para dormir; claro que a gente nunca dorme imediatamente, está sempre pensando, ouvindo os ruídos da noite, às vezes os latidos dos cachorros do rancho, ouvindo um pouquinho de música: eu sintonizava a Rádio Havana, e aquela campainha do sinal de entrada de Rádio Havana-Cuba... ouvia "O Momento" das dez da noite, ou ligava em "Equis" para ouvir um pouco de música, pensava em minha família em León... Lembro-me de que, em uma das noites nessa gruta, estive me lembrando de quando desci da montanha para León, já clandestino, e estando uma noite no aparelho, comecei a sentir um monte de sensações; e uma das sensações que mais senti foi a sensação do absurdo. Na montanha, as distâncias eram quilo-métricas, digamos, oito dias, sete dias, um mês. Para ir de um lado a outro eram no mínimo três horas, vê? Para ir buscar lenha, era uma hora, ou meia hora, difícil! Não apenas pela distância, mas também pelo terreno, porque implicava subir e descer, caminhadas de meio dia, ou de duas horas; implicava frio, implicava não sei quantos cortes nas mãos, não sei quantas quedas, não sei quantas dores físicas, im-plicava o maldito cansaço nas pernas, no peito, nos pulmões; ou seja, sempre ir de um lugar a outro implicava sacrifício, tempo, implicava dor. Então, estando ali em León, senti a grande curiosidade de saber de minha família. Perguntei por minha mãe aos companheiros que estavam lá, o que sabiam dela? Dissessem-me, como estava minha mãe? Como tinha reagido? Como estava fazendo para manter-se? Porque juntos, nós, todos os irmãos, mantínhamos minha mãe, sobretudo meu irmão mais velho, de que ela vivia? Como fazia agora para comer? Não tinha nenhuma profissão; antes cuidava de estudantes de outras cidades que iam estudar em León; mas, com três filhos na guerrilha, ninguém iria hospedar-se, comer lá, por medo e porque, efetivamente, volta e meia estavam dando busca na casa. Era preciso pagar a casa todos os meses, e às vezes não tínhamos

A MONTANHA É ALGO MAIS QUE UMA IMENSA ESTEPE VERDE | 205

dinheiro; como estariam meus irmãos pequenos? E os companheiros começaram a me contar como ela estava. Passava pela minha cabeça ir vê-la, porque o refúgio ficava a umas 15 quadras de minha casa; 15 quadras de carro são cinco minutos, sei lá eu, três minutos, dez minutos, sem molhar-se, sem cansar-se, sem arranhar-se, sem nada, sentadinho, comodamente, ouvindo rádio. Tinha nostalgia de minha casa, uma vontade imensa de ver minha mãe. Não apenas minha mãe, saudade dos vizinhos, saudades da filha de dona Lílian, por quem fui apaixonado platonicamente e nunca lhe disse porque tinha vergonha; saudades do meu quarto, um quartinho pequeno, da minha cama; saudades da cozinha, da sala de jantar, da sala; saudades das cadeiras de madeira, do banheiro, do quintal, do cachorro. Tudo isso era tão meu, eu o tinha conservado tanto, tão fresco na memória, que me parecia mentira estar ali, vizinho de minha casa, que poderia ir e que, se pedisse, seguramente iam me dizer que não, mas eu poderia dar um jeito para ir de qualquer maneira, de noite, ou tirar minha mãe e levá-la comigo; mas eu sabia também que não devia ir. Antes de partir, passei vários dias com esse plano: deitava-me e começava a repassar as quadras: quantas quadras havia, quem vivia naquelas quadras – porque eu me lembrava tão bem da rua! – e era tão fácil ir até lá, que era absurdo não poder ir! A gente tem casa, mas não tem casa, tem família, tem lar, mas não tem lar. Até que, uma noite em que saí para uma tarefa com Ivan Montenegro e Jorge Sinforoso Bravo, disse a Ivan: "Gordo, Gordo, vamos passar pela minha casa." "Vai", disse-me, "mas de carro, sim? Sem parar...". Deus meu, que maravilha! Fiquei nervoso, imagine, era violento demais. Porque eu conservava a casa fresca em minha memória, e na montanha perdera as esperanças de vê-la de novo, porque a montanha era o cu do mundo – ali estávamos perdidos – e, então, de repente te oferecem a possibilidade real, incontestável, de passar por tua casa e que talvez tua mãe esteja na porta, ou na sala, ou teus irmãos brincando na rua com o cachorro... isso me deu certa ansiedade, certo nervosismo. E entramos na rua e eu vi a casa, com as mesmas paredes amarelas descascadas e suas portas... Deus meu! Pensei, aqui a dialética parou, foi viajar. Como se aquele ano inteiro de ausência fosse um segundo. Eu já não sabia se o vivera realmente, se era verdade que estivera na montanha, se era verdade que um montão de dias tinham se passado, um atrás do outro, até que cheguei ali, se na realidade nunca tinha partido. Porque eu estava no carro clandestino e com os dois companheiros passei diante da casa, e vi os móveis da casa, que barbaridade! Era uma impressão de que era tudo mentira. Às vezes, a gente pensa que o mundo evolui com a gente, ou que a gente faz o mundo evoluir, a gente tem a impressão de que tudo pára se a gente não estiver ali. A verdade é que León e minha casa tinham continuado ali, independentemente de que eu estivesse ou não; minha mãe e meus irmãos tinham continuado vivendo, comendo, dormindo, trabalhando sem mim... veja só! Como estão vivos, não é? E não é que a gente se sinta o centro do universo, é uma questão mental. Mas o tempo passara, um ano se passara e tinham acontecido muitas coisas. No entanto, a casa era a mesma! E isso me confundia, me desorientava no espaço e no tempo, eu me olhava e me sentia no meu próprio espaço limitado e finito de meu corpo; estava ali materialmente, materialmente em toda a minha dimensão corporal, finita; mas essa dimensão finita, essa presença material, ali, passando diante da casa, era como se eu não a conseguisse articular com meu próprio tempo. Como se não conseguisse casar meu próprio tempo, com meu próprio espaço. Não sabia se o tempo tinha passado ou não tinha passado: ali estava a casa com a mesma pintura descascada, os mesmos móveis, a mesma gente do bairro. Então, eu não conseguia juntar a magnitude do tempo, o processo de vida, o ano na montanha com meu físico finito. E não sei por que, de repente, sentia os próprios habitantes de minha casa, ou minha própria casa, como angelicais, inocentes... como em outra dimensão. Que sabiam eles de tantas coisas que tinham acontecido, de tantas coisas que a gente sofreu, de tantas coisas que a gente viveu! A gente pensa: que é que eles sabem? Era inocência das paredes amarelas, era mutismo dos móveis. Como se minha casa fosse uma criança sem tempo, como se minha casa fosse um inocente, ou um passarinho; como se minha casa fosse algo em que o tempo não contasse. Minha casa não tinha ideia do que era a guerra, nem do que acontecia na Nicarágua naquele momento, entende? Senti um choque entre o passado e o presente. Não sabia bem em qual dos dois estava; isto é, se em meu espaço finito eu estava possuindo meu tempo passado, ou meu tempo presente, ou se os dois estavam dentro de mim; ou se eu era de um deles porque não podia ser do presente e do passado ao mesmo tempo. Se era passado, eu estava diante da casa e, se era presente, e estava diante da casa não podia ser, porque eu não morava ali, eu vinha de outro lugar, de viver outra coisa. Então embaralhou-se, houve um redemoinho de espaço e de tempo em minha cabeça que eu não conseguia decifrar e o que sentia era meu absurdo, porque os dois tempos não podiam chocar-se assim.

O carro continuou andando, continuou andando, e foi ficando às minhas costas, senti que ia saindo das minhas costas, soltando-se das costas, soltando-se dos cabelos de trás da cabeça e compreendi que não: que aquele presente, ainda que estivesse ali, não era meu presente, já era o passado. Eu não voltaria para lá por muito tempo, já não era o meu mundo, já não era a minha vida. E isso doeu, doeu! Porque era o fecho bestial, grosseiro, lambuzando a minha cara: ali minha certeza acabou, a unidade orgânica de meu passado e de meu presente, ali rompeu-se a medida de minha própria contradição, que além do mais eu já não podia corrigir, de que eu não voltaria para lá, que não poderia voltar a ver minha mãe, meus irmãos, que devia olhar apenas para a frente, para o futuro. É uma coisa que a gente não aceita de maneira emocional, apenas racionalmente. É como se tivessem apertado por um momento o botãozinho da história, o botãozinho que faz rodar o filme da vida. Nunca desconfiei que me daria tanta dor aquele encontro violento do presente com o passado, aquela ruptura em que tomei consciência de minha nova qualidade. Lembro-me de que, quando voltamos à casa, fiquei muito calado: não falei; fiquei como letárgico, como quando a gente tem uma febre que faz tremer e depois fica no torpor, meditando, não triste, mas fechado, melancólico, como se estivesse tentando decifrar a contradição ou o ridículo, volto a dizer, o absurdo de uma situação como aquela, o porquê de não poder voltar, nem ficar ali. Então me deu um ódio da burguesia, do imperialismo estadunidense, da Guarda de Somoza, porque eram eles os causadores do absurdo. Era a sociedade do absurdo que estávamos vivendo e nossa vida era a vida do absurdo, em que tínhamos que fazer coisas que em uma sociedade normal não teríamos por que fazer, ou porque não fazíamos algumas coisas que em uma sociedade pode-se fazer. É o que eu quero dizer quando digo que era a sociedade do absurdo; que nos fazia fazer ou não fazer coisas absurdas. E de tanto pensar coisas, aquela noite dormi no celeiro com o rádio ligado. De manhã apareceu Moisés com o café; sempre chegava sozinho, mas dessa vez percebi que vinha acompanhado: eu conhecia o barulho dos passos ao andar. A gente mais ou menos identifica as pessoas de tanto ouvir o barulho dos passos, a força dos passos, o ritmo dos passos; percebi que eram os passos de Moisés, mas mais lentos, e vi que alguém vinha atrás dele. Ficamos preocupados, André e eu pusemos o joelho no chão com as pistolas, e a granada, na defesa, mas quando consegui ver bem na trilha que vinha para a cabana, notei que atrás de Moisés vinha um velhinho, e disse a André: "Será o pai de Moisés?" De fato, Moisés me disse: "Juan José... este é meu *papito*", que é uma forma de dizer meu paizinho. O velhinho pôs-se a rir e me deu a mão, bem leve, como fazem os camponeses, e eu vi que era um senhor magrinho, não muito alto, cabelinho crespo, bem preto, queimado, enrugadinho; era como uma coisa velha, era como algo que tivesse estado guardado durante muitos anos e que de repente sai; a gente vê que o que está ali é algo que já foi novo, que foi jovem e que passou tanto tempo guardado que foi se deteriorando. Dom Leandro fora jovem, mas passou tantos anos sabe-se lá onde, guardado, e de repente, *pum!* Eu o encontrei, mas o encontrei quando a coisa já estava velha, sem dentes, vestindo uma de suas melhores roupas, eram bem humildes, mas naquele dia ele chegou com a melhor roupa que tinha. E eu lhe disse: "Olá, companheiro, como está?" "Mais ou menos, bem doente, é que já estou velho", disse-me, "e se você visse as dores que sinto no estômago; e é que também não enxergo, porque já estou velho, quase não vejo, estou infeliz, só ando com essa bengala, se vou até o milharal fico um pouco e me canso, tenho que voltar para casa, estou acabado", e depois me perguntou: "E essa arma, o que é?" "Ah, esta é uma 45," disse-lhe, "e o que fizeram com as outras armas?" perguntou. Pensei, quando me perguntou sobre as outras armas, que ele sabia que éramos guerrilheiros da FSLN, que andávamos em colunas, que suspeitava que fôssemos os mesmos de Macuelizo, e lhe respondi que era por precaução que não andávamos com arma longa, para que as pessoas não nos vissem, e não percebessem que estávamos naquela região, que às vezes só podíamos usar a pistola. "Mas estas pistolas são boas", disse-lhe eu. Eu não estava entendendo que ele estava me relacionando com seus velhos sandinistas, do general Sandino, e estava me perguntando sobre as outras armas, como quem diz, as armas que usávamos ontem, o que fizeram com elas? Para ele, o tempo em que esteve guardado e ficou velho foi um instante de 40 anos. Quarenta anos, mas foi um instante, como se dissesse, onde deixaram o Enfield ou a Mauser ou a 30 que tínhamos? Depois, me disse com dom de sabedoria e muita segurança: "Essas bichas são boas, disparam bem, disparam bem... uma vez o general Sandino mandou-me levar umas tortilhas a Yalí." E aí se soltou, eu pensei comigo, que coisa mais linda, parece que a gente está tocando em Sandino, que está tocando na história... e ali mesmo percebi o que significava a tradição sandinista, ela se reafirmava para mim, e a via em carne e osso, na prática, na realidade... E continuou falando, e as histórias, ele fora mensageiro de Sandino... e falando-me de Pablo Umanzor que tinha andado com ele, do general Estrada, de Pedro Altamirano, de José León Díaz, de Juan Gregório Colindres, ele andou com todos eles, e me contava como se estivesse vendo, viajava, lembrava detalhes, e eu com vontade de ter um gravador naquela hora, porque era uma coisa tão linda o que ele estava contando; e depois me disse: "Olhe, Juan José, vou lhe dizer uma coisa, eu já não posso acompanhá-lo nessa campanha, porque veja que já sou um homem velho, não sirvo, gostaria, mas não posso mais, não aguento mais uma jornada, não aguento esta campanha, mas tenho um montão de filhos e todos os meus netos, aqui estão esses rapazes", e me mostrou o filho, "eu vou dá-los para que fiquem com vocês, porque todos temos que fazer força, e não se pode deixar que acabassem com isso". Mas me dizia que não se podia deixar que acabem com aquilo como se nunca tivesse havido interrupção, como uma continuação do que ele vivera com Sandino... e então eu me senti bem, e me senti mal, fiquei feliz mas um pouco aflito porque eu via que as coisas nem sempre davam certo conosco, a Guarda reprimia e matava, eram tempos duros aqueles... puta, irmão, pensava comigo, esta gente é valente ou é ignorante, ou não sabem onde estão se metendo, ou são irresponsáveis; a gente tem essa sensação porque eu me dizia... como é possível que estejam matando um montão de gente ao lado de Ocotal, que deu em todas as rádios que mataram companheiros, que a Guarda usou helicópteros, aviões, milhares de soldados, como é possível que tenham matado toda essa gente, e este senhor, sendo nós apenas dois homens ali, esteja se comprometendo com um projeto que, neste momento, aparentemente, não passa de uma aventura perigosa, ainda que justa, mas ousada? Como é possível, depois de tanta repressão, de tantos mortos, de tantas derrotas, não apenas derrotas, mas das derrotas que eles, como sandinistas, com o general Sandino, tinham experimentado, como era possível que este homem, depois da morte de dom Bacho, me dissesse que, se não estivesse velho, me acompanharia? E que, como está velho e não aguenta mais uma campanha, vai me dar todos os filhos?

Porque tinham matado dom Bacho Montoya, segundo me contara Augusto Salinas Pinell, por culpa de um cara que desertou e que a Guarda capturou; tinha entregue dom Bacho. A Guarda chegara até ele de manhãzinha, de forma violenta, insultando; e a esposa de dom Bacho, que estava fazendo café, fervendo a água para o café, quando um tenente disse: "Velha filha da puta, saia para fora", respondeu-lhe: "Saia você, miserável", e pegou a jarra de água quente e jogou-a no tenente, queimando-lhe o peito e o corpo todo. E, imediatamente, começaram a bater neles, a torturar os dois velhinhos, arrasaram o ranchinho deles, os arrancaram dali, deram pontapés no fogãozinho, tiraram do teto as coisinhas em que eles penduravam as xicrinhas e o queijo, a coalhada, tiraram toda a roupa das camas, as mudas de roupa, arrebentaram o catre de madeira, quebraram a mesa, seus cestos, as panelas de barro, os levaram aos empurrões, amarraram em uma árvore os dois velhinhos, e uma vez amarrados, os mataram a pancadas, depois tiraram o bebê de três meses das ruínas da casa e começaram a jogá-lo para cima; quando o bebê ia caindo, punham a baioneta nos fuzis, para que a criança ficasse espetada ali e depois o tiravam da baioneta e o jogavam de novo para cima e havia uns guardas que quando atiravam para cima e o bebê não ficava enfiado, porque apenas lhe apertavam o bracinho, os guardas gozavam os outros que jogavam o menino e não conseguiam enfiá-lo na baioneta. Era uma festa de abutres. E dom Bacho, morto a pancadas, lembro-me de sua grande alegria de quando fizemos contato com ele, e a vida que irradiava quando o vimos ir conosco para romper o cerco, parecia que revivia com sua raiva reprimida desde a época do general Sandino!

Por isso, quando dom Leandro me falou daquele modo, pensei em dom Bacho, percebi que dom Leandro não era irresponsável, nem ignorante, simplesmente essa era a história do povo da Nicarágua; eles tinham uma história sandinista, uma história de rebeldia contra a exploração, contra o domínio estadunidense, interpretada de uma forma sensorial e primitiva por eles; tinham um sentido histórico de rebeldia, adquirido em seu enfrentamento com a ocupação estadunidense. Não era irresponsabilidade, mas sim a história, a dignidade do povo, a rebeldia histórica do povo. Os sandinistas ficaram isolados depois da morte de Sandino e começaram a educar seus filhos naquela tradição, a alimentar esse sentimento contra os *yankees* que ocupavam o país, que intervinham no país e nos humilhavam. Eram homens descalços, miseráveis, mas com um sentimento de dignidade nacional extraordinário, com consciência de soberania; essa era em essência a realidade. Ali, percebi que a Frente Sandinista estava formando seus militantes com uma grande firmeza revolucionária, com uma grande teimosia revolucionária, um grande sentido da dignidade e do combate, mas que esses princípios não eram novos, não tinham sido inventados pela FSLN; eram um patrimônio histórico, um tesouro que estávamos desenterrando. E esse foi o maior acerto de Carlos Fonseca, retomar essa história, apropriar-se dessa firmeza, dessa intransigência pela dignidade e pela soberania. O que Carlos fez foi se apoderar disso e devolvê-lo aos novos sandinistas. O que a FSLN estava fazendo, contemporaneamente, conosco e com os novos, não era mais do que dar um conteúdo científico a essa tradição histórica, a essa firmeza, a essa teimosia, a esse sentido da dignidade.

E não sei como, ali, quando dom Leandro começou a me falar daquela forma, dando-me seus filhos e falando de Sandino e da luta sandinista, de repente, comecei a sentir dom Leandro, o pai, e me dei conta na realidade, de que ele é o pai, que dom Bacho, dom Leandro eram os pais da pátria, e nunca me senti mais filho da Nicarágua do que naquele momento. Eu era um jovem estudante que conhecera Sandino pelos livros, chegara a Sandino pelo estudo do sandinismo, mas ainda não chegara à raiz, à verdadeira paternidade de toda a nossa história. Então, quando encontrei aquele homem que me disse tudo aquilo, senti-me seu filho, filho do sandinismo, senti-me filho da história, compreendi meu próprio passado, situei-me, tenho pátria, identifiquei minha identidade histórica com aquilo que me dizia dom Leandro. Tinha vontade de abraçá-lo, de beijá-lo; mas não apenas porque iam me dar de comer e não iam me mandar embora, mas sim porque iam amparar-me; a grandeza, a dimensão era maior: porque eu encontrara a história por meio dele, tinha me reencontrado com minha própria história, com a tradição, com a essência da Nicarágua, encontrei minha origem, meus antepassados, senti-me a continuação concreta, ininterrupta, encontrei minha fonte de alimento, que eu não conhecia; estivera sendo alimentado por Sandino, mas não tinha conseguido ver materialmente meu cordão umbilical; e isso nasceu, como descobri naquele momento. E abracei dom Leandro com um calafrio de prazer e de emoção, senti que estava em pé no chão, que não estava no ar, que não era apenas filho de uma teoria elaborada, mas pisava no concreto, deu-me raiz na terra, fixou-me no solo, na história. Senti-me imbatível. Ao nos despedirmos, eu lhe dei a mão e ele me deu a mão, lembro-me de que apertei sua mão bem forte, com minhas duas mãos, e lhe disse: "Vamos nos ver". E, então, ele me respondeu: "Sim, eu já estou velho, mas lembre-se de que aí estão meus rapazes".

Agosto e novembro de 1981.

Impresso por :

gráfica e editora

Tel.:11 2769-9056